Andreas Iten

Die Sonne in der Kinderzeichnung

und ihre psychologische Bedeutung

Verlag H.R. Balmer Zug

1. Auflage 1974
Alle Rechte vorbehalten
Fotomechanische Wiedergabe nur mit Genehmigung des Verlages
© Verlag H. R. Balmer AG, Zug 1974, Printed in Switzerland
Satz und Druck: Kalt-Zehnder, Zug
ISBN 3-85548-*105*-9

Inhalt

Einleitung		9
1. Kapitel:	*Das Sonnengesicht in der Kinderzeichnung* Entwicklungspsychologische Aspekte	15
2. Kapitel:	*Die Entdeckung des Sonnensymbols* Fallbesprechungen	23
3. Kapitel:	*Die Sonne als Symbol und ihre Interpretation*	51
	1. Die symbolische Bedeutung der Sonne	51
	2. Das Sonnensymbol in der Geschichte	54
	3. Prinzipien der Interpretation von Sonnenzeichnungen	58
4. Kapitel:	*Die Analyse von Sonnenzeichnungen*	65
	1. Typologie der Beziehungsverhältnisse	66
	1.1 Typ: Sonne und Mensch mit gleichen Gesichtsmerkmalen	67
	1.2 Typ: Das Sonnengesicht mit mehr Merkmalen als das Menschengesicht	69
	1.3 Typ: Sonne mit Gesicht, Mensch ohne Gesicht	71
	1.4 Typ: Sonne mit Gesicht, keine Menschen auf der Zeichnung	75
	1.5 Typ: Sonne ohne Gesicht, Mensch mit Gesicht	77
	1.6 Typ: Sonne und Mensch ohne Gesicht	77
	2. Raumpositionen der Sonne	79
	2.1 Sonne deutlich links – Die Sonne im Aufgang	85
	2.2 Sonne in der Mitte oben – Die Sonne im Zenit	87
	2.3 Sonne deutlich rechts – Die Sonne im Untergang	88
	2.4 Sonne in der Randposition links – Die Sonne neben dem Aufgang	92
	2.5 Sonne in der Randposition Mitte oben – Die Sonne über dem Zenit	94
	2.6 Sonne in der Randposition rechts – Die Sonne neben dem Untergang	96
	2.7 Sonne irgendwo in der Landschaft – Die heruntergekommene Sonne	98

3. Die auffälligen Merkmale im Sonnengesicht 105
   3.1 Das Normgesicht – der «liebe Mensch» 106
   3.2 Das Auge 109
      3.2.1 Augen mit starkem Blick 110
      3.2.2 Ungleiche Augen 111
      3.2.3 Schielende Augen 113
      3.2.4 Augen ohne Blick 113
   3.3 Die Nase 114
      3.3.1 Auffällige Nase 114
      3.3.2 Fehlende Nase 115
      3.3.3 Grosse Nase 116
   3.4 Der Mund 116
      3.4.1 Mund mit Zähnen 116
      3.4.2 Nach unten gebogener Mund 120
      3.4.3 Balkenmund 120
      3.4.4 Grosser, offener Mund 120
      3.4.5 Fehlen des Mundes 121
      3.4.6 Ambivalenter Mund 121
   3.5 Das Gesicht mit Tränen 123
   3.6 Die Grösse der Sonne 124
   3.7 Die verschmierte Sonne 124
   3.8 Die Doppelsonne 127
   3.9 Die Sonnenstrahlen 129
      3.9.1 Lange Strahlen 130
      3.9.2 Kurze Strahlen 131
      3.9.3 Sonnen ohne Strahlen 132
      3.9.4 Zackige Strahlen 133
      3.9.5 Gestrichelte und getupfte Strahlen 133
      3.9.6 Zweifarbige Strahlen 134
      3.9.7 Rechts- und linksläufige Strahlen 134
      3.9.8 Dicke und dünne Strahlen 136
   3.10 Die umrandete oder eingefangene Sonne 136
   3.11 Die Sonne hinter Wolken 137
   3.12 Die schräggestellte und desintegrierte Sonne 138
   3.13 Die Farbe der Sonne 139

4. Die Anwendung des Analyseschemas 141

Literaturnachweis 158

Analyseschema 143

Bildbeispiele Anhang

Meiner Frau Elisabeth

Salvador Dali gestaltete eine Kachelplatte, in deren Mitte ein Sonnenhaupt steht. Aus ihm spriessen vier Äste und einige grüne Blätter hervor. Sie zeugen vom inneren Leben der Sonne. Sie ist für den Künstler offenbar ein lebendiges Wesen, das Frucht bringt. Für viele Künstler stellt die Sonne nicht bloss ein physikalisches Weltphänomen dar. Sie ist in seinem Geiste eine zeugende Kraft, ein gewaltiges Wesen, dessen Auf- und Untergang unser Dasein entscheidend beeinflusst. Die Sonne ist von Künstlern und Grafikern immer wieder vermenschlicht worden. Sie ist ein Gebilde, das der Personifizierung wenig entgegensetzt und willig aufnimmt, was der Mensch in es hineinprojiziert. Auch in der kirchlichen Kunst tritt uns das Sonnenhafte in Heiligenscheinen, Strahlenhäuptern, brennenden Herzen usw. entgegen. Die Sonne ist Abbild und Urbild für das ewige Licht, sie ist Sinnbild für die unendliche Strahlkraft Gottes. Mit dem Bild der Sonne lässt sich am besten die gewaltige Lichtentfachung in den Herzen der Menschen ausdrücken, die sich durch göttliche Begnadung ereignet. Die Sonne ist als lebensspendende Gestalt und als versengendes Wesen allgegenwärtig im Denken, Fühlen und Imaginieren des Menschen. Wen wundert es da, dass sie auch in der Kinderzeichnung von grosser Bedeutung ist. Sie tritt hier in tausend Variationen auf. Was Kinder schaffen, ist so vielseitig und überraschend neu wie die Erzeugnisse der Kunstgeschichte. Es ist daher bemerkenswert, dass dem Thema Sonne in der Kinderzeichnung wenig Beachtung geschenkt wurde. Dieses Buch versucht Verständnis zu schaffen und will den beobachtenden Geist auf die unendliche Fülle, aber auch auf die Aussagekraft der Sonne in der Kinderzeichnung hinleiten.

   Das Buch beansprucht keine wissenschaftliche Genauigkeit. Es will vielmehr einen Zugang zum verwirrenden Reichtum kindlicher Sonnengebilde schaffen und aufmerksam machen auf deren tiefere Bedeutung. Es stellt einen ersten Versuch dar, die kindliche Sonnensprache zu verstehen. Es soll aber auch zugleich Impuls sein zu umfassenderen und gründlicheren Forschungen. Ich hoffe selbst, dass ich vom Leser auffällige und merkwürdige Sonnendarstellungen erhalte, damit ich meine Sammlung ergänzen und bereichern kann.

   Man ist wahrscheinlich versucht, die Schrift wie ein Rezeptbuch zu verwenden. Allein der Umgang mit Sonnenzeichnungen belehrt glücklicherweise, dass es so nicht geht. Es will kein Rezeptbuch sein, auch wenn es im Sinne der akzentuierenden Betrachtung Einzelheiten sondert und ihre Bedeutung isoliert zu bestimmen versucht. Die Analyse ist notwendig und gemacht worden, damit dem ganzheitlich einfühlenden Betrachter gewisse Anhaltspunkte zur Verfügung stehen. Das Analyseschema am Schluss ist ein Mittel zur Sensibilisierung des Beobachtens und kein Schlüssel zur abschliessenden Deutung des jeweiligen Sonnenzeichens. Davon wird aber im Buch wiederholt gesprochen.

Meine Hypothesen stütze ich auf weit über tausend Zeichnungen und viele hundert Fallberichte, die ich hier in einer Auswahl dem Leser vorlege. Das Material, das mir zur Verfügung stand, erhielt ich von Schülerinnen, die ich am Seminar unterrichtete. Ich danke ihnen dafür. Daneben besuchte ich selber Schulen und besprach auffällige Zeichnungen mit den Lehrerinnen. So haben mir z. B. die beiden Übungslehrerinnen Sr. Gertrude Grüter und Sr. Gratia Stähelin sehr geholfen, indem ich Zeichnungen mit ihnen sorgfältig besprechen konnte. Einen besonderen Dank möchte ich meinen Kolleginnen, Sr. Iniga Maria Beck und Sr. Agnes Muff, Psychologielehrerinnen am Seminar Bernarda, Menzingen, aussprechen. Sie haben mir durch unendlich viele Gespräche zu Einsichten verholfen, die ich allein nicht gefunden hätte. Der Verlag liess meiner Schrift alle Sorgfalt zukommen. Die Skizzen in Tabellen und Analyseschema zeichnete Christian Bisig.

Ich bin überzeugt, dass mein Buch nur ein Anfang in der Deutung von Sonnen in der Kinderzeichnung ist. Viele Details sind noch unklar und müssen erst noch erforscht werden. Ich werde die Forschung weiterführen und bin für Mithilfe dankbar. Als weitere Veröffentlichung bereite ich ein Buch mit dem Titel «Die Sonnenfamilie» vor. Dieses Buch wird zeigen, dass sich die Sonne auch als Projektionstest einsetzen lässt.

Andreas Iten

Unterägeri, Oktober 1974

Einleitung

MARIA (Abb. 1), ein sechsjähriges Kindergartenkind, erlebte, wie ein ertrinkender Knabe aus dem See gerettet wurde. Das Mädchen stand mit seinen Eltern und vielen Schaulustigen an Bord eines Ausflugsdampfers und verfolgte beklommen, wie ein Ruderboot, das zur Rettung des Verunglückten vom Deck ins Wasser gelassen wurde, auf den halb schwimmenden, halb zappelnden Knaben zusteuerte. Der Dampfer befand sich auf einer Vergnügungsfahrt, und da der Schüler sich in seiner kühnen Ausgelassenheit zu weit über das Geländer wagte und kopfüber ins Wasser stürzte, kam es zu einer aufregenden Rettungsaktion. Maria erlebte sie mit offenem Mund und bangem Herzen, liess sich vom Vater, der die Chance des Rettungsbootes erkannte, beschwichtigen und von der Mutter, die Hoffnung für den Knaben sah, beruhigen. Es gelang den Männern, den um das Leben ringenden Knaben an Bord zu ziehen.

Das Ereignis erregte das Gemüt des Kindes. Maria kam auf dem Heimweg immer wieder auf das Erlebte zu sprechen. Die Eltern erklärten ihr alle Einzelheiten der Rettung, deuteten ihr die Ursache des Sturzes und versuchten, die aufgewühlte Seele des Töchterchens zu besänftigen.

Zu Hause angelangt setzte sich die Kleine an den Tisch und hielt das Erlebnis auf einem Zettel fest. Es entstand ein kleines Bildchen, in dessen Mitte ein bunt bemalter Dampfer dahinfährt. Von den Plattformen und aus den Luken des Schiffes betrachten die Ausflügler den ins Wasser gefallenen Knaben, der verängstigt die Hände hochhält. Über ihm – links im Bilde – steht eine grosse Sonne. Von der andern Seite her rudern drei Männer das Rettungsboot zum Ertrinkenden hin. Im Bug des Bootes entdeckt man, versteckt wie in einem Vexierbild, eine kleine Sonne und ein Häuschen.

Die Zeichnung hält die Rettungsaktion fest. Fast alle Angaben des Kindes entsprechen der Wirklichkeit. Der Dampfer war von einer grossen Zahl reiselustiger Menschen besetzt. Ein Knabe, der ins Wasser fiel, machte die Rettung notwendig. Ein kleines Schiffchen steuerte auf den um Hilfe rufenden Knaben zu. Es mag auch sein, dass an diesem Tage die Sonne schien. Und doch weicht die expressive Darstellung des Ereignisses in einem auffallenden Detail von der Realität ab. Die Sonne und das Häuschen, die in den Bug des Rettungsbootes hineingemalt wurden, waren dort nicht zu finden. Was haben sie hier zu suchen? Sind sie blosse Verzierungen? Dann hätte die Zeichnerin auch die bunten Streifen, mit denen der Dampfer ausgemalt wurde, benützen können. Das wäre näher gelegen und hätte rein dekorative Bedürfnisse der Zeichnerin ebensogut befriedigen können.

Die Deutung einer Zeichnung beginnt immer beim Rätselhaften, immer dort, wo Zeichen gewählt werden, die mit der äusserlich erlebten Wirklichkeit nicht übereinstimmen. Eine Sonne, die im Bug eines Schiffes auftaucht, weicht von der erfahrbaren, äusseren Erscheinung ab und wirft die Frage auf, ob sie etwas darstellen will, das jenseits des dinglich Feststellbaren liegt. Wenn die Sonne nicht dekorative Absichten des Kindes wiedergibt, so könnte sie vielleicht psychische Realitäten aussagen. Sie könnte Sinnbild sein für eine innerseelische Erfahrung, die das Kind nicht mit Worten und auch nicht mit anderen Zeichen darzustellen vermag. Die Sonne ist dann ein Symbol. Sie steht stellvertretend für etwas, was die Seele meint, aber nicht anders ausdrücken kann.

Auf dem Bildchen von Maria tritt uns die Sonne zweimal entgegen. Sie erscheint gross und raumgreifend über dem Knaben, und sie begegnet uns im Bug des Schiffes. Beide Male könnte die Sonne symbolische Bedeutung haben. Und was soll sie dann aussagen? Die Antwort ist nicht leicht zu finden. Die Intuition muss uns zu Hilfe kommen. Und damit begeben wir uns in die Gefahr des blossen Fabulierens. Vom Kind selbst bekommen wir in solchen Fällen keine Auskunft. Es weiss nicht, was es mit der Sonne wollte. Sie hat sich ihm als bekanntes Zeichen angeboten, sie stand ihm in unerklärlicher Weise zur Verfügung, als es, noch erregt durch das Erlebnis, zu zeichnen begann. Es holte das Bild aus seiner Innerlichkeit hervor und zauberte es auf das Blatt, ohne sich zu überlegen, was damit gemeint sein könnte. Die Zeichnerin interessierte es offenbar wenig, dass ein Betrachter sich darüber Gedanken machen wird. Sie folgte einem inneren Zwang, setzte das Sinnbild ein und befreite sich durch die «Niederschrift» von den bedrängenden inneren Bildern. Sonne, Haus, Baum, Tier, Schiff, Brücke, Schloss, Wald usw. – ich zähle diese Objekte in beliebiger Reihenfolge auf – sind Gestalten des Daseins, die das Kind zu seinen erlebten inneren Bildern zählen kann, ohne ihren Gehalt beurteilen zu können. Solche Bilder enthalten einen grossen Reichtum, der auf unzähligen Erfahrungen mit dem Leben, die das Kind gemacht hat, beruht. Gerade das Bild der Sonne vermag vielfältige Erlebnisse zusammenzufassen. Und wenn der Zeichner es verwendet, drückt er damit aus, wie Ereignisse ihn emotionell angemutet und betroffen haben.

Nicht jede Sonne in der Kinderzeichnung enthält Spuren des emotionellen Erlebens. Es gibt Sonnen, die schablonenhaft verwendet werden. Das Kind zeichnet sie routinemässig. Es hat sie auf unzähligen Bildern gesehen und meint, dass zu einer Landschaft auch eine Sonne gehört. Davon wird später noch zu reden sein.

Maria erfuhr bei ihrem Ausflug auf den See die Not eines verunglückten Knaben. Zugleich beruhigten sie Vater und Mutter, die mit andern Leuten zusammen den Vorgang verfolgten, und sie konnten beobachten, wie der Knabe in das Rettungsboot hineingezogen wurde. Dies waren die Fakten. Maria vergegenwärtigte sich die Situation zu Hause noch einmal und hielt das Erlebte zeichnerisch fest. Sie erlaubte sich dabei aber einige Freiheiten. So zeichnete sie über dem Knaben eine grosse Sonne, und in den Bug des Rettungsbootes malte sie eine kleine Sonne und ein Häuschen. Sind diese Sonnen blosse Dekoration? Sind sie nur routinemässig hingemalt worden, weil sonst das Bild leer aussehen würde? Die Fragen können verneint werden. Dem Mädchen standen andere Möglichkeiten zur Verfügung, das Blatt zu füllen und das Rettungsboot zu dekorieren.

Das Kind wollte bei seiner Zeichnung den Vorgang der Rettung schildern. Es wählte dazu den dramatischen Höhepunkt aus, nämlich den ums Leben schwimmenden Knaben und das herbeifahrende Boot. Auf dem gleichen Bild sollte aber auch simultan gesagt sein, dass die Rettung gelingt. Für diese Aussage benötigte Maria Hilfsmittel, die erlaubten, den Erfolg der Aktion darzustellen, ohne ihn zeichnerisch zu schildern. Dafür standen ihr Symbole zur Verfügung. In diesem Fall wählte sie die Sonnen und das Häuschen. Sie sind offenbar Zeichen des Heils. Sie repräsentieren die Bergung und zeigen zugleich, dass sie für das Kind mehr bedeuten als nur den äusseren Vorgang der Rettung. Für das Kind wäre es leicht gewesen, zu zeichnen, wie der Knabe aufgefischt wurde. Damit hätte aber nicht hintergründig und tief genug ausgesagt werden können, was Rettung wirklich ist. Rettung bedeutet offenbar nach der Meinung unserer Zeichnerin, dass der Knabe irgendwo zu Hause ist und eine Sonne über dem Dach hat.

Es ist unnötig, den Gehalt dieser Bildersprache bis ins einzelne auszulegen. Jeder versteht, was damit gemeint ist, und jeder versteht es auf seine eigene Weise. Er begreift es, wie er selbst Zuhausesein und Sonnenschein erfahren und erlebt hat. Und gerade dieser Sachverhalt macht die Interpretation von Symbolen so schwierig. Die Sonne als Symbol, das Haus als Sinnbild haben einen subjektiven Bedeutungsgehalt. Sie spiegeln die individuellen Erfahrungen des Kindes mit diesen Urbildern wieder. So kann die Aussage nur von Fall zu Fall verstanden und auf dem Hintergrund des individuellen Lebensablaufes gedeutet werden. Das entbindet uns nicht von der Aufgabe, die Sonnendarstellungen zu erforschen.

Die Zeichnungen der Kinder sind voll von Bildzeichen, die über die abgebildete Realität hinausweisen. Ein Kind, das seine Erlebnisse schildert, stellt sie meist unbewusst in einen umgreifenden Bewandtniszusammenhang hinein. Das bestätigt uns Marias Zeichnung. Einzelne Elemente einer Zeichnung dürfen nicht isoliert betrachtet und gedeutet werden. Sie stehen stets in einer deutbaren Beziehung zum übrigen Inhalt der Zeichnung. So können ein abgeknickter Arm, eine grosse, mächtige Hand, auffällig dünne Beine, ein leeres Gesicht nur Bedeutung bekommen, wenn sie im Zusammenhang der Gesamtaussage interpretiert werden. Aussagekräftig sind vor allem Details, die der abgebildeten Wirklichkeit in irgendeiner Weise widersprechen. Wichtige Tatbestände werden vom Kind überspitzt und überbetont dargestellt. Unwichtiges wird einfach weggelassen oder stark vernachlässigt. Diskrepanzen und innere Widersprüche – es ist Nacht, aber die Sonne scheint – sind stets Schlüsselaussagen, denen bei der Deutung besondere Aufmerksamkeit zu schenken ist.

Marias Zeichnung lässt uns erahnen, dass die Sonnen in den Abbildungen der Kinder von Interesse für die Deutung seelischer Erlebnisse sind. Die Sonnen der Kinder sind angereichert mit individuellem Leben. Zugleich darf das Sonnenzeichen zu den grossen allgemeinen Bildern des Lebens gezählt werden. Die Sonne gehört wie das Haus, das Wasser, der Sturm, das Feuer, die Erde, der Himmel, der Baum usw. zu dem allgemeinmenschlichen Bilderschatz, der zur Verfügung steht, wenn individuelle Erfahrungen mit dem Leben ausgedrückt werden sollen. Die Geschichte der Kunst und der Literatur ist dafür Beweis genug. Und was die grossen Pioniere der Tiefenpsychologie an Bildern der Seele entdeckt haben, ist so allgemein bekannt, dass darauf nur noch verwiesen werden kann.

Ich bekam, dem Zufall dankend, einige Kinderzeichnungen in die Hand, auf denen die Sonne in auffälliger Art und Weise dargestellt war. Dass sie dabei ein Gesicht hatte, war keineswegs auffällig, denn man meint, sei es aus Gewohnheit oder Vorurteil, dass Kindersonnen Augen, Nase und Mund haben müssen. Nein, es waren andere Merkmale, die auffielen. So gab es Sonnen, die weinten oder lachten, Sonnen, die böse blickten, die Zähne zeigten oder sich majestätisch aufblähten. Als ich die vielfältigen Ausdrucksmöglichkeiten entdeckt hatte, begann ich systematisch Sonnenzeichnungen zu sammeln. Ich beauftragte meine Schülerinnen, mir Zeichnungen aus dem Praktikum zu bringen. Von überall her erhielt ich mit der Zeit Material. Meine Sammlung wurde grösser und umfassender.

Meinen Ausführungen liegen nunmehr weit über tausend Zeichnungen zugrunde. Viele Zeichnungen – es sind mehr als doppelt soviele – habe ich aus der Materialsammlung ausgeschieden, weil ich zu ihnen keine erhellenden Berichte hatte. Jahrelang habe ich in vielen Schulstuben Zeichnungen angeschaut, sie mit Lehrern besprochen und diskutiert. Allmählich ergab sich ein geordnetes Bild von der Bedeutung der Sonne in der Kinderzeichnung.

Die Zeichnungen, die ich als Dokumente verwende, sind meist aus ganzen Serien ausgewählt worden. Die Serien umfassen drei bis zehn und mehr Zeichnungen. Zu allen ausgewählten Zeichnungen habe ich Beobachtungsberichte, die zum Teil sehr ausführlich geschrieben sind. Die Schülerinnen, die diese Berichte als Praktikumsarbeiten verfassten, arbeiteten nach einem Beobachtungsbogen von *Heinrich Roth*[1]. Die Berichte wurden durch Gespräche mit dem Praktikumsleiter ergänzt. Erfasst wurde dabei das Erscheinungsbild im Körperbau und im Ausdrucksleben des Kindes, die soziale Herkunft, die Erbwelt und die Umwelt. Ein wichtiger Bestandteil ist die soziale Charakteristik des Elternhauses, der bisherige Entwicklungsgang des Kindes und der soziale Umgang. Des weiteren musste die vitale Lebendigkeit des Kindes beobachtet werden, und zwar im Bereich der leiblichen Antriebe, der seelischen Strebungen und der geistigen Interessen. Über die Gemütsart waren Notizen zu den Lebensgefühlen, den sozialen, den Selbst- und Wertgefühlen zu machen. Das Verhalten musste in den gegenständlichen, sozialen und sittlichen Bereichen erfasst werden. Und zum Schluss musste über die Fähigkeiten und Fertigkeiten des Kindes berichtet werden.

Die Ausführungen der zukünftigen Lehrerinnen und Kindergärtnerinnen wurden gründlich und mit grossem Fleiss erarbeitet. Man spürte heraus, dass ihnen das Kind, das sie beobachten mussten, ein Anliegen war, und dass sie selbst für sich und ihre spätere Tätigkeit aus der Beobachtungsarbeit Gewinn schöpfen wollten.

In Gesprächen über die Sonnen in der Kinderzeichnung konnte ich selbst viel lernen, und in Blindanalysen bin ich, nachdem sich mir der

Bedeutungszusammenhang der Sonnendarstellungen einigermassen erschlossen hatte, zu guten Resultaten gekommen. Es ist mir aber bewusst, dass zur Erforschung der Sonnen in der Kinderzeichnung noch viel getan werden muss. Überrascht stellt man fest, dass zu diesem Thema noch keine grösseren Arbeiten vorliegen. So hoffe ich, mit diesem Beitrag einen Anstoss geben zu können, damit sich vermehrt Lehrer und Psychologen mit dem wundervollen Gebiet der kindlichen Sonnenzeichnungen beschäftigen.

Das Verfahren zur Analyse von Sonnen in der Kinderzeichnung, das ich hier vorlege, ist kein Test. Die kategorialen Angaben sollen nur das Auge öffnen für die Bedeutungsrealität des Sonnenzeichens. Lehrerinnen und Kindergärtnerinnen sind bei der Anwendung meines Verfahrens in einer Vorzugslage. Sie können nach jeder Zeichnungsstunde die Sonnensymbole betrachten und die Ergebnisse der Zeichnung mit dem Verhalten des Kindes vergleichen. Das ist ja auch der Weg, der mich selbst zu der Bedeutungstiefe des Sonnensymbols in der Kinderzeichnung geführt hat.

Das Kind zeichnet mit der symbolisierenden Phantasie. Und diese Fähigkeit muss auch der Betrachter von Kinderzeichnungen in sich aktivieren. Die Arbeit kann nicht mit der Ratio allein getan werden. Es bedarf einer intuitiven Phantasie und einiger Kriterien, die das hier dargestellte Verfahren zur Verfügung hält, um die Aussage des Kindes zu begreifen. Das Analyseverfahren will nicht nur das Wissen über die Sonne in der Kinderzeichnung vermehren, es will auch Verständnis wecken für den schöpferischen Prozess des Kindes. Wer nachzuvollziehen versucht, was im Kind geschieht, wenn es emotionell stark besetzte Sonnen malt, der wird einen neuen Zugang zur Kinderseele finden. Man benötigt aber dazu den Willen, sich einzufühlen und mehr als nur den Verstand zu aktivieren. Der Zeichnungsprozess ist ein ganzheitliches Geschehen, das nur durch einen Menschen, dem es um das Ganze geht, nachvollzogen werden kann.

1. Kapitel Das Sonnengesicht in der Kinderzeichnung

Entwicklungspsychologische Aspekte

Das frühe Kinderland, in dem mythische und magische Gestalten, subjektive Erfahrungsbilder und egozentrische Urteile bestimmend wirken, geht zwischen dem sechsten und zehnten Lebensjahr unter. An seine Stelle tritt die realistische Weltauffassung, in der keine Märchengestalten und Erfindungen des kindlichen Fühlens Platz haben. Gebieterisch tritt allmählich die Welt der Erwachsenen, die Gesetzen von jenseits des kindlichen Subjekts folgt, in das Denken des Kleinkindes ein.

Das Kind kann nun nicht mehr ohne weiteres willkürliche Beziehungen setzen, die seiner Triebhaftigkeit folgen. Die Wünsche sind nicht mehr allmächtige Schöpfer einer eigenen schrankenlosen und wunderbaren Welt. Konnte das Kind noch vor dem 6. Lebensjahr die Welt nach seinen Empfindungen beleben wie es wollte, den Dingen eine subjektive Eigengesetzlichkeit andichten und sie nach dem Erlebnis des eigenen Wollens, Wertens und Fühlens verlebendigen, so verschwindet diese Möglichkeit immer mehr. Die Aussenwelt offeriert sich nicht mehr als Projektionsfläche der kindlichen Erlebnisse. Sie wird als eigenständige Ordnung erkannt, die sich nicht dem wünschenden und phantasierenden Willen beugt.

Piaget[2] hat das egozentrische Denken des Kindes beschrieben und gezeigt, dass es noch ganz von der sichtbaren Veränderung, von der Wahrnehmung her gesteuert und geleitet ist. Die äusserlich sichtbaren Veränderungen und Bewegungen bestimmen das Denken und nicht die logischen Gesetze. Dieses Denken ist prälogisch. Es folgt nicht der Kausalität oder dem Gesetz der Identität. Über den Begriff der Konstanz der Menge verfügt das Kleinkind noch nicht. Auch bei der Raumvorstellung gelingt es dem Kind vorerst nicht, seine eigene Dimension zu verlassen, um sich in die Lage des andern hineinzudenken. Es beurteilt die Welt egozentrisch.

«Als Folge des egozentrischen Erlebens und der magisch-anthropomorphistischen Deutung der Umwelt ist diese stark emotional besetzt»[3]. Das Kind vermag den Dingen nicht einen Stellenwert nach objektiver Gesetzmässigkeit zuzumessen. Darum kann *ein* Erfahrungsbereich erhöhte psychische Bedeutung bekommen. Die Umwelt erscheint dem Kind physiognomisch. Aus ihr treten besonders gefühlsbesetzte Dinge, Tiere, Menschen und Ereignisse hervor und erfahren eine Überbewertung. Sie sind dann rein gefühlsmässig profiliert. Daher fühlt sich das Kind im Reich der Riesen, Zwerge, Hexen und Feen zu Hause.

Das Kind überträgt Gefühle des Wohlbehagens oder Unbehagens, der Angst oder der Geborgenheit auf die Aussenwelt. So kann das Kind einen Ort mit starken Gefühlen besetzen. Die Wohnung als Raum der

Geborgenheit tritt dann in der Darstellung besonders hervor. MARTINA (Abb. 2) lässt sie aus dem dunklen, amorphen Gebilde als roten, hausähnlichen Fleck hervortreten. Damit bezeichnet sie die Stelle, wo es ihr besonders wohl ist, wo es ihr gefällt, wo sie keine Angst haben muss. Wenn ein kleines Kind, das die zeichnerischen Mittel noch nicht beherrscht, sagen will, dass man sich gewaltig anstrengen muss, um einen Ballon zu halten, überbewertet oder verzerrt es die Details der Gestalt. Es zeichnet dann wie z. B. MAJA (Abb. 3) überdimensionierte Arme und vernachlässigt dagegen den Leib und die Beine.

Ein sechsjähriger Bub, der seinen Vater verehrte und ihn gern ausschliesslich als Freund beansprucht hätte, zeichnete sich selbst und seinen Vater gleich gross und mit genau gleichen Merkmalen. Er porträtierte sich mit ihm zusammen in einem gelben, offenen Haus, liess die äusseren Arme der beiden Figuren weg und betonte durch kurze, kräftige Arme und Hände, die sich gegenseitig hielten, den Wunsch nach einer ausschliesslichen Freundschaft mit dem Vater. Das Kind benennt vor allem die kindeswesentlichen Züge. Was gefühlsmässig bedeutsam ist, tritt in den Vordergrund, erhält starke Akzente; was unwesentlich ist, verschwindet und wirkt unbedeutend.

Kummer und Angst, Freude und Spass, Trauer und Hoffnung, die mit verschiedenen Personen und Lebensbereichen verbunden sind, spiegeln sich in den Zeichnungen des Kindes wieder. Merkmale, die diese Gefühle ausdrücken können, treten überbetont hervor. Was physiognomisch hervortritt, ist stets von emotioneller Bedeutung. Weil das Kind oft nicht in der Lage ist, seine Gefühle zu verbalisieren, greift es zur Aussage in Zeichnung und Spiel. Es erlebt viele Gefühle, die es meist selbst nicht versteht. Sie erheben sich als Ahnungen und verdichten sich zu Bildern, die auf Mitgemeintes und Mitgefühltes verweisen. Wir nennen sie Symbole.

Die geistige Welt des Kleinkindes ist, wie bereits beschrieben wurde, durchsetzt von magischem, anthropomorphistischem und physiognomischem Denken. Nicht alle Bereiche bleiben aber gleich lang dem beschriebenen Denken unterworfen. Im vierten und fünften Lebensjahr gerät das Weltbild des Kleinkindes allmählich ins Wanken. «Der erste Schritt in der Überwindung des Anthropomorphismus», so beschreibt es *Lotte Schenk-Danzinger,* «ist die Entdeckung des Kriteriums der Bewegung als unterscheidendes Merkmal zwischen belebter und unbelebter Welt, die meist im 5. Lebensjahr spontan gemacht wird»[4].

«Nach der Entdeckung des Kriteriums der Bewegung wird der Als-ob-Charakter des Rollenspiels immer deutlicher, die Märchenfiguren verlieren für das Kind ihren Wirklichkeitscharakter. Zweifel treten auf an den magischen Figuren der Kinderstube, am Christkind, am Nikolaus, am Osterhasen, und kausal-logische Erklärungen für die Erscheinungen des Alltags und der Natur fallen auf fruchtbaren Boden. Was Eigenbewegung vortäuscht – der Wind, die Wolken, die Sonne, der Mond –, bleibt allerdings bis ins Schulalter mit Eigenleben ausgestattet. Im übrigen nähert sich das Weltbild des Kindes immer stärker dem der Erwachsenen und entwickelt sich in Richtung eines zunehmenden Realismus»[5].

Schritt um Schritt erfährt das Kind die reale Welt. Aber nicht alle Bereiche sind ihm zu gleicher Zeit realistisch zugänglich. Die einfachen

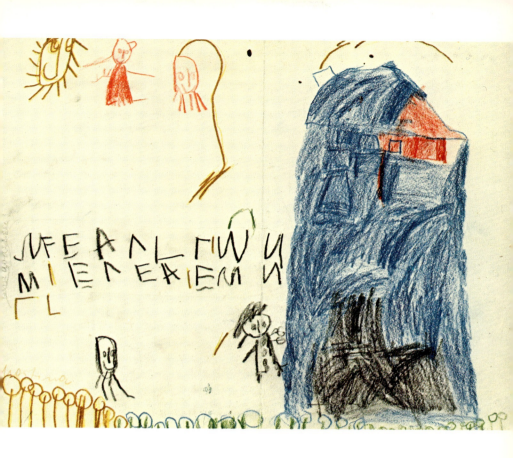

Martina (Abb. 2)

Naturverläufe, Tag und Nacht, Wechsel der Jahreszeiten, Regen und Schnee, sind vom Kind leichter zu verstehen als die komplexen. Was logischen Gesetzen folgt, was der Mensch an Operationen durchführt, bleibt ihm länger dunkel. Auch die Psyche des Menschen, des Erwachsenen ist ihm lange Zeit undurchsichtig. Das Kind braucht viele mitmenschliche Erfahrungen, bis es ein realistisches Bewusstsein vom Wesen des Menschen hat. Zwar beginnen sich die sozialen Gefühle schon früh zu entwickeln. Nachahmungen der Eltern geben dem Kind schon im zweiten Lebensjahr erste Erfahrungen vom Du, ohne ihm jedoch bewusst zu werden.

Schon mit drei Jahren beginnt das Kind, sich zu identifizieren. Die ödipale Phase, wie sie viele Psychologen schildern, ist die Zeit einer starken Auseinandersetzung mit Vater und Mutter. Das Kind beginnt sich in die Eltern einzufühlen, nimmt sie als Bilder tief in sich auf und setzt sich mit ihnen gefühlsmässig auseinander. Es handelt sich dabei freilich noch nicht um eine realistische Auseinandersetzung, denn das Kind fühlt noch egozentrisch. Es ist derart ichbezogen, dass es sein Ich in Vater und Mutter hineindenkt.

Das Kind entwickelt in dieser Phase ein starkes Einfühlungsvermögen. Es beginnt zu fühlen, was es heisst, Vater oder Mutter zu sein. Diese Gefühle bleiben Ahnungen und Intuitionen. Für die soziale Entwicklung des Kindes sind sie dessen ungeachtet von überragender Bedeutung. Die Ahnungen belehren das Kind, dass es selbst den Eltern ähnlich ist und sein wird. Es übernimmt Gebote und Verbote von den Eltern, die ihm Vorbild und zugleich letzte, verbindliche Instanzen werden, mit denen es sich identifizieren kann. «Es erwirbt die Fähigkeit, die Grenzen seines Ich zu überschreiten, sich im Geist in andere hineinzuversetzen und daher zu wissen, wie die anderen sich fühlen – dies bildet die eine Seite des Prozesses, den wir Identifikation nennen. Aber es hat auch die Fähigkeit, die anderen Ichs in das eigene aufzunehmen, die Persönlichkeit oder gewisse Züge der Persönlichkeit eines anderen zu internalisieren, sich einzuverleiben, gewisse Eigenschaften einer bestimmten Persönlichkeit zu eigenen zu machen. Im Fall der moralischen Entwicklung übernimmt das Kind Urteile, Massstäbe und Bewertungen der geliebten Person und macht sie zu einem Teil der eigenen Persönlichkeit. Auch diesen Prozess nennen wir Identifikation»[6].

Die Auseinandersetzung mit den nahestehenden Mitmenschen ist für das Kind von ausserordentlicher Bedeutung. Es schreitet über sich hinaus und stellt Fragen über Fragen. Es setzt sich in die anderen hinein und bekommt Antworten für seine eigene Persönlichkeitsentwicklung. Nun aber läuft dieser Prozeß nicht immer ohne Störungen ab. Das Kind ist oft mit einer sozialen Umwelt konfrontiert, die es ihm nicht ermöglicht, problemlos erwachsenes, reifes Menschsein in sich aufzunehmen. Oft hat es Eltern, die es ablehnen muss. Es gerät dann in einen Konflikt hinein, weil es sich noch in der von Piaget als heteronom bezeichneten Phase befindet. Das Urteil und das Gesetz, das von oben kommt, gilt unter allen Umständen. Die Urteile repräsentieren die Eltern. Im Unterbewusstsein kann es trotzdem feindliche Gefühle den Eltern gegenüber entwickeln. Vor allem dann, wenn es sich von den Eltern nicht verstanden fühlt, oder wenn es nicht weiss, ob die Eltern, da sie Druck und Zwang ausüben, so sein müssen. Die Eltern erscheinen dann als Dämonen des Unbewussten, als Götter, Götzen, als Riesen und Hexen, als Bilder, die die grossen Ahnungen der Tiefenseele darzustellen vermögen.

«In einer Zeichnung kann ein Kind unbewusst seine negativen Einstellungen zu seiner Familie erkennen lassen, indem es die Gestalten seiner Eltern und seiner Geschwister maskiert sowie Zeichen und Symbole benützt, deren es sich selbst nicht bewusst sein mag»[7].

In dieser Phase bietet sich dem Kind die Sonne als Symbol der Tiefenseele an. Sie ist ein archetypisches Zeichen, das den elementaren und existentiellen Gefühlen der Tiefe Ausdrucksmöglichkeiten bietet.

«Die Wirklichkeit, in der das Kind lebt, deckt sich so keineswegs mit dem, was dem erwachsenen Bewusstsein als Wirklichkeit erscheint. Phantasie und konkrete Realität erscheinen voneinander wenig abgegrenzt, reale Personen und Archetypen sind miteinander vermischt, Objekte der Wirklichkeit wirken faszinierend infolge ihrer Symbolkraft. All das bedeutet eine Schwäche des Bewusstseins, weil Bewusstsein auf Realitätserkenntnis basiert. Ohne Bezug auf die Realität ist aber alles Erleben ungestaltet und ganzheitlich»[8]. Das ist genau die Situation, in der das Kind die Sonne als Ausdrucksbild gebraucht, um die noch nicht verstehbaren Wirklichkeiten zu beschwören. Die Sonne erscheint ihm dann mit gewaltiger Faszination, weil sie von dem erzählt, was die Seele weiss, aber nicht auszusprechen wagt, weil sie dem Kind bildlich deutet, was die Psyche erfahren hat. Reale Personen und Archetypen werden in der Sonne zusammengesehen und als Zeichen gesetzt.

Im Kind sind zwei Ichs, die zwischen dem fünften und zehnten Lebensjahr miteinander konkurrieren. *Kadinsky* nennt sie Phantasie-Ich und konkretes Ich. Dem konkreten Ich, das mit der sinnlichen Wahrnehmung der physischen Welt verbunden ist, steht das zweite, das Phantasie-Ich gegenüber. «Die Wirklichkeit, in der es lebt, ist durch die Erfassung von Phantasiebildern bestimmt und unabhängig von der sinnlichen Wahrnehmung der Realität. Dem Phantasie-Ich ist es recht gleichgültig, ob es ein Streichholz in der Hand hält oder eine Puppe – was es sieht und erfasst, ist das Phantasiebild der Hexe. Die Wahrnehmung des Phantasiebildes wird von der seelischen Funktion der Intuition vermittelt. Sagen wir nun, dass das Phantasie-Ich in der ‹inneren Wirklichkeit› der Phantasie lebe, das konkrete in der ‹äusseren Wirklichkeit› physischer Sinnengefälligkeit, wird es verständlich, wie es möglich ist, dass beide nebeneinander bestehen, ohne sich zu widersprechen. Damit wird aber auch ein Licht geworfen auf die Bedeutung des Spieles für die Entwicklung des Kindes. Denn im Spiel treffen sich beide Ich-Teile und wirken zusammen, eine Synthese bahnt sich damit an»[9].

Das Bewusstsein des Phantasie-Ich distanziert und vergegenständlicht die Aussenwelt nicht. Ihm kommt viel eher die Fähigkeit zu, am Erleben anderer teilzunehmen und sich mit den seelischen Vorgängen zu identifizieren. Es partizipiert an der erlebten Wirklichkeit und vermag das Erlebnis im Symbol darzustellen.

Es scheint nun, dass das Sonnensymbol sich im Widerstreit der Bewusstseinsbildung zwischen dem konkreten Ich und dem Phantasie-Ich als Vermittler anbietet. Das Kind drückt im Bildzeichen die erlebte Wirklichkeit aus. Damit entfernt es sich einen Schritt von dieser Erlebnisrealität und überwindet sie. Das Phantasie-Ich, das teilnehmend, einfühlend die innere Wirklichkeit wahrnimmt, arbeitet dem konkreten Ich in die Hand, indem es sie im Symbol darstellt. So gewinnt das konkrete Ich immer mehr Bereiche für sich. Und sobald es sich auch in der sozialen Entwicklung voll durchgesetzt hat, entleert sich das Bildzeichen der psychischen Substanz. Das Sonnensymbol wird seltener und erscheint als blosse Dekoration oder realistisches Zeichen in der Zeichnung des Kindes.

Dieser Tatbestand lässt sich einfacher umschreiben. Das konkrete Ich erfährt die Eltern. Sie sind ihm in ihrer Realität, vor allem, wenn es sich nicht geborgen fühlt, wenn es sie als Feinde seiner Entwicklung erlebt, nicht verständlich. So beginnt es, sich mit ihnen auseinanderzusetzen. Da es aber die psychischen Gesetzmässigkeiten nicht begreift, kommt ihm das Phantasie-Ich zu Hilfe und bietet dem konkreten Ich Deutungsmöglichkeiten an. Das Phantasie-Ich greift zu Urbildern, die ihm aus der Tiefe, aus seinem seelischen Erleben angeboten werden. Die Sonne gehört zu diesen uralten Bildern der Seele. Sie bekommt phasenweise – nicht bei jedem Kind – eine grosse Bedeutung und strömt Faszination auf den Betrachter aus, weil sie emotionell besetzt ist. So kann das Sonnensymbol für die Entwicklung des kindlichen Bewusstseins eine bedeutende Rolle übernehmen.

«Der Schritt von der ichbezogenen Auffassung der Frühphase zu der ichgelösten, sachlichen der Hauptphase wird nicht ruckartig, mit einem Male getan. Dieser Übergang erfolgt überhaupt nicht in einem Schritt, sondern in unendlich vielen Schritten»[10]. Dieser Hinweis soll uns kritisch machen gegenüber einer zu starken Bewertung der Sonne im Prozess der Bewusstwerdung des konkreten Ich oder des Übergangs in die Hauptphase des Kindes, wie sie *W. Hansen* beschreibt. Die Sonne ist nur ein Symbol, das sich in dieser Entwicklungsphase anbietet. Nicht alle Kinder brauchen es. Nicht alle Kinder benötigen Zeichnungen, um den Prozess ihrer Entwicklung nach aussen zu projizieren. «Ein geistig gewecktes Kind mit ausgeprägter begrifflich-sprachlicher Begabung wird mehr auf dem Wege eigenen Beziehungsdenkens den Zugang zur Objektbestimmtheit finden; ein anderes, das sehr im bildnerischen Gestalten lebt, wird stärkere Anstösse aus seinen eigenen Werken erhalten; und je nach der Erziehungseinstellung der Familie oder gar des Kindergartens und der sozialen Gebundenheit des Kindes wird das soziale Moment ein Übergewicht bekommen können»[11]. Ein Kind, das von den Eltern in der Deutung der Welt und ihrer Zusammenhänge, der psychischen Realitäten und ihrer Auswirkungen im Stich gelassen wird, versucht, seine Ahnungen eher durch eine symbolhafte Zeichnung auszulegen.

Der Untergang der Sonnenwelt ist nicht für jedes Kind gleichzeitig festzustellen. Es gibt Kinder, die noch mit zehn Jahren emotionell besetzte Sonnen zeichnen. «Während das Kind in bestimmten Lebensbereichen schon kritisch beobachtet und aus diesen Beobachtungen seine Folgerungen zieht, kann ihm in anderen Zusammenhängen noch der Blick für die Tatsachen verschlossen sein»[12]. So ist es verständlich, dass beim einen oder anderen Kind die Sonne noch mit zehn, zwölf Jahren Ausdrucksmittel für seine seelischen Fragen ist, während das andere schon mit sieben oder acht Jahren von diesem Symbol Abschied nimmt. «Auch für das reifere Schulkind gibt es noch Wirklichkeitszusammenhänge, die seinem Erkenntnisdrang widerstehen, weil sie ihm ferner liegen oder in ihrer Bedingtheit zu schwierig gelagert sind»[13].

Diese entwicklungspsychologischen Tatbestände mahnen uns, bei der Fixierung von Entwicklungsphasen, in denen das Kind zu symbolischen Aussagen mittels der Sonne greift, ausserordentlich zurückhaltend zu sein.

Im allgemeinen lässt sich feststellen – Untersuchungen an Schulen bestätigen die Aussage –, dass die Sonne in der dritten und vierten Volksschulklasse selten noch als Symbol gebraucht wird.

Die Untersuchung an einer Dorfschule, in die sämtliche Klassen von der ersten Primar- bis zur dritten Sekundarklasse einbezogen waren, erbrachten interessante Ergebnisse, die sich mit entwicklungspsychologischen Fakten vereinbaren und interpretieren lassen. Insgesamt wurden dabei 649 Zeichnungen, die zum Thema «Die Sonne scheint und die Kinder spielen» oder zu einem anderen Thema, das gerade mit dem Unterricht zusammenhing, gemacht wurden, ausgezählt. In der Sekundarschule wurde zum Teil einfach das Thema «Sonne» aufgegeben. Doch handelte es sich um wenige Schüler, die nicht das erwähnte Spielthema malten. Es sollte festgestellt werden, wieviele Kinder in den verschiedenen Altersstufen die Sonne mit einem Gesicht zeichneten *(Tabelle 1)*.

Alter	Sonne mit Gesicht	Sonne ohne Gesicht	total
8jährige	n = 63 % = 63	n = 37 % = 37	100
9jährige	n = 67 % = 60	n = 44 % = 40	111
10jährige	n = 23 % = 28	n = 58 % = 72	81
11jährige	n = 13 % = 14	n = 77 % = 86	90
12jährige und ältere	n = 14 % = 5	n = 253 % = 95	267

Tabelle 1

Die Tabelle zeigt, dass der grosse Umschlag im zehnten Lebensjahr eintritt. Das ist die Zeit des sogenannten «naiven Realismus», in der die Reste des Egozentrismus endgültig überwunden werden. «In der Regel im 9. Lebensjahr, manchmal früher, manchmal später, gelingt es dem Kind, sich vom Eigenerlebnis zu distanzieren»[14].

Lotte Schenk-Danzinger schildert diesen Übergang mit folgenden Sätzen: «Mit zunehmender Wirklichkeitsbezogenheit gewinnt das Kind allmählich an äusserer und an innerer Autonomie. Die Kritik des Kindes macht auch vor den Erwachsenen nicht halt. Im 9. Lebensjahr kommt es in der Regel auch zu einer gewissen inneren Distanzierung von den Eltern, denn auch ihnen steht das Kind nun mit einer neuen

Sachlichkeit gegenüber. Auch von ihnen erwartet es Wahrhaftigkeit und Gerechtigkeit. Nicht selten führt dieser Wandel zu Konflikten im Elternhaus, besonders dort, wo das Verhalten der Erwachsenen der kritischen Beurteilung durch das Kind nicht standhält.

Nicht nur sachliche Zusammenhänge sollen nun erfasst werden. Das Kind versucht auch, in die Lebenssphäre des Erwachsenen einzudringen, seine Motive, die Ursachen seiner Stellungnahmen und Handlungen zu ergründen. Dabei macht es nicht immer die besten Erfahrungen, denn es gibt kaum ein Kind, das in diesem Alter nicht entdeckt, dass die meisten Erwachsenen lügen.

Das Kind ist nun zu einem scharfen Beobachter des Erwachsenen geworden. Alle Erziehungsmassnahmen werden geprüft: Sind sie sinnvoll? Sind sie gerecht? Das Kind ist nicht immer bereit, sinnlose Massnahmen und Strafen zu akzeptieren. Es reagiert auch sehr prompt auf Inkonsequenz der Erzieher und fragt: ‹Warum jetzt nein und damals ja?› Nun kommt die Zeit, in der nur jener Erwachsene Autorität hat, der sich durch sein Verhalten Autorität verdient... Die Beziehung zu den Eltern erfährt eine stärkere Differenzierung: der 9jährige kommt am Sonntagmorgen nicht mehr unbefangen zu seiner Mutter ins Bett. Er lehnt alle Zärtlichkeitsbezeugungen von ihrer Seite ab. Das 9jährige Mädchen setzt sich nicht mehr auf den Schoss des Vaters und weicht oft vor Liebkosungen zurück. Es hat sich, um einen Terminus der Tiefenpsychologie zu verwenden, die Inzestschranke zwischen den verschiedengeschlechtlichen Mitgliedern der Familie aufgerichtet. Damit wird eine allzu frühe sexuelle Stimulierung vermieden und die ungestörte geschlechtliche Entwicklung garantiert.

Beim Knaben kommt es in diesem Alter in der Regel zu einer Lockerung der emotionalen Bindung zur Mutter, wobei das Verhalten einen aggressiven Charakter annehmen kann. Vielleicht kann sich eine sehr starke emotionale Bindung, wie sie in der Regel zwischen Mutter und Sohn besteht, nur lockern, wenn sie vorübergehend in Aggression umschlägt»[15].

Die neue Sachlichkeit verbietet es dem Kind, die Sonne als anthropomorphe Gestalt zu interpretieren. Es erkennt nun die einfachen naturgesetzlichen Zusammenhänge. Das kausale Denken macht einen grossen Fortschritt. Dem Erfassen der «Wenn-dann-Beziehung» folgt die «Weil-deshalb-Beziehung». Damit dringt das Kind tiefer in die «Lebenssphäre des Erwachsenen» ein.

Dem Kind müssen Sonnen mit Gesichtern nun geradezu blöd vorkommen. Es lehnt sie mit der einfachen Begründung ab, die Sonnen hätten doch in Wirklichkeit keine Gesichter, so zeichneten nur kleine Kinder. «Ja früher, als ich noch klein war, da habe ich auch...» hören wir nun vermehrt das Kind sagen. Das Sonnensymbol hat ausgedient. Die Kritik an den Eltern, die das Kind vor dieser Wende gar nicht offen wagte, konnte nur symbolisch geschehen. Da war sie noch mit heteronomen Erwartungen und absolutem Gehorsam verknüpft. Hier gilt, was *Piaget* meint, wenn er den Symbolismus als eine lebendige und dynamische persönliche Sprache bezeichnet, die dem Kind unentbehrlich sei, um seine subjektiven Erfahrungen auszudrücken. Wir beobachten in der Zeit, da sich die Sonnengesichter allmählich leeren und dekorativen Sonnenscheiben Platz machen, eine Zunahme des kritischen

Bewusstseins. «Das Symbol bestätigt exakt die Notwendigkeit, mangels Ich-Bewusstseins den Inhalt auf Objekte zu projizieren, während der Fortschritt zu den Operationen hin notwendigerweise an die Entwicklung der Reflexion gebunden ist, die zu dieser Bewusstwerdung führt, wodurch das Subjektive von der äusseren Wirklichkeit getrennt wird»[16].

Wenn das Kind die Motive menschlichen Handelns zu erforschen beginnt, sie reflektiert und in grössere Zusammenhänge einordnet, wird das Sonnensymbol überflüssig. Die Sonne ist dann kein Objekt mehr, in dem sich das subjektiv Erlebte und Erfahrene spiegeln lässt. Das Kind verfügt nun über Denkmöglichkeiten, die nicht mehr an naive, unrealistische Bilder gebunden sind.

Im zehnten und elften Lebensjahr verliert die Sonne ihre zauberhafte und suggestive Wirkung als Symbol. Sie entleert sich. Sie wird zu einem selten gebrauchten Zeichnungsgegenstand. Zwischen dem fünften und zehnten Lebensjahr aber eignet sie sich ausserordentlich gut als Objekt, dem sich die Inhalte subjektiver und bewusstseinsfremder Erfahrungen aufprägen lassen. Daher soll dem Phänomen der Sonne in der Kinderzeichnung nachgespürt werden. Es soll seine Fülle und sein Reichtum breit ausgelegt werden, um die Ahnung vom Ausdruckswert des Sonnenbildes zur Gewissheit werden zu lassen.

Es folgt im nächsten Kapitel eine Art Beweisaufnahmeverfahren. Es handelt sich dabei um einen Erlebnisbericht über meine Beschäftigung mit Sonnenzeichnungen. Er soll zeigen, wie vielfältig Sonnen als Symbole sind, und als Basis für die ausführliche und systematische Analyse von Sonnenzeichnungen dienen.

2. Kapitel Die Entdeckung des Sonnensymbols

Fallbesprechungen

Dieser Bericht schildert die «Entdeckungsreise» in das verschlüsselte Land der Sonnensprache. Vor vielen Jahren erhielt ich eine Zeichnung von Martina (Abb. 2). Sie enthielt Zeichen, die man auf den ersten Blick nicht deuten konnte.

Diese ausdrucksstarke Zeichnung weckte meine Neugierde, und fortan waren mir Kinderzeichnungen von grösstem Interesse. Immer wieder musste ich mich mit ihrer Ausdruckskraft beschäftigen, bis ich auch den besonderen Symbolgehalt der Sonne entdeckte.

Die Sonne muss der Mensch zwar nicht suchen. Sie ist da. Sie bringt Sonnenschein oder, wenn sie sich hinter Wolken versteckt, trübe Tage. Auch in der Kinderzeichnung ist die Sonne so alltäglich, dass man ihr kaum Beachtung schenkt. Dies ist um so mehr erstaunlich, da dem Betrachter auffallen muss, dass diese Sonnen in unendlich vielen Variationen erscheinen. Zwar sind sie oft schematisch und schablonenhaft, sprengen aber dann und wann Schema und Schablone. Hier interessieren wir uns nur für solche.

Dass Sonnen Gesichter haben, müsste zu denken geben. Die natürliche Sonne, die am Himmelsbogen ihren Weg zieht, blickt nicht mit scharfen oder matten, freundlichen oder bösen Augen auf die Erde. Kindersonnen tun das. Wirkliche Sonnenstrahlen sind nicht eckig, spitzig, schön modelliert, weich. Strahlen von Kindersonnen können so sein. Allein schon diese Tatsache lässt vermuten, dass in die Sonnenzeichnung Gehalte eingehen, die im Kind selbst sind. Vielleicht verwandelt sich die Mutter in ihrer Bedeutung für das Kind in ein Sonnengesicht und steht lachend oder weinend über Menschen, Bäumen und Häusern, die das Kind in seine Zeichnung einbezieht? Für Kinder steht die Sonne nicht immer am Himmel oben. Hie und da löst sie sich und steigt auf die Erde herunter, wo sie sich neben den Menschen gleichgestellt aufhält. Was kann dies bedeuten?

Ich hatte mich schon viele Jahre mit Kinderzeichnungen befasst, als mir eines Tages das Bild (Abb. 4) von CORNELIA vorgelegt wurde. Da die Zeichnerin im Kindergarten auffiel, wollte die Kindergärtnerin wissen, ob die Zeichnung Hinweise auf das schwierige Verhalten des Kindes enthalte.

Es war nicht einfach, das Bild zu deuten. Das Thema hiess Seenachtsfest. Wie immer in solchen Fällen, suchte ich zuerst nach Abweichungen vom Thema, nach Widersprüchen, nach Verzerrungen und ungereimten Aussagen. Sie sind als Schlüsselaussagen besonders zu untersuchen. Das Seenachtsfest mit seinen bunten Sternen und seinem vielfältigen Geflimmer nimmt deutlich Raum ein, doch beansprucht Cornelia wenig Zeichenfläche, um das gewählte Thema auszugestalten.

Das Haus mit seinen zwei Fenstern und der Türe, die Sonne mit ihren Strahlen, die nur bis zu einem farbigen Bogen gehen und von ihm aufgehalten werden, beanspruchen bedeutend mehr Raum. Warum? Weshalb weicht das Kind – offenbar unbewusst – vom gegebenen Thema ab und gestaltet im Zentrum des Blattes etwas anderes, was ihm bedeutender ist? Warum verliert es sich während des Zeichnens in verschiedene Widersprüchlichkeiten, denen es selbst keinen Namen geben kann? Sah es schon eine Sonne mit einem Gesicht, die von farbigen Bogenlinien umhüllt wird? Und im Gegensatz dazu Menschen, die gesichtslos, isoliert und ohne menschliche Beziehung nebeneinander dem kurzlebigen Geflimmer zuschauen, der eine von ihnen auf einem Bänklein, der andere unter dem Feuerwerk, als wäre er selbst ein schnell verglühender Stern? Warum? Lauter Fragen, die den Betrachter beschäftigen.

Die gesichtslosen Menschen beschäftigten mich am meisten. Wie können sie ohne Ausdruck persönlichen Lebens sein, während die Sonne am Himmel ein strahlendes Gesicht zeigt? Auf die Frage, wo sie und ihre Eltern dargestellt sind, erklärte die Zeichnerin, sie sitze auf dem Bänklein, und der Vater befinde sich unter dem Feuerwerk.

Damit kam ich einen Schritt weiter. Zwischen der Sonne und den gesichtslosen Menschen besteht ein Widerspruch. Hier lag das Problem. Erfahrungen mit anderen Zeichnungen zeigen, dass Menschen mit verkümmerten Gesichtern auch psychisch vernachlässigt sind. Dafür lassen sich viele Belege anführen.

Der Widerspruch besteht darin, dass das graphische Ausdrucksniveau bei der Darstellung von Gegenständen höher ist als das von Menschen. Die Personen haben oft gar kein Gesicht oder sind so entstellt, dass man sie kaum erkennt. Immer entpuppte sich diese Tatsache als Hinweis für gestörte oder verarmte Beziehungen.

Mit dieser These im Hintergrund musste ich einige Fragen über die Umwelt des Kindergartenkindes stellen. Wie sind Cornelias Eltern? Wie verhält sich das Mädchen im Kindergarten? Ist es besonders aufdringlich?

In der Tat vernachlässigen die Eltern Cornelia sehr. Beide arbeiten in einer Fabrik und kümmern sich nicht um das Kind. Es ist ihnen lästig. Der Vater, ein moderner Vagabund, wechselt häufig Arbeits- und Wohnort. So wird Cornelia ständig hin- und hergerissen und findet durch den ständigen Umweltwechsel keinen seelischen Hort, in dem sie sich geborgen fühlen kann. Sie ist sehr aufdringlich und übermässig kontaktfreudig, schmeichelt ihrer Kindergärtnerin und sucht in ihrer Nähe physischen Kontakt. Selbst zu unbekannten Personen entwickelt sie sofort Beziehungen.

Mit diesen Hinweisen aus der Umwelt des Mädchens liessen sich die Widersprüche lösen. Man könnte eine Interpretation wagen. Cornelia wollte der Kindergärtnerin wohl zurufen: «Schau, auf der Ebene, auf der ich meinen Eltern begegne, schaut mir niemand entgegen. Ich blicke in leere Gesichter. Ich wünsche mir aber ein Gesicht, das mich ansieht und mir entgegenkommt. Ich weiss, es gibt dieses Gesicht. Es strahlt, aber seine Strahlen werden leider von einem farbigen Bogen abgefangen. Sie können mich nicht erreichen, so sehr ich es auch wünsche. Ich weiss, dass es Liebe und Geborgenheit gibt. Doch sie sind weit von mir entfernt, unerreichbar hoch oben.»

Eine Kinderzeichnung ist wie ein Brief. Man kann sie lesen. Die Bildzeichen lassen sich in einfache Worte übersetzen. Das Kind will der Mutter oder Lehrerin etwas sagen, was es selbst nicht in Worte fassen kann. Diese «Worte» aus der Zeichnung herauszufühlen, ist der wichtige Auftrag des Pädagogen.

Cornelias Sonne ist nicht besonders originell. Sie wirkt fast schablonenhaft. Und dennoch bietet sie ein eindrückliches Beispiel dafür, dass Sonnen mehr sein können als angelernte Schemata.

Ich gehe in meiner Entdeckerreise weiter und komme zur Zeichnung Martinas (Abb. 2), die ich bereits erwähnte. Diese Zeichnung veranlasste mich, die «künstlerischen» Äusserungen von Kindern zu studieren. Ich wies schon darauf hin. – Martinas Sonne fällt vor allem durch ihre Stellung im Bild auf. Ihre Gestalt ist nicht aussergewöhnlich, vielleicht etwas ausdrucksstärker als andere. Man erkennt, dass sie lebendig ist und einen Blick auf die zwei neben ihr stehenden Figuren wirft.

Diese Sonne ist heruntergestiegen von ihrer blauen Höhe. Man könnte aber auch sagen, Kind und Kopffüssler daneben sind zu ihr aufgestiegen. Wie aber kommen Sonne und Kind zueinander? Wer die zarte Bewegung des Mädchens beachtet, bekommt sogar das Gefühl, das Mädchen lehne sich an die Sonne und betrachte schüchtern den Kopffüssler, an dem ein Seil oder eine Schnur befestigt ist. Die Schnur entspricht farblich dem Sonnengold, und man vermutet, dass zwischen Sonne und Kopffüssler eine Beziehung besteht. Die Sonne müsste eigentlich, wenn physikalische Gesetze in der Kinderzeichnung gelten würden, das Kind und den Kopffüssler zerstören. Zwischen dem Mädchen und der Sonne herrscht eine Beziehung. Und so muss die Sonne offenbar von menschlichem Leben sein. Sie kann nicht der glühende, lichtspendende Sonnenball sein, wofür wir sie sonst halten. Das Kind verfügt über die Sonne, als wäre sie ein Teil von ihm selbst oder als würde sie zu ihm als seinesgleichen gehören. Die Sonne ist hier ein Symbol.

Die Sonne als Symbol vermag eine Realität zu repräsentieren, die hintergründig und meist unbewusst im Kind nach Gestaltung und Aussage drängt. Diese Symbolfunktion der Sonne kann vielfältig nachgewiesen werden. Ich hoffe, dass ich den Leser davon überzeugen kann, indem ich viele Beispiele ad oculos demonstriere.

Als diese Zeichnung (Abb. 2) entstand, war Martina 4½ Jahre alt und besuchte gerade den Tageskindergarten in Berlin-Friedenau. Das Mädchen zeichnete spontan, ein Thema war nicht gegeben, auch Einflüsse der Kindergärtnerin sind nicht festzustellen. Die quer ins Bild geflickten Buchstaben lassen erkennen, dass Martina ihr Erlebnis frei und ohne Aufforderung darstellen konnte. Als der schöpferische Prozess, die Widergabe des Erlebnisses und der bedrängenden, inneren Gefühlsrealität abgeschlossen war, widmete sich das Kind dem spielerischen Umgang mit erlernten Buchstaben.

Die Zeichnung zerfällt in zwei Aussageebenen, die von je einem Motiv beherrscht sind. Das Motiv der unteren Ebene lässt sich als Verfolgung bezeichnen. Die Figur am Fusse eines grossen Hauses bewegt sich auf eine dunkle Höhle zu. Sie streckt die Hände aus und blickt, fast möchte man sagen ängstlich, zurück. Man meint, dieser Szenerie die Frage entnehmen zu können: «Erreicht er mich oder bin ich bald vor ihm sicher?»

Der Verfolger ist ein Kopffüssler. Martina verwendet ein Bildzeichen, das sie in ihrer Entwicklung gerade überholt hat. Der Kopffüssler, der weder Mensch noch Tier ist, repräsentiert eine für uns unbekannte Realität, die das Kind bedroht. Seine ausgreifenden, spinnenartigen Beine und der grosse Mund mögen das belegen.

«Das Erleben der Welt als eine Willkürstätte, in der Dinge geschehen, welche keinerlei Gesetzen folgen, an denen es keinen Anteil via Einfühlung hat und vor denen es hilflose Angst empfindet, drückt ein sechsjähriges Mädchen aus, als es mir erzählt: ‹In unserer Strasse wohnt ein Mörder, ein Würger und ein Sieder.› Auf meine Frage erläutert es, dass der Sieder Kinder fängt und in kochendes Wasser tut»[17]. Der Kopffüssler von Martina gleicht dem undefinierbaren Würger oder Sieder.

Das Gebilde auf der rechten Seite der Zeichnung stellt ein gewaltiges Wohnhaus dar. Ein grosser, schwarzer Eingang führt ins Innere. Die 4½jährige Martina kann die Struktur dieses Hauses noch nicht erfassen.

Das Haus ist eine Erlebniseinheit. Nur die emotionellen Brennpunkte werden wiedergegeben. Alles andere ist unwesentlich und wird weggelassen. Vom Erlebnis her reduziert das Kleinkind die Wirklichkeit auf die kindeswesentlichen Züge.

Martina erlebt das Haus als undurchsichtiges Agglomerat. Durch den höhlenartigen Aufgang erreicht das Kind die Wohnung im Dachgeschoss. Dort ist es zu Hause. Ein roter Fleck, quasi ein Haus im Haus, wird als erlebte Einheit herausgestellt. Der Kamin mit seinem spärlichen Rauch deutet an, dass Leben in der Wohnung herrscht.

Hier muss die Lebenssituation des Kindes erwähnt werden. Martina lebt bei ihrer Grossmutter und besucht von dort aus den Kindergarten. Ihre Eltern leben geschieden und sind augenblicklich nicht imstande, dem Kind Geborgenheit und Liebe zu geben. Die Grossmutter ersetzt deshalb die Eltern und sorgt für das Kind. Bei ihr ist es zu Hause.

Wir vermuten, dass Martina sich in dieser Zeichnung selbst darstellt. Im ersten Motiv flüchtet sie vor dem Kopffüssler. In der Motivwiederholung auf der oberen Ebene findet sie Schutz bei der Sonne. Der Kopffüssler steht gebannt daneben.

Die Personengruppe der oberen Ebene ist durch die Sonne bereichert worden. Es stellt sich die Frage, ob die Realität, die durch die Sonne versinnbildlicht wird, nicht schon im ersten Motiv aufleuchtet. Die Frage kann bejaht werden. Das Ziel der Flucht ist wohl die Wohnung der Grossmutter. Die Wohnung wird durch zwei Fenster und die rote Farbe herausgestrichen. Die Wohnung steht stellvertretend für die Grossmutter und symbolisiert die seelisch-geistige Realität, die sie für das Kind bedeutet.

Ich sprach eben von einer Motivwiederholung. Das trifft zu. Nur repräsentiert die Handlungseinheit auf der zweiten Ebene nicht mehr die Flucht, sondern das Motiv mit anderem Vorzeichen: die Zuflucht. Martina konnte sich glücklich von dem Kopffüssler absetzen. Sie flüchtete nach Hause und stellte sich in den Schutz der Grossmutter. Die Grossmutter hat Macht über das unheimliche Geschöpf und kann es mit einem Bannstrahl belegen, der es entzaubert. Der Kopffüssler steht steif, als wäre er eingepflockt, neben Martina und der Sonne. Er hat seine Kraft verloren.

Interessant ist die Farbwahl. Für das Motiv der Flucht wählte Martina kalte Farben, Schwarz und Blau, für das der Zuflucht warme Farbtöne, Rot und Gelb. Die Farben stehen hier ganz im Dienst der Aussage. Sie unterziehen sich den Motiven und verstärken diese. Schwarz und Blau, düstere und dunkle Farben, verdeutlichen zusätzlich die Bedrohung im Moment der Flucht, die Angst vor der Isolation, und sie bewirken eine verstärkte Expressivität des Handlungsmotivs. Die warmen Farben im Motiv der zweiten Ebene unterstützen ihrerseits den Gefühlsmoment der Zuflucht und sichern die Deutung auch durch das farbliche Element.

Auch der Kopffüssler ist ein Symbol. Wie die Sonne, stellt er eine Bedeutungsrealität für das Kind dar. In seiner Gestalt verdichten sich Gefühle, die die Zeichnerin nur sinnbildlich zu erwähnen vermag. Sie dürfte die unbestimmte, daherschleichende Angst verkörpern. Die Angst ist Folge von Martinas Situation. Durch die langwierigen Auseinandersetzungen im Elternhaus, die der Ehescheidung vorausgingen, fühlte sich das Kind bedroht. Es stand zwischen Vater und Mutter und verlor den festen Halt. Die paar Wochen, in denen es nun schon bei der Grossmutter wohnt, konnten ihm die letzte innere Sicherheit und Geborgenheit noch nicht zurückgeben. Die Strasse als Ort des Dazwischenstehens gebiert an allen Ecken und Enden Ängste, die als Unwesen auf das Kind zukommen.

Warum zeichnet Martina diese seelische Realität als Kopffüssler? Die Zeichnerin hat soeben das «Kopffüsslerstadium» überwunden. Zaghaft und unsicher wagt sie sich an eine bessere Ausgestaltung des Menschenschemas. Die Differenzierung gelingt ihr noch nicht sehr gut. Das Schema ist aber deutlich auf höherem Niveau als der Kopffüssler. Der Kopffüssler eignet sich daher für die Darstellung einer Realität, die das Kind nicht genau zu bestimmen vermag. In dieser Ausdrucksnot springt das an sich überwundene Zeichenschema ein und übernimmt die Funktion der Aussage für das Unbeschreibbare. Das Kind findet keine andere «Sprache», die ihm erlaubt, Empfundenes und Erfühltes zu verdichten.

Die Sonne, die ihren Blick und auch ihre Strahlen deutlich Martina zuwendet, symbolisiert wohl die Grossmutter. Sie erscheint hier als wärmespendende Macht. Sie ist nicht ein Wunschbild wie die Sonne Cornelias, sondern ein Repräsentant für die grossmütterliche Geborgenheit, unter deren Schutz und Schirm sich das Kind in diesen Tagen wohl fühlt. Sie allein kann gegen die Bedrohung aufkommen und Hilfe bieten.

Dass Sonnen in vielen Fällen Beziehungspersonen verkörpern, soll nun mit Hilfe einiger Beispiele belegt werden.

Als amerikanische Astronauten zum ersten Mal auf dem Mond landeten, kam eine Seminaristin im Praktikum auf die interessante Idee, die Kinder in ihrer Malphantasie auf den Mond fliegen zu lassen. Das Thema hiess: «Wie würde euch die Sonne empfangen, wenn ihr auf dem Mond landen könntet?» Die Schüler, Viertklässler, bearbeiteten die Aufgabe mit grossem Spass. Viele originelle Zeichnungen zeugen davon. Drei dieser Werke möchte ich hier kurz vorstellen.

GISELA (Abb. 5) schickte gleich zwei Astronauten auf den Mond. Eine blaue Rakete steht auf dem öden Grund der Mondlandschaft. Im Hintergrund erscheint die Sonne und begrüsst die beiden Fremden.

Wer ist diese Sonne? Gisela hat ihr das Gesicht ihrer Mutter gegeben. Die Mutter ist stets auffällig frisiert und stark geschminkt. Sie schwatzt viel und überall herum. Gisela zeichnete das Sonnengesicht – wahrscheinlich unbewusst – mit den markanten Merkmalen, die genau auf ihre Mutter passen und sie überall identifizieren. Dabei fällt besonders der runde, offene Mund auf.

Auch EDITH (Abb. 6) zeichnete ihren Ausflug auf den Mond mit viel Phantasie. Sie selbst war es, die sich auf den fremden Planeten wagte. Einen abenteuerlichen oder gar gefährlichen Empfang konnte sie sich nicht vorstellen, denn überall, wohin Edith auch geht, ist der freundliche, schützende und helfende Geist ihrer Mutter gegenwärtig. So auch auf dem Mond. Die Muttersonne, die in freundnachbarlicher Beziehung zum Mond steht, kommt zu ihr herüber und empfängt das Astronautenkind mit liebevoller Sorge. Sie schickt ihre warmen Strahlen aus. Edith berührt sie mit einem Lichtstab und gelangt so in eine wärmende Beziehung zur Sonne. Die Sonnenstrahlen sehen aus wie Sonnenhände. Man ist versucht, an die Sonnendarstellungen des ägyptischen Königs Echnaton zu denken, der unter einer Sonne sitzt, die ihre Strahlen in befruchtende Hände ausmünden lässt.

Auch in diesem Bild verkörpert die Sonne Eigenschaften der Mutter. Ediths Mutter ist eine mächtige Person, in deren Güte die Kinder aber auch geborgen sind.

Ediths Zeichnung bezeugt die grosse Bedeutung der Sonnenstrahlen. Sie tragen den Geist und das innere Leben der Sonne nach aussen. Sie sind die Stelle, durch die Kontakte mit der Aussenwelt zustande kommen. Sie sind die Berührungspunkte der Begegnung.

MAX (Abb. 7) ist mit seiner superschnellen Rakete auf dem Mondboden gelandet und steigt aus seiner Kapsel. Da nähert sich ihm gewaltig und mächtig das Sonnengestirn. Er wagt, der Sonne einen Strahl abzuzwacken. Diese Frechheit oder Kühnheit lässt sich die Sonne nicht gefallen und greift mit zwei Feuerarmen nach dem Astronauten. Ihre Augen verfärben sich. Das eine schaut mit einer schwarzen Pupille aus knallrotem, das andere mit einer braunen aus giftgrünem Grund. Ein Riesenmund öffnet sich, und in seinem Schlund zeigen sich mächtige Zähne. Sie können dem Mondflieger gefährlich werden.

Das interessanteste Phänomen an dieser Sonne sind zweifellos die Hände. Je zwei Strahlen vereinigen sich in mächtige Arme, deren Hände nach dem Mondankömmling greifen.

Auch dieses Bild zeugt von der personellen Deutung der Sonne durch das Kind. Die Sonne ist nicht nur die liebe Frau Mama, die gütig und freundlich am Himmelsbogen dahinzieht und den Kindern Sonnenschein und Freude bringt. Sie ist auch die böse, aggressive Grossgestalt, die kühn ins Leben des Kindes eingreifen kann, wenn sie will. Die Sonne ist dann gleich einer Gottheit, die wie ein Moloch Menschen verschlingt, wenn sie ihr nicht dienen.

<u>Gelegentlich nimmt die Sonne sogar männliche Gestalt an. Schon die Inkas verehrten ihre Sonne als männliche Gottheit.</u> Auch Poma de Ayala sah in ihr ein maskulines Wesen. Er zeichnete eine Sonne mit Bart und mit Strahlen, die hie und da weich, zart und geschmeidig anmuten, die aber auch stellenweise flammenartig und zuckend aussehen.

Diese männliche Sonne ist zu allem fähig. Sie ist gütig und mild. Sie bringt aber auch Tod und Verderben unter die Menschen. Sie ist böse und aggressiv.

Die Azteken (Abb. 8) brachten ihrem Sonnengott Menschenopfer dar und reichten ihm Menschenherzen als Nahrung. In vorliegender Abbildung schwebt der Sonnengott mit flammenartigen Strahlen über vier Männern, die einem Priester das Opfer hinhalten. Während das noch zuckende Herz auf die Opferschale des Chac-Mool gelegt wird, rollt man den Körper des Toten die Tempelstufen hinunter. Mit zugekniffenem, leicht nach unten gewölbtem Mund schaut der Sonnengott dem grausamen Akt zu.[18]

Der Sonnengott kann auch gnädig über den Arbeiten des Volkes stehen und ihm gute Frucht verheissen. Der Chronist der Inkas, *Poma de Ayala*, hat eine solche gnädige Sonne in Zeichnungen überliefert, die er den Monatsarbeiten des Volkes widmete. [19].

Dieses magische Denken der Urvölker, die die Sonne vergöttlichten und ihr Absichten unterstellten, die eigentlich nur Menschen haben können, beherrscht zum Teil auch das Denken des Kindes. Kinder verlebendigen Sonnen und beleben sie mit Gedanken. Anscheinend eignet sich die Sonne vorzüglich als Projektionsfeld kindlicher Gefühle und Stimmungen und bietet sich für eine Vermenschlichung geradezu an.

Diesen magischen Projektionen in der kindlichen Zeichnung möchte ich weiter nachspüren und neue Belege für die Richtigkeit dieser These beibringen.

Da ist einmal die schwarze Sonne von URSI (Abb. 9). Ursi, ein Kindergartenkind, hatte viele dunkle Erlebnisse in der Familie. Vor zwei Jahren starb ganz unerwartet ihr Grossvater, der eine besonders gute Beziehung zum Kind hatte. Oft ersetzte er Ursis Vater, da dieser geschäftlich viel unterwegs war. Ihr Bruder, den sie sehr gern hat, verunglückte im Alter von drei Jahren, wobei er so stark geschädigt wurde, dass er heute wie ein einjähriges Kind ist. Auch Ursis Vater verunfallte vor einiger Zeit und ist nun mit einer gelähmten Hand arbeitsunfähig.

Als wenig später auch noch die Grossmutter starb, sass Ursi tagelang still da. Im Unterricht ist sie oft geistesabwesend, träumt und geht finsteren Gedanken nach. Nachts kam sie schon zur Mutter ans Bett und fragte: «Wer stirbt jetzt als nächster?»

Schwarz ist die Farbe des Todes. Die Sonne, die sonst gelb gemalt wird, verfinstert sich unter dem Eindruck der kindlichen Gefühle. Sie wird zu einem Echo des Erlebens. Die Sonne symbolisiert in diesem Augenblick weder Mutter noch Vater noch sonst eine Person aus dem Lebenskreis des Kindes. Sie ist vielmehr Projektionsfeld kindlicher Gefühle. Es ist interessant, dass die schwarze Sonne kein Gesicht aufweist. Darin zeigt sich offenbar das gesichtslose Spiegelbild einer Stimmung, die zwar nur undeutlich erlebt wird, aber unbedingt nach einer Aussage drängt.

Für ihre Zeichnung wählte Ursi aus freien Stücken das Thema der «Sieben Zwerge», ein Thema, das einige Anknüpfungspunkte zum Leben der Zeichnerin beinhaltet. Auch die Zwerge mussten verschiedene Angriffe auf das Leben ihres geliebten Schneewittchens miterleben. Ursis Zeichnung zeigt ein grünes, schematisch starr dastehendes Zwergenhaus. Die Zwerge, von denen nur der grösste und der kleinste dargestellt sind, stehen getrennt da und blicken gebannt hinter ihren Bergen hervor. Und die Sonne erscheint wie ein düsterer Kommentar am sonst hellen Himmel des Kindes.

Für einen Augenblick wende ich mich den «*weinenden*» *Sonnen* zu, die relativ oft erscheinen.

DANIEL (Abb. 10) zeichnet gerne Fahrzeuge und beherrscht dies auch für sein Alter recht gut. Der Bub ist sehr sensibel und bereitet mit Trotzszenen seiner Mutter wie auch der Kindergärtnerin viel Mühe. Daniel hat noch zwei Geschwister.

Eines Tages legt er der Kindergärtnerin ein interessantes Bild auf das Pult. Sein Kommentar ist knapp. Der Panzer hat ein Haus entzwei gefahren. «Oh, es war ein schönes Haus!» ruft er aus. Die Muttersonne weint. Sie ist traurig. Der «Sonnenbub», so vom Zeichner tituliert, verschwindet hinter einem markanten Gebirge.

Die Zeichnung offenbart die ganze Gefühlsregung des Kindes. Im Bereich der Muttersonne sind die Berge wild und bewegt – gleichsam ein Abglanz der inneren Gestimmtheit. Das Haus bricht entzwei und stürzt ein. Von weit oben schaut der Sonnenbub dem Zusammenstoss zu. Mit Klarheit und Sorgfalt, mit sicherem, markantem Strich hat er das schützende Gebirge gezeichnet. Wie ein Schlossherr schaut er von der festgefügten Burg zu Tale. Er ist sich sicher, dass ihm nichts passieren kann, während seine Muttersonne in das wilde Geschehen gänzlich einbezogen ist. Sie ist traurig über das zerstörte Haus.

Die Zeichnung, die das Produkt eines Augenblicks ist und ein starkes Erlebnis widerspiegelt, drückt die Gefühle des trotzenden Kindes meisterhaft aus. Der trotzende Knabe, der sich abkapselt, sich hinter die Wälle und Barrikaden seiner Persönlichkeit zurückzieht und boshaft zuschaut, wie eine Welt in Erregung gerät, ist treffend symbolisiert. Das Gebirge, in dessen überragendem Schutz er sich stellt, ist festgefügt und scheinbar unantastbar. So entweicht der «Sonnenbub» dem Zugriff der Muttersonne. Hart und verstockt (aufgestockt – im Symbol der Zeichnung) schaut er dem dramatischen Schauspiel zu, in das seine Mutter verwickelt ist. Sie steht nicht wie er im Schutz der Berge, sondern nimmt aus nächster Nähe am Geschehen teil.

Wer erkennt darin nicht die typische Situation des Trotzes? Es ist der Trotzige, der distanziert dem Zusammenprall einer Familienwelt zuschaut und hämisch mitverfolgt, wie die Protagonisten der Hausgemeinschaft emotionell aufgewühlt sind. Das Kind zeichnet diese Verhältnisse mit grosser Treffsicherheit. Die Zeichnung beweist einmal mehr, dass Kinder mit dem Stift ihr erlebtes Verhältnis zur Wirklichkeit festhalten, ja, dass sie gezwungen sind, ihr Erlebnis auf diese Weise auszudrücken. Sie können den inneren Zwängen nicht entweichen. Sie verwenden dafür eine Symbolsprache, die nicht leicht verständlich ist.

Wer sich intensiv um Kinderzeichnungen bemüht, bemerkt bald, dass die Symbole der Kinder nicht unbeschränkt sind. So treffen wir vor allem das Haus, die Sonne und das Tier, hie und da auch Pflanzen und Fahrzeuge als Sinnbilder psychischer Realitäten an.

Das Haus, leider in seinem psychischen Ausdrucksgehalt noch nicht genügend untersucht, ist von einer ungeahnten Expressivität, so z. B. Martinas Riesengebilde. Das Mädchen errichtete sein Haus nach seinen erlebten Gefühlen. Alles, was für Martina nicht zum Wohnen gehört, blieb ausgeklammert. Je jünger Kinder sind, um so gefühlsbetonter und sinnbildlich aussagekräftiger malen sie Häuser. Ältere Kinder lassen sich hingegen stärker von der objektiven Struktur der Häuser leiten. Sie sind über ihre Gefühle hinweg fähig, das Haus in seine Räume zu gliedern. Damit verliert das Haus seinen ursprünglichen, expressiven Aussagewert. Es erstarrt zu einem objektiven Lebensraum, in dem eine über dem Gefühl waltende Ordnung triumphiert.

Das Haus ist Ort der Liebe, der Geborgenheit, des Hasses und des Grauens. Fast jede Kinderzeichnung lässt sich dafür als Beleg verwenden. Zwei extreme Beispiele möchte ich hier dem Leser vorlegen.

ROLF (Abb. 11/12) besucht den Kindergarten. Seine Eltern sind geschieden. Während der Vater mit seinem ältesten Sohn auswärts wohnt, leben Rolf und sein jüngerer Bruder bei der Mutter. Die Mutter wird von Zeit zu Zeit in eine Nervenklinik eingeliefert. Sie leidet unter schlimmen Anfällen, greift dabei andere Menschen an und bedroht diese mit Messern. In solchen Augenblicken weiss sie nicht mehr, was sie tut, so dass die gefährdeten Kinder von einer Fürsorgerin in ein Heim gebracht werden müssen. Wenn es der Mutter besser geht, behandelt sie ihre Kinder sehr lieb, nimmt sich viel Zeit für sie, bastelt mit ihnen, näht und strickt.

Die Mutter erzählt den Kindern oft vom Vater. Sie spricht schlecht über ihn und behauptet, er habe sie geschlagen, er sei ein böser Mann. Auch Rolf erzählt viel von bösen Männern, die er in seiner Malphantasie oft in Käfige einsperrt. Nachts kann er nicht schlafen und schreckt auf. Der Arzt verordnete ihm daher Beruhigungsmittel. Rolf reagiert auch heftig, wenn in Märchen von Hexen, vom Wolf und anderen bösen Fabelgestalten erzählt wird. Er beschäftigt sich dann lange mit dem Gehörten. Seine Kindergärtnerin vermag ihn nicht davon abzubringen, auch wenn sie ihm sagt, dass die Geschichten erfunden sind.

Rolf ist ein Träumer. Er starrt oft ins Leere und platscht mit Worten in den Unterricht, die keinen Bezug zum Thema haben. Im übrigen ist er ein sehr aufgewecktes Bürschchen, obwohl er immer bleich und gebrechlich aussieht und man das Gefühl hat, er gehe ständig traurigen Gedanken nach. Sein Verhältnis zur Kindergärtnerin ist nicht besonders gut. Er sehnt sich nach einer Person, bei der er sich geborgen fühlen kann.

Wer die Serie seiner Zeichnungen analysiert, stösst auch da auf die innere Problematik des Kindes. Zwei Häuser, die Rolf am selben Tag gezeichnet hat, leuchten tief auf den Stimmungsgrund des Kindes. Das eine Haus verwandelte sich unter dem unbewussten Gestaltungsdrang in einen Menschen.

Ich habe schon wiederholt die Beobachtung gemacht, dass Hausfassaden wie Gesichter aussehen. Aber noch nie habe ich so deutliche Belege erhalten wie von Rolf.

Das Haus (Abb. 11) ragt schlank in die Höhe. Plötzlich – man glaubt den Zwang, dem das Kind unterworfen war, noch zu spüren – verwandeln sich die Fenster zu grossen, mächtigen Augen. Die Augen sind leer und wirken wie öde Gitter. Der Rauch, der aus dem Kamin steigt, fällt auf der Hausseite herunter und geht in das Dach zurück. Das Gebilde verwandelt sich so zu einem Gespensterhaus. Noch ursprünglicher spiegelt sich die Identität von Haus und Mensch in Abbildung 12 wider. Das Fenster in der Mitte wird zur Nase. Darüber erscheinen zwei scharfe Augen, Augen, die jetzt nicht mehr leer wirken, sondern scharf dahinblicken. Der Mund ist aggressiv geladen, und die verlängerten Dachseiten werden zu eigenartigen Armen, die nicht ausgreifen können.

Von Rolf existiert eine ganze Serie von Hauszeichnungen, die er etwas früher anfertigte. Alle diese Häuser sind expressiv interessant. Zwei Monate bevor die Hausmenschen entstanden, zeichnete er eine Feuersbrunst. Ein rotes Feuerwehrauto bekämpft einen schwarzen Brand. Die Strichführung, mit der das Haus gemalt wurde, spiegelt die aufgewühlte Szenerie und damit die erregte Psyche des Kindes deutlich wider. Ein anderes Haus zeugt von der Beziehungslosigkeit der Bewohner. Rolf wohnte ja in einem Block. Aus dem Dachfenster schaut gesichtslos eine Person heraus und streckt ihre Arme aus. Etwas weiter unten erscheint eine ähnliche Person mit der gleichen Geste. Zuunterst über dem Hauseingang schaut ein Gesicht aus dem Fenster, das deutlich durch Augen, Nase und Mund gekennzeichnet ist, dessen Kopfhaare aber zu Berge stehen.

Diese Menschenhäuser, wie sie Rolf gezeichnet hat, sind unbestritten Verbildlichungen von Menschen. Wahrscheinlich ist das Haus ein Symbol für den Menschen, mit Sicherheit aber ein Symbol des menschlichen Lebens und der Qualität seines Zuhauses.

Dieser kurze Exkurs über das Haus in der Kinderzeichnung führte uns vom Thema etwas ab. Die Rede sollte ja von den weinenden Sonnen sein. Daniels Sonne weinte, weil sie zuschauen musste, wie das Haus in Brüche ging. Das Haus, Ort des wohnlichen Zusammenseins, Symbol der liebenden Ordnung, bricht im Trotzanfall auseinander. Das Kind, das sich trotzend zurückzieht und in seiner Isolation fühlt, wie stark die Mutter unter dem Benehmen des Trotzlings leidet, stellt unbewusst dar, dass für Augenblicke das Zuhause nicht mehr existiert. Die Zeichensprache ist deutlich, ich brauche sie nicht weiter zu umschreiben.

Weinende Sonnen sieht man relativ häufig in Kinderzeichnungen. Zwei besonders eindrückliche Beispiele erhielt ich von Jolanda.

JOLANDA (Abb. 13/14/15) fällt besonders durch ihr nervöses Wesen auf. Im Unterricht kann sie nicht stillsitzen, wird von nervösen Zuckungen geplagt und leidet deshalb auch unter Schreibschwierigkeiten. Im Turnunterricht erkennt man sofort ihre Schwerfälligkeit. Zudem verträgt sie keine Sonnenbestrahlung, bekommt Brechreize und starke Kopfschmerzen.

Jolanda ist geschmackvoll angezogen, wirkt auf den Betrachter angenehm und herzlich. Sie hat einen lebhaften Ausdruck. Mimik und Gestik sind aber durch die nervösen Zuckungen gestört.

Die Mutter ist sehr sensibel, intelligent, aber nervlich belastet. Der Vater trinkt. Nachdem ihre Ehe geschieden wurde, zieht sich Jolandas Mutter ganz zurück. Sie fühlt sich benachteiligt und unverstanden und ist auch dauernd dem Dorfklatsch ausgesetzt. Jolanda ist das jüngste von sechs Kindern. Sie hängt sehr an der Mutter und wird von ihr eher bevorzugt. Die Mutter ist ihren Kindern aber nicht gewachsen. Jolanda lebt zwischen Elternhaus und dem Bauernhof ihrer Freundin. Der ältere Bruder wurde versorgt, weil er grössere Geldbeträge gestohlen hat.

Max (Abb. 7)

Jolanda ist katholisch, die Mutter reformiert. Darunter leidet die religiöse Erziehung.

In der Schule ordnet sich das Kind gut ein. Es spielt sogar oft die Vermittlerin und beweist somit ein soziales Verantwortungsbewusstsein. Jolanda ist 8 Jahre alt und besucht die 2. Klasse. Die Umstände, unter denen das Kind aufwachsen muss, wirken sich nicht sehr günstig aus. Zwistigkeiten zwischen den Geschwistern sind keine Seltenheit, was selbst in Jolandas Zeichnungen sichtbar wird.

Jolanda zeichnete ihr Elternhaus (Abb. 13). Sie selbst sitzt auf einem Baum und weint, weil sie nicht mehr herunter kann. Von ihrem älteren Bruder wird sie deswegen ausgelacht. Deutlich ist zu erkennen, dass Jolanda für die Gestaltung der Sonne wesentlich mehr an Liebe und Sorgfalt aufbrachte als für die der Menschen. Gegenüber den Menschen weist das Sonnengesicht zwei Merkmale mehr auf. Die Sonnenstrahlen sind mit viel Geduld gestrichelt worden, und auf einem gelben Strahl gleiten schön geordnete Punkte dahin.

Jolanda sitzt verlassen auf dem Ast des Baumes. Er ist abgebrochen. Dieser Baum ist tot. Ist er vielleicht Zeichen für Jolandas Trostlosigkeit?

Die Sonne übernimmt hier wieder wie ein Echo die Stimmung des Kindes. Tränen und ein nach unten gebogener Mund sind bei Sonne und Kind zu beobachten. Wer ist diese Sonne? Handelt es sich bei ihr um die Mutter, die tatenlos zuschauen muss, wie sich die Kinder gegenseitig plagen? Ist es die Mutter, die traurig ist, weil sie den Kindern nicht beikommen kann, oder Jolanda selbst, die machtlos ist? Drückt sich darin vielleicht die Traurigkeit des sozialen Milieus aus, in dem das Kind lebt und dessen Atmosphäre bedrückend sein muss? Wenn wir so fragen können, liegt darin eine Art Indiz, dass die Sonne persönlichen Charakter hat oder eine personifizierte Grösse sein kann. Die Sonne als Zeichengebilde kann für das Kleinkind jederzeit einspringen, wenn es seinen Gefühlen und Stimmungen, seinen Ahnungen und Intuitionen Ausdruck geben muss.

Abbildung 14 zeigt Jolanda, wie sie auf einer Leiter steht und Kirschen pflückt. Unter ihr streckt ein gesichtsloser Mann seine Arme hoch. Eine weinende Sonne und ein verkrüppelter Regenbogen ergänzen die Szenerie.

Mutter und Kind leben getrennt. Zeigt die weinende Sonne das Leid dieser Trennung an?

Das dritte Bild (Abb. 15) aus der Serie unserer Zeichnerin zeigt eine besser gelaunte Sonne. Auf dem Bauernhof hatte sich Jolanda inzwischen seelisch erholt. Das neue Zuhause, eine liebe Freundin, die Aufgaben, die sie dort erfüllen konnte, all das machte sie glücklich und froh. Jolanda zeichnete sich selbst beim Zwetschgenpflücken, und diesmal lacht die Sonne. Sie zieht ihre Mundecken leicht nach oben und erfüllt mit ihren Strahlen das gesamte Bild.

Diese Serie zeigt, wie die Sonne zum Ausdrucksträger, zum Echo seelischen Erlebens werden kann.

Nach den weinenden Sonnen soll nun von den launischen, den bösen, aggressiven, lieben, fröhlichen Sonnen die Rede sein. Ausgehen möchte ich dabei von einer Zeichnung, die eine besondere Bedeutungsnähe von Mutter und Sonne aufzeigt. Sie kann nicht als Beweis für die eine oder andere Behauptung herangezogen werden, dient aber als Indiz für die persönliche Beziehung, die zwischen Sonne und Menschen in der Kinderzeichnung besteht.

Diese Zeichnung stammt vom achtjährigen ROBERT. Robert wächst in glücklichen Familienverhältnissen zusammen mit vier Brüdern auf. Zwei seiner Geschwister haben ihre Schulzeit bereits abgeschlossen, während sein jüngerer Bruder – er selbst ist der zweitjüngste – noch den Kindergarten besucht. Sein Vater ist Posthalter und bestimmt den Ton in der Familie. Beide Elternteile sind sehr um das Wohl ihrer Söhne besorgt und legen grossen Wert auf deren schulische Bildung. Robert fühlt sich besonders zur Mutter hingezogen. Da er selbst keine Initiativen entwickelt, gehört er in der Schule zu den Mitläufern. Seine Brüder geben ihm aber Schutz, von den älteren wird er sogar etwas verwöhnt.

Eines Tages sollte Robert in der Schule seine Mutter porträtieren (Abb. 16). Er freute sich an dieser Arbeit und führte sie mit Sorgfalt aus. Alle Zeichnungen belegen seinen Fleiss, zeigen aber auch, dass sein Einfallsreichtum beschränkt ist. Seine Blumen und Menschen sind einem Schema verpflichtet, das für mittelmässige und phantasielose Kinder repräsentativ ist.

In unserem Zusammenhang aber interessiert vor allem die Sonne, die unmittelbar neben dem Kopf der Mutter steht. Sie füllt mit ihren Strahlen die Ecke aus und bewegt sich auf die Mutter zu.

Das Gesicht der Sonne ist ähnlich wie das der Mutter, das allerdings ein Merkmal mehr aufweist. Die Mutter hat schöne rote Wangen, mit denen das Kind die freundliche Stimmung noch besonders unterstreicht.

Wen versinnbildlicht diese Sonne? Ist es die Verdoppelung der Mutter? Oder stellt sie diesmal den Buben dar, der die Nähe der Mutter sucht? Leider finde ich für die eine oder andere Frage keine befriedigende Antwort. Ich bin auf Vermutungen, die durch die Fragen schon aufgeworfen wurden, angewiesen. Mir scheint, dass die Zeichnung trotz dieser Sachlage die Hypothese, wonach die Sonne personalistischen Charakter haben kann, zusätzlich unterstützt. Warum wäre die Sonne sonst so nahe bei der Mutter? Es sieht aus, als ob sie sich an sie «heranpirscht». Ihre grossen, blauen Augen schauen auf die Mutter. Sie selbst scheint – die Stellung des Mundes, der links im Gesicht steht, der Augen, die zur Sonne blicken, der Nase, die auf die linke Bildhälfte ausgerichtet ist, beweisen es – die Nähe der Sonne zu suchen. Der Kopf der Frau steht leicht nach links verschoben auf dem Körper. Diese Verschiebung deutet mit kindlicher Hilflosigkeit eine «gewollte», expressive Bewegung an. Auch der Arm auf der Sonnenseite ist grösser.

Beide Gesichter sind voll ausgezeichnet. Es handelt sich hier offenbar um zwei Menschen, die sich gerne anschauen. Die Sonne, falls sie als Sinnbild für Robert dasteht, ist ebenso offen für die Beziehung zur Mutter wie umgekehrt die Mutter zur Sonne. Ein Zeichen dafür, dass der Sohn bei seiner Mutter Verständnis findet. Die Mutter ist für das Kind kein schillerndes, chamäleonartiges, sich verwandelndes Wesen, vor dem man sich in acht nehmen muss, weil man nie weiss, woran man ist. Ihrem Sohn gegenüber ist sie wohlwollend offen, ehrlich und verständlich, ihm aber auch deutlich überlegen. Darum schmückt Robert sie mit einem zusätzlichen Merkmal, deshalb vielleicht auch mit einem kräftigen und starken Haar. Sie versteckt sich aber nicht hinter den Kulissen von Gefühlen, die den Sohn durcheinander bringen könnten, sondern offenbart sich als klares, deutliches Wesen.

Die Zeichnung ist für mich deshalb so interessant und vielsagend, weil ich immer wieder feststellen konnte, dass Kinder, die Sonne und Mensch mit gleichartigen, ausgeglichenen Gesichtern darstellten, in glücklichen Familienverhältnissen aufwachsen. Im weiteren Verlauf werden noch zahlreiche andere Beispiele diese Feststellung belegen können.

Nun wende ich mich, um das Gegenbild aufzuzeigen, der Darstellung einer Mutter (Abb. 17) zu, die dieses offene, klare Gesicht verloren hat. Ihr Gesicht ist viergeteilt in je einen blauen, orangen, gelben und violetten Sektor, womit eine einheitliche Ausdrucksgebärde verschleiert wird. Diese Mutter verhält sich, analog dem gezeichneten Gesicht, sehr zwiespältig. Ihr Verhältnis zu den Kindern ist wechselhaft und problematisch. Es entfaltet sich nicht in deutlicher Übereinstimmung mit dem durchgehenden Wohlwollen, das etwa bei Roberts Mutter triumphiert und dem Kind Sicherheit und Geborgenheit verleiht. Die Einheit des Wesens wird nicht sichtbar, und so erlebt das Kind, wie die Mutter von Fall zu Fall anders ist, anders handelt und verschiedene Seiten zeigt. Doch zunächst zum Zeichner dieses Mutterbildes:

URS weist eine schwache Konstitution auf, ist aber gesund. Er macht einen misstrauischen, unsicheren Eindruck, und seine an sich schon matten Gesichtszüge werden durch ein armes Ausdrucksleben zusätzlich hervorgehoben.

Die Mutter ist in dieser Familie tonangebend. Auch der Vater, der als Taxichauffeur arbeitet, hat sich dem Regiment der tüchtigen Mutter zu beugen. Sie betreibt ein Restaurant auf dem Land. Dies allein zeigt schon das lockere Familiengefüge auf, das auch von Urs' Lehrerin bereits festgestellt wurde.

Urs ist als einziger Sohn ein «Nachzügler». Im gleichen Haushalt lebt als Spielgenosse der etwa vier Jahre jüngere, uneheliche Sohn von Mutters Schwester. Materiell werden die Kinder verwöhnt, seelisch aber sehr vernachlässigt. Sie wachsen wild auf. Urs wird kaum kontrolliert. Seine Mutter findet keine Zeit, um die Schulaufgaben nachzusehen. Weil das Kind auch sonst keine Beschäftigung zugewiesen erhält, befindet es sich dauernd auf der Strasse. Die Mutter ist froh, wenn der Bub ihr nicht über den Weg läuft.

Urs kennt zwei Spielkameraden, mit denen er sein Strassenschicksal teilt. Es handelt sich um ein Waisenkind aus der Nachbarschaft und um einen vernachlässigten, intelligenzschwachen Bauernsohn. In der Klasse gilt Urs als Spielverderber. In der Schule ist er ein Aussenseiter, der sich vergeblich bemüht, eine Rolle zu spielen. Freilich wohnt die Familie erst seit zwei Jahren in dem Dorf. Sie ist protestantisch und lebt in einer katholischen Umwelt.

Urs fällt durch Trotz und freches Verhalten auf. Er bedauert sich gerne selbst und versucht, bei der Lehrerin Mitleid zu erregen. Er möchte – für ihn ist das kein Widerspruch –, trotz seiner Frechheit bei der Lehrerin das liebe Büblein spielen. Darin spiegelt sich sein Liebesbedürfnis.

Die Lebenssituation des Knaben ist im Gesicht der Mutter deutlich ablesbar. Das Gesicht verfärbt sich je nach den Umständen. Es kann vielleicht auch lieb sein, aber das ist ganz unsicher.

Für Urs bleibt daher die Welt ein undurchsichtiges und undurchdringbares Geflecht. Die Eltern, die in diesem Alter noch Repräsentanten der Welt und deren deutliches Ab- und Vorbild sind, weisen keine eindeutigen Charakterzüge auf, an denen das Kind seinen Halt finden könnte. So bleibt die Welt, gemäss ihrer Stellvertreter, eine vielfarbige und verhüllte Wirklichkeit, deren Gesicht, je nach den Erfahrungen, die Urs sammelt, einmal violett und dann wieder gelb ist.

Unter meinen Zeichnungen befinden sich einige Sonnen, die durch eine mehrfarbige Unterteilung des Gesichtes auffallen. In allen Fällen, die mir bekannt wurden, handelte es sich um Eltern, die ein unklares Beziehungsverhältnis zu ihren Kindern haben. Um so weniger war ich überrascht, als ich eine Zeichnung von Urs erhielt, die seine Mutter, diesmal nicht im Symbol der Sonne, mit mehrfarbigem Gesicht darstellte. Seine Zeichnung beweist nur von einem anderen Aspekt aus, dass die Sonne in vielen Fällen die Projektion des Elternbildes aufnimmt. Wenn wir uns das Gesicht der Mutter, losgelöst vom Leib, vorstellen, haben wir eine gescheckte Sonne. Es fehlen die Strahlen.

Dieses eigenartige Phänomen soll an anderer Stelle mit Hilfe von ein paar Beispielen erläutert werden.

Das farblich geteilte Gesicht repräsentiert Urs' launische Mutter. Ein launischer Mensch wechselt seine Farben sehr schnell. Man weiss nie so recht, wie man sich solchen Menschen gegenüber verhalten soll. So mag es auch Urs ergehen. Wenn er von der Schule heimkommt, steht seine Mutter hinter der Theke und füllt ein Weinglas. Er möchte mit ihr reden, doch sie weist ihn ab, da sie keine Zeit hat. Das macht ihn unsicher. Er weiss nie recht, ob die Mutter zu sprechen ist oder nicht. Sie wird dann und wann freundlich und nett sein zu ihrem Sohn. Das muntert ihn auf, sich ihr vermehrt anzuschliessen. Plötzlich – eine Folge von Mutters Beschäftigung im Restaurant – aber weist sie ihn wieder forsch ab und beruft sich dabei auf ihre grosse Arbeit.

Das Kind sucht nach Möglichkeiten, seine Erlebnisse mit der Wirklichkeit auszudrücken. Dabei hilft ihm die Farbe. Sie steht ja, das ist unbestritten, ganz im Dienst des Ausdruckes. Das Kind kann durch kein anderes Aussagemittel den Wechsel von Gefühlen so gut zum Ausdruck bringen wie gerade mit Farben.

Diese Zeichnung von Urs ist freilich kein sicheres Beiweisdokument, dass buntgefleckte Sonnengesichter launische Mütter oder Väter darstellen. Sicherlich aber dokumentieren sie Störungen zwischen Kindern und Beziehungspersonen, offenbaren die Beziehungsnot des Kindes, wenn es nicht weiss, welchem Charakter es in der jeweiligen Situation gegenübersteht. Der wahre Charakter, vor allem aber die gültige Einstellung dieser Personen bleiben dem Kind verborgen. Ihr wechselhaftes Erscheinungsbild ist schwer zu deuten. Das Kind kennt zwar die guten und schlechten Seiten solcher Menschen, weiss aber nicht, welche in der jeweiligen Situation zählt. So wird es in seiner Beziehung verunsichert und verliert den Halt.

Böse und aggressive Sonnen stattet das Kind mit bestimmten Symbolen aus. Sie imponieren durch grosse Augen, durch stark betonte

Zähne und durch einen heruntergezogenen Mund. Auch Sonnenstrahlen können von Bedeutung sein. Diesem Merkmal wende ich mich in einem anderen Zusammenhang zu. Für den Moment beschäftige ich mich mit den Gesichtsmerkmalen, die besonders geeignet sind, die Aggressivität und die Boshaftigkeit eines Wesens darzustellen.

Ausgehen möchte ich von einem Erlebnis mit meiner Tochter BARBARA. Eines Nachts – sie war damals gerade 4½ Jahre alt – schrie sie laut auf. Es war gegen drei Uhr morgens. Meine Frau bemühte sich an das Bett der Kleinen und vernahm, dass sie gerade von einem bösen Traum erwacht sei und sich schrecklich ängstige. Barbara wurde liebevoll beschwichtigt und schlief weiter. Auch am nächsten Tag konnte man ihrem Verhalten etwas von der nächtlichen Aufregung entnehmen. Zudem sprach sie wiederholt von ihrer Angst.

Am Nachmittag erlebte sie dann im Fernsehen eine an sich harmlose Jugendsendung. Doch agierte in ihr ein Mann, der die Aufgabe hatte, spielende Kinder etwas zu verwirren. Sofort war Barbara erregt, ging zur Mutter und erzählte von ihrer schrecklichen Angst vor dem bösen Mann. Meine Frau versuchte wiederum, die Kleine zu beschwichtigen. Es nützte nichts, ihre Erregung hielt an.

Meine Frau konnte Barbaras Reaktion nicht verstehen, da das Spiel im Fernsehen keinen Grund zur Ängstigung bot. Kein Menschenleben wurde bedroht, es gab keine Kraftkämpfe à la Tarzan, und auch Wildwesthelden spielten in diesem Film keine Rollen. Und doch war Barbara sehr erregt.

In dieser Situation fiel meiner Frau ein, dass Barbara den bösen Mann, der ihr so Angst mache, zeichnen könnte. Sie sagte ihr: «Bärbeli, zeichne einmal diese bösen Leute, mal sehen, ob sie mir auch Angst machen. Zeichne sie so, dass ich mich vor ihnen fürchte!» Diese Aufforderung «schlug» ein. Barbara zeichnete wie noch nie. In kurzer Zeit entstanden 19 Bilder, Zeichnungen, die nur so hingeworfen wurden. Sie kamen ganz aus der tieferen Psyche des Kindes und waren somit Ausdruck eines kindlichen Erlebens. Die Erregung des Kindes ist aus fast jedem Strich, aus jeder Zeichnung heraus zu spüren. Das Kind freute sich, dass es mit seinen Werken der Mutter Angst machen konnte. Jedes Bild wurde ihrer Mutter gezeigt, und sie benahm sich so, als ob sie vor den grimmigen Wesen Angst hätte. Das Kind freute sich über das Verhalten der Mutter und wurde von Zeichnung zu Zeichnung ruhiger. Als die Eruption vorüber war, verschwand die Angst. Seither konnten wir keine besonderen Angstsymptome bei Barbara bemerken.

Dieses Beispiel beweist einmal mehr, dass ein Kind – *Zulliger* spricht gelegentlich davon – seine Angst überwinden kann, wenn es sich mit dem Aggressor selbst identifiziert. Die Masken, die das Kinder der Mutter vorhielt, waren Bilder seines angsthaften Selbst. Sie waren Ausdruck jenes tieferen Bildes, das für Augenblicke die Seele des Kindes verdüsterte. Oder waren sie Abbilder der düsteren Seele, die in Angst lebte, und somit Ausdruck dieses Daseins? Die Angst hatte das Kind in diesen Momenten tief ergriffen. Sie war nicht nur oberflächliche Furcht, die sich an irgendeinen Tarzan band. Die Angst war im Kind lebendig und beherrschte es. Man könnte sagen, dass das Kind selbst Angst war. Die Angst ist ja nicht definierbar. Sie lässt sich zwar übersetzen, sie kann in Symbolen ausgedrückt werden. Es lassen sich Zeichen, die die

Angst repräsentieren, finden. Sind aber nicht die Angst selbst. Die Angst zieht über einem Menschen auf, verwandelt seine Existenz und lässt ihn zittern.

Künstler haben die Angst immer wieder zu beschreiben versucht und dafür Symbole gewählt. Wenn Edward Munch eine schreiende Frau auf einer Brücke darstellt, dann bringt er somit die Angst eines Wesens zum Ausdruck. Die Welt dieser Frau hat sich verwandelt. Die Frau schreit nicht, sie ist selbst ein Schrei geworden.

Die Erregung der kleinen Barbara war so stark, dass sie auch äusserlich zu bemerken war. Das Kind war unruhig und offenbar von inneren Bildern bewegt, die sein ganzes Wesen ergriffen hatten. So kam die Aufforderung der Mutter, Barbara solle etwas Angsterregendes zeichnen, wie eine Erlösung. Sie ergriff einen dunkelblauen Farbstift, und spontan entstanden Bilder, die offenbaren, welche Bildzeichen Aggressivität und das Böse repräsentieren.

Die Zeichnungen der kleinen Barbara, von denen ich zwei anführen und besprechen möchte, werfen ein Licht auf die Gesichtsmerkmale von Sonnen, die wir zu deuten versuchen. Es ist interessant, dass ein Kind in seiner seelischen Verfassung eruptiv, ohne darüber nachdenken zu können, ohne dass die Zeichen einer rationalen Kritik unterworfen sind, Angstmerkmale entwirft, die längst als solche bekannt und gewürdigt sind.

In Abbildung 18 betonte Barbara vor allem den Mund. Mit seiner Grösse dominiert er das Gesicht sehr deutlich. Die Zähne stehen wie Nägel wuchtig quer zum Mund. Im Strich, der diese Zahnnägel hervortreten lässt, kommt die ganze Intensität des erregten Kindes zum Ausdruck. Dies ist nicht bei allen Zeichnungen gleich. Einige Gesichter sind dünn und schwach gezeichnet, andere wiederum stark und kräftig. Die Merkmale dieser Gesichter, die beim Betrachter Angst hervorrufen sollten, sind sehr beschränkt. Das Kind wählte dabei nur den Mund mit den Zähnen und die grossen Augen aus. Alle anderen Gesichtsmerkmale fehlen. Das hängt freilich auch mit dem Unvermögen des Kindes, das in diesem Alter noch gar nicht viele Merkmale beherrscht oder aus zeichnungsökonomischen Gründen zu verwenden vermag, zusammen. Es ist aber gewiss kein Zufall, dass in fast allen 19 Skizzen der «zähnefletschende» Mund eine vorrangige Rolle spielt. In einigen Zeichnungen tritt er sogar verselbständigt auf. Neben den Zähnen dominieren die Augen. Sie sind gross in das Gesicht hineingesetzt. Sie sind aufgespannt, als wollten sie die Welt in sich hineinziehen. Ähnlich aufgerissen erscheint in der einen oder andern Zeichnung der Mund. Abbildung 19 steht dafür stellvertretend. In dieser Skizze fällt auch auf, dass die Zähne wie lange Würmer verlängert sind und sich über das ganze Blatt ziehen, als ob sie das Gesicht vergittern würden.

Die Angstzeichnungen der kleinen Barbara sollen uns helfen, die Merkmale, die als Angstsymbole in den Sonnengesichtern vorkommen, zu identifizieren. Es sind dies vor allem der zähnebesetzte Mund und die grossen Augen.

Die Zähne in Barbaras Skizzen sind Merkmale angsterregender Aggressivität. Gleiche Merkmale entdecken wir aber auch in Sonnengesichtern. In Abbildung 7 ist uns dieses Zeichen schon begegnet. Wir finden es wieder in einer Zeichnung von Sandra.

SANDRA ist Kindergartenkind. Sie ist für ihr Alter eher zu klein. Ihr Gesundheitszustand ist sehr gut. Sie hat noch nie wegen Krankheit im Kindergarten gefehlt. Sandras Gesichtszüge sind weich und lieb. Manchmal erscheinen sie aber auch hart und energisch. Sandra ist immer gut angezogen und kommt sauber in die Schule. Das Kind bewegt sich sehr leicht und beschwingt. Ihr Gesichtsausdruck wirkt ruhig, aber keineswegs arm. Sandra ist ein recht hübsches, kleines Persönchen.

Sandras Mutter, eine nette und freundliche Frau, führt als Inhaberin ein Kleidergeschäft. Im Gespräch mit ihr war zu erfahren, dass sie, bevor sie das Geschäft übernahm, von grossen Zweifeln geplagt wurde und sich kaum entscheiden konnte, den Betrieb zu übernehmen. Ihre Zweifel galten der Erziehung. Noch heute steigen in ihr Bedenken auf, ob sie richtig gehandelt habe, als sie sich schweren Herzens doch für ihre Aufgabe im Geschäft entschied.

Für ihre Kinder bleibt ihr nunmehr wenig Zeit. Nach der Schule dürfen die Kleinen wohl in den Laden kommen, doch von der Mutter, die durch Kundenbedienung voll beansprucht wird, haben sie nichts. Meistens werden sie von ihr auf den Spielplatz geschickt. Am Abend treffen sie dann eine so müde und abgespannte Mutter an, die mit ihnen weder spielen und plaudern noch ihre Schulaufgaben kontrollieren kann.

Ihre Freizeit verbringt Sandra mit ihrer drei Jahre älteren Schwester. Die Mutter ist froh, dass sich der Vater hie und da mit den Kindern abgeben kann. Er zeigt im Umgang mit seinen Töchtern viel mehr Geduld als die Mutter, geht mit ihnen einkaufen, kocht das Abendessen und bringt die Kinder zu Bett. Beim Eintritt in das Berufsleben hatte die Mutter nur mit Sandra Schwierigkeiten. Die Eltern geben sich redlich Mühe und sorgen für ihre Kinder. Es geht jetzt auch besser. Und dennoch: Sie haben für ihre Kinder zu wenig Zeit. Sandra hat zwar alles, was ein Kind braucht. Es fehlt ihr aber die restlose Geborgenheit. Sandra schloss sich daher ganz ihrer Schwester an, die etwas von der Mutterrolle übernimmt. Die beiden sind unzertrennlich. Häufig sind sie am Spielplatz anzutreffen, sogar bei Regenwetter, und spielen vorwiegend für sich allein.

Sandras Verhalten im Kindergarten ist nicht auffällig. Das Mädchen ist ruhig und zurückhaltend und schliesst sich fast ausnahmslos derselben Wortführerin an. Die Gruppe besteht noch aus zwei weiteren Mitläuferinnen. Diese vier unternehmen alles gemeinsam. Am liebsten halten sie sich in der Puppenecke auf. Dies ist auch der Ort, wo dann und wann kleine Streitigkeiten entstehen. Sandra wehrt sich, wenn ein anderes Kind ihre Beziehungen zur Wortführerin zu zerstören droht, teilt aber freiwillig alle Spielsachen mit den übrigen Kindern.

In Sandras Zeichnungen (Abb. 20) taucht das Motiv vom Spiel mit dem Puppenwagen immer wieder auf. Meistens lässt sie sich von ihrer Schwester herumstossen, hie und da stösst sie auch selbst den Wagen. Dieses Motiv scheint die regressiven Wünsche des Kindes anzudeuten. In unserem Zusammenhang interessiert dieser Aspekt weniger. Vielmehr möchte ich auf die aggressive Sonne, die schwer auf das Haus der Zeichnerin drückt, hinweisen. Die Sonne lässt sich fallen, als wolle sie das Haus versengen. Ihr mächtiger Mund tritt stark hervor. Die Sonne hatte ursprünglich spitze, scharfe Strahlen, die dann übermalt wurden und verschwanden. Sie steht aber auch jetzt noch so auf dem schwarzen Dach des Hauses, als wolle sie ihre unheimliche Macht dokumentieren. Der aufgewühlte Strich, der das feurige «Sonnenwunder» hervorgebracht hat, deutet die Gefühlsverfassung Sandras an. Wieder einmal war das Elternhaus von einem Geist erfüllt, der die Seele des Kindes bedrückte und belastete. Die grosse Schwester, deren Gesicht braun überstrichen ist, führt ein kleines, gesichtsloses Mädchen wie ein Mütterchen spazieren. Cornelias Zeichnung (Abb. 4) machte uns schon früher auf das Spannungsverhältnis aufmerksam, das zwischen den gesichtslosen Wesen auf der Erde und dem merkmalsreichen Gesicht der Sonne am Himmel besteht. Das dunkelrote Haus mit dem schwarzen Dach unterstützt auf expressive Art die Aussage des Kindes. Und wieder taucht, wie schon bei Cornelia (und in vielen anderen Zeichnungen), der Regenbogen auf.

Die Zeichnung offenbart die unheile Welt der kleinen Sandra, über der im Augenblick die bedrohende und beängstigende Gewalt der Sonne steht. Es ist, als wolle das Mädchen sagen, dass das Haus von einem unguten Geist belebt und beseelt sei. Die Sonne ist ein ambivalentes Symbol. Es steht für die heile und die böse Welt.

Sandras Welt ist nicht hoffnungslos böse. Dies beweist eine zweite Zeichnung (Abb. 21), die etwas später entstanden ist. Und hier erfahren wir einmal mehr, dass Kinderzeichnungen Momentaussagen sind. Sie kommen Briefen gleich, die den Stimmungsgehalt einer Situation ausdrücken.

Wieder kreisen Sandras Gedanken um Haus und Spielplatz. Die Sonne hat ein freundliches Gesicht aufgesetzt. Sie leuchtet. Ihre Strahlen sind zweifarbig. Ob sich da nicht gewisse Ambivalenz andeutet? Auch das Elternhaus ist freundlicher, und Sandras grosse Schwester und sie selbst haben wieder ihre Gesichter. Sie stossen zusammen den Puppenwagen. Ja, wenn die Mutter so lieb und wohlwollend über der «Be-Hausung» steht, braucht Sandra nicht selbst im Puppenwagen liegen und zum Trost an einem Schnuller ziehen. Sandra selbst darf aktiv in die Welt eingreifen und an ihr mitgestalten.

Sandras Zeichnungen bestätigen mit grosser Deutlichkeit, dass nur solche Kinder aktiv ihr Leben bewältigen können, die Halt in den ausgezeichneten Beziehungspersonen finden. Wenn sich die Bindung verschlechtert, sinkt die expansive und harmonische Kraft des Kindes in sich zusammen. Das Kind wird lahm und verliert den Lebensmut. Die zweite Zeichnung zeigt, dass Sandra sich wieder geschützter und geborgener fühlt. Ihre Schwester wehrt sich für sie gegen ein anstürmendes Tier. Es vermag, obwohl es Krallen und einen scharf geöffneten Mund hat, weder Angst noch Schrecken einzuflössen. Am Firmament wacht zudem die Sonne. Repräsentiert sie den Vater oder die Schwester oder vielleicht die Mutter, die ausnahmsweise Zeit für Sandra fand? Ist die Sonnenchiffre das atmosphärische oder stimmungshafte Echo, das die Beziehungspersonen von Fall zu Fall auslösen? Auf jeden Fall beweisen die beiden unterschiedlichen Sonnen Sandras, dass ihr Existenzgefühl von Zeichnung zu Zeichnung ein anderes war.

Wie an anderer Stelle bereits festgestellt wurde, kann die Sonne auch Symbol für das männliche Wesen sein. Rolands Sonne, von der jetzt die Rede sein soll, ist männlich.

ROLAND, ein neunjähriger Knabe, ist durch starke Störungen belastet. Er stottert, nässt ein und leidet an motorischen Zuckungen. Hie und da kommt es vor, dass er plötzlich seine Hände zusammenballt und krampfhaft an sich zieht. Sein Gesicht wird zur Grimasse, und sein ganzer Körper bebt. Man hat den Eindruck, dass Roland seine Anfälle kaum bemerkt. Häufig ändert sich sein Gesichtsausdruck, bisweilen schaut er kindlich naiv, beinahe lustig daher, meistens aber wirkt sein Gesicht geradezu einfältig. Sein langsamer, etwas eckiger Gang passt zum äusserlichen Gesamteindruck.

Rolands Mutter arbeitete früher als Psychiatrieschwester und gibt in der Familie den Ton an. Sein Vater betätigt sich als Offizier einer Religionsgemeinschaft und leitet deren Zentrale. Abends sind seine Eltern gemeinsam unterwegs, um überall ihren Glauben zu singen und zu predigen. Währenddessen bleiben Roland und seine Geschwister allein zu Hause. Seine Schwester besucht die Sekundarschule, und die älteren Brüder haben ihre Schulzeit bereits abgeschlossen. Mit seiner Intelligenzschwäche steht er ganz im Schatten seiner älteren Geschwister. Er spürt dies genau und rebelliert deshalb gegen sie. Wenn sie über ihn herfahren, wehrt er sich kräftig und lässt sich nichts von ihnen sagen. Alles wäre vermutlich gut, wenn die Eltern Zeit für Roland hätten. Der Junge leidet unter Angstzuständen. Das Symptom des Einnässens weist auf den belastenden Druck der Verhältnisse hin.

Roland ist keineswegs ein lautes Kind. Er wirkt sehr gehemmt, dennoch macht er sich hie und da bemerkbar. Wenn er aber einmal ins Sprechen kommt, ist er kaum mehr zu stoppen. Er erzählt darauf los, obwohl er dadurch keinen Beitrag zum Thema leistet. Offenbar hat er das Verlangen, sich gründlich auszusprechen. Beim Turnen ist Roland ängstlich, entwickelt sogar richtige Angstzustände.

Roland will gehorchen und lernen. Interessen sind vorhanden, aber es gelingt ihm nicht, sich in der Klasse einzuordnen. Er fällt immer aus dem Rahmen. Schlimm ist, dass der Bub meint, er sei gut. Oft kommt es vor, dass er seine Arbeiten mit dem Satz: «Gälled Sie, das isch doch guet!» qualifiziert, obwohl die Leistung unterdurchschnittlich ist. Roland besitzt kein Werturteil und hat sich noch nirgends in der Hand. Bei ihm herrschen Geltungs- und Besitzstreben, aber auch Geliebtseinwollen vor.

Rolands Zeichnung (Abb. 22) zeigt uns eine männliche Sonne. Sie blickt scharf auf den etwas verloren wirkenden Knaben herunter und zeigt betont ihre eckigen Zähne. Mit ihrem wilden Bart wirkt sie geradezu furchterregend. Der Baum, unter dem der Knabe steht, ist zurückgestutzt. Die Blätter fallen. Es ist Herbst. Auffällig sind die grossen Ohren und hängenden Arme des Knaben. Es ist, als wolle der Zeichner sagen: «Die Ohren sind so mächtig, damit man mich gut an den Ohren nehmen kann.» Wer einen anderen an den Ohren nimmt, verfügt über ihn. Ein fanatischer Vater, der von Gott den Auftrag erhält, über Menschen als Botschafter von oben zu verfügen, greift in das Dasein seines Sohnes ein, als wäre er ein Stück Holz oder ein manipulierbares Spielzeug.

Roland sollte das Thema: «Familie im Sonnenschein» bearbeiten. Als der Zeichner mit seinem Elaborat zur Lehrerin kam, machte sie ihn auf die fehlenden Familienmitglieder aufmerksam. Daraufhin begab er sich wieder an sein Pult, ergänzte sein Werk mit einigen farbigen Blättern, die gerade vom Baum fallen, und kommentierte: «Ja, wüssed Sie, die müend gar nöd ufs Blatt, und jetzt hänsd ja kei Platz meh.»

Auf die Frage, warum die Sonne denn so bärtig aussehe, meinte er: «D'Sunne isch doch einfach e so, win ich sie zeichnet ha.»

Rolands männliche Sonne ist mit allen Merkmalen der Aggressivität ausgestattet. Treffend wird die Lebenssituation des Zeichners, der Druck eines religiös-rigorosen Milieus widergegeben. Die Sonne als Götze einer versengenden Welt tyrannisiert mit ihrem Blick und den scharfen Zähnen ein völlig ausgeliefertes Kind. Der Zeichner stellt sich hier bestimmt selbst dar. Er ist verfügbare Sache geworden, und niemanden verwundert es wohl, dass Kopf, Hals, Rumpf und Beine viereckig sind, als wären sie Klötze. Der Stotterer und Bettnässer steht wie eine Puzzlefigur da. Sie ist zusammensetzbar, und der Vater, der Heilsarmist, weiss, wie man einen Menschen zum Heile seiner selbst zusammenflickt!

Peters Zeichnung, die wir jetzt betrachten wollen, bringt wiederum neue Gesichtspunkte und ist von besonderem Aussagewert.

PETER ist ein Kindergartenkind, das eine seinem Alter ensprechende Konstitution hat. Obwohl der sympathische Junge immer bleich aussieht, ist er selten krank. Peter bewegt sich gemächlich und ruhig. Er springt selten. Sein Ausdrucksleben ist beschränkt, eher verkrampft und verschlossen. Die äussere Haltung des Kindes erscheint so ruhig, dass vermutet werden kann, er sei bedrückt.

Peters Mutter, eine recht einfältige junge Frau, wurde vor der geplanten Hochzeit vom Vater des Kindes verlassen. Peter und seine Mutter wohnen nun bei ihren Eltern und Brüdern. Alle erziehen und nörgeln an dem kleinen, vaterlosen Kind herum. Ein Glück ist nur, dass der Bub wenigstens von seiner Mutter geliebt wird.

Peter spielt fast immer allein. Auf der Strasse oder auf Spielplätzen sieht man ihn nie. Auch im Kindergarten sondert er sich von den anderen Kindern ab und spielt für sich allein. Er geniesst daher auch keinen Umgang mit Spielkameraden.

Interessen sind bei Peter nicht festzustellen. Man muss ihn regelrecht antreiben, damit er etwas unternimmt. Selten begeistert er sich an Erlebnissen und neuen Erfahrungen im Unterricht. In seiner stillen und bedrückten Lebensgrundstimmung wagt er nicht, sich frei zu entscheiden, und verzichtet darauf, sich durchzusetzen. Er läuft mit, streitet nicht und geht seinen eigenen Weg. Da er oft so dahinträumt, kann er sich auf keine Arbeit richtig konzentrieren. Dieses Träumen fällt geradezu als prägnantes Verhaltenssymptom auf.

Peters Zeichnung (Abb. 23) wird von einer mächtigen Sonne dominiert, die über einer Figur steht, die der Zeichner als Hexe bezeichnet. Neben der Hexe, «die die Buben fangen will», fliegt ein schwarzer Vogel davon. Die Hexe ist machtlos, «denn sie kann nicht gut rennen». Nach der Behauptung des Kindes ist die Sonne lieb. Sie weist aber deutliche Merkmale auf, die sie zu einer nicht gerade wohlgesinnten Sonne stempeln.

Betrachten wir zusätzlich Peters Lebenssituation, so können wir ihm kaum glauben, dass diese Sonne wirklich lieb ist. Zwischen der graphischen und der verbalen Aussage besteht ein Widerspruch. Die Zeichnung weist keine Zeichen auf, die auf eine erfreuliche Situation des Kindes schliessen lassen. Merkwürdig sind die grossen, grünen Augen der Sonne, die die roten Pupillen weich umfangen. Die Pupillen entsprechen farblich genau den Zähnen. Sonnenstrahlen verbreiten sich weich und zart zwischen Haus und Baum. Ein Strahl trifft sogar den Kopf der angeblichen Hexe. Besteht etwa zwischen der machtlosen Hexe und der Sonne eine Beziehung? Diese Annahme ist nicht von der Hand zu weisen. Die Sonne thront ja mächtig über der Hexe und hält sie – so der Eindruck – gefangen.

Eine machtlose und ungefährliche Hexe verliert den Anschein ihrer Bosheit. Sie kann sogar etwas Anziehendes an sich haben. Diese Hexe ist eher eine Frau, die keine Möglichkeiten zum Eingreifen hat, die stumm dasteht, wenn etwas vorfällt, die nicht kontert, wenn sie herausgefordert wird, die keine Hände hat, mit denen sie etwas in Ordnung bringen könnte, das ihr nicht behagt. Eine Hexe ist eine zwielichtige Frau, von der niemand behaupten darf, sie sei eindeutig gut. Sie muss deswegen aber auch nicht nur böse sein. Das Märchen stellt uns immer wieder Hexen vor, die auch gut sein können und positive Kräfte ausstrahlen.

In unserer Zeichnung steht die Hexe im Banne einer grossen, mächtigen Sonne, die mit ihren Zähnen jederzeit bereit ist, die gefesselte und machtlose Frau unter ihr zu verschlingen. Die Sonne erdrückt, was in ihrem Einflussbereich steht. Sie bannt den, der ihr ausgeliefert wird. Wer ist diese Sonne? Wen stellt sie dar? Sie scheint weder die Mutter noch das Gemüt des Knaben versinnbildlichen zu wollen. Auf Grund der Lebenssituation und der Grundstimmung des Kindes repräsentiert sie eher den Geist des Grosselternhauses, in dem die Grossmutter und die Onkel regieren.

Die Mutter, eine etwas einfältige und jugendliche Frau, die durch ihren Fehltritt in den Augen der Gesellschaft abgestempelt ist, ist wohl identisch mit der Hexe, deren Hilflosigkeit die Zeichnung und das erklärende Wort des Kindes verdeutlicht. Ihr fehlen die Arme, mit denen man aktiv ins Leben eingreifen könnte. Der Vater, der sie vor der Hochzeit kläglich im Stich gelassen hat, besucht sie dann und wann. Sie verfügt also nicht einmal über Kräfte, ihm das Haus zu verbieten.

Die Gesamtsituation ist diffus. Das Kind erahnt sie. Hat es deshalb das Haus mit einer blauen Farbe überschmiert? Dadurch erhält die Zeichnung etwas Undeutliches und Verwischtes. Das würde zur Lage des Kindes passen. Das Kind hat das Atmosphärische fein erfasst und dargestellt. Es spricht in Symbolen.

‹Das Symbol› erweckt Ahnung, die Sprache kann nur erklären. Das Symbol schlägt alle Saiten des menschlichen Geistes zugleich an, die Sprache ist genötigt, sich immer nur einem einzigen Gedanken hinzugeben. Bis in die geheimsten Tiefen der Seele treibt das Symbol seine Wurzeln, die Sprache berührt wie ein leiser Windhauch die Oberfläche des Verständnisses. Jenes ist nach innen, diese nach aussen gerichtet. Nur dem Symbole gelingt es, das Verschiedenste zu einem einheitlichen Gesamteindruck zu verbinden. Die Sprache reiht einzelnes aneinander und bringt immer nur stückweise zum Bewusstsein, was, um allgewaltig zu ergreifen, notwendig mit einem Blick der Seele vorgeführt werden muss. Worte machen das Unendliche endlich, Symbole entführen den

Geist über die Grenzen der endlichen, werdenden in das Reich der unendlichen, seienden Welt. Sie erregen Ahnungen, sind Zeichen des Unsagbaren...»[20].

Peter spricht hier in Symbolen zum Betrachter der Zeichnung. Er findet keine Worte, um die komplexe Lebenssituation, in die er hineinverwoben ist, auch nur andeutungsweise zu erklären. Dem Symbol gelingt es hier tatsächlich, das «Verschiedenste zu einem Gesamteindruck» zusammenzufassen. Die Sonne mit ihrem listvollen Blick und den zackigen Zähnen verbindet das, was Worte nur vereinzeln könnten. Wer Peter befragen würde, bekäme keine einheitliche Antwort. Aus den vielen Wort- und Satzfetzen könnte man kaum erahnen, was in der Tiefe seiner Seele vorgeht. In der Sonne, die über dem tatenlosen Wesen, dem Peter nur den Namen Hexe geben kann, und dem schwarzen Vogel steht, ist das unbewusste Wissen des Kindes komprimiert. Das Kind führt hier «mit einem Blick der Seele» alles vor, was in ihm an Erfahrungen lebt. Es beschreibt im Bild die ungeheure Wucht der Atmosphäre, die durch die vielen bösen und kritisierenden Worte der Grosseltern und der Onkel entsteht. Das Haus ist mit einem Schleier überzogen, die Hexe hat keine Arme, Peter ist gar nicht da.

Wer aber ist der schwarze Vogel, der sich von der kleinen Hexe entfernt? Stellt er vielleicht den verwünschten Sohn dar, der nicht sein darf, was er ist? Wenn diese Deutung zutreffen würde, dann hätte Peter mit einem Bild mehr gesagt, als er mit vielen Worten darlegen könnte. Dann liesse sich Bachofens Satz, dass Symbole «Ahnungen erregen und Zeichen des Unsagbaren sind», auch auf diese Zeichnung anwenden. Die Mutter, die den unehelichen Sohn geboren hat, hat in den Augen der Gesellschaft einem «Vogel» das Leben geschenkt. Sie hat gezaubert und ist daher eine Hexe. Peter kann weder psychologisch noch soziologisch deuten, was sich in der grosselterlichen Familie abspielt, aber er weiss genau, um was es geht. «Das Symbol treibt in die geheimsten Tiefen der Seele seine Wurzel».

Das Verhalten des Kindes scheint unserer Deutung Recht zu geben. Peter fehlt jede Initiative. Er ist der stille und einsame Schüler, der froh ist, wenn ihn niemand belästigt. Er gibt sich zufrieden mit einem Dasein am Rande. So muss es sein. Er und seine Mutter, der Vogel und die Hexe, haben in der Familie nichts zu sagen, denn wer Schande bringt, kann froh sein, wenn man ihn nicht ganz verstösst.

Drei Monate früher zeichnete Peter eine weinende Sonne. Sie weint mit all ihren Strahlen aus einem hohläugigen, leeren Gesicht heraus. Es sieht fast so aus, als ob sie wie eine Giesskanne tropfende Strahlen ausgiesst. Diese seltsamen Strahlen, die wie gebündelte Tränen aus dem Sonnenhaupt herunterfallen, benetzen dürftige «Blumenstirzel», aus denen sich nie schöne Blumen entfalten können. Auch diese Zeichnung erklärt in Symbolen die Lebenslage des Kindes. Sie ist traurig, leer und ohne grosse mitmenschliche Hoffnungen.

Peters Sonne stand oben am Himmel. Es gibt verschiedene, merkwürdige Sonnengebilde, die das Firmament verlassen und in die Landschaft heruntersteigen. Solchen Sonnen möchte ich mich nun etwas ausführlicher widmen.

MARKUS (Abb. 24) zeichnete das Thema: «Die Sonne scheint, und die Kinder spielen.» Im Zentrum des Blattes aber steht nicht das spielende Kind, sondern eine gewaltige, hohläugige Sonne, die sich wie ein Riesenkoloss durch die Wiese wälzt. Sie gleicht eher einem Totenkopf als einer Sonne. Wer die Zeichnung betrachtet, könnte zur Ansicht kommen, dass das Kind von einem inneren Gesicht, von einer Vision geblendet wurde. Der Knabe, der sich im üppig wuchernden Grase aufhält, schaut wie gebannt zurück auf die Riesensonne. Die Strahlen bewegen sich auf das Kind zu, dessen Machtlosigkeit wiederum durch fehlende Arme ausgedrückt wird. Das Kind macht einen merkwürdig fragenden und zugleich erstarrten Eindruck.

Wer ist diese Sonne, die sich einfach gegen die Gesetze der Natur von ihrem hohen Himmelsbogen gelöst hat und kühn über die Wiese rollt? Was bedeuten ihre gewaltigen orangen Augen, die mächtige Nase und der grosse Mund, die sich auf der goldgelben Sonnenscheibe besonders gespenstig ausnehmen? Ich kann diese Fragen leider nicht beantworten, weil ich keine Angaben über dieses Kind habe. Das ist in diesem Zusammenhang nicht wichtig. Sie sollen uns ja nur an das interessante Phänomen heranführen: Sonnen können sich von ihrem natürlichen Platz lösen und auf die Ebene treten, auf der sich der Mensch aufhält.

Diese grosse Sonne erweckt den Eindruck, als wolle sie das wehrlose, erschrockene Kind unter sich begraben. Gewalttätige Eltern wirken genau so.

Vielleicht hilft uns RENES Zeichnung (Abb. 25) etwas weiter. René ist ein kräftiger, ordentlicher Knabe. Er hat einen frischen, manchmal etwas verbissenen Ausdruck. Er bewegt sich langsam, manchmal lebhaft, häufig aber auch etwas unsicher.

Renés Vater, ein Handwerkermeister, übernahm vor kurzem ein neues Geschäft. Während der Aufbauphase entwickelte sich im Elternhaus eine sehr gespannte Stimmung, unter der vor allem René und sein Bruder zu leiden hatten. Wenn sie nicht gehorchen wollten, wurden sie vom Vater kurzerhand in einen dunklen Kellerraum gesperrt. Besonders René ängstigte sich sehr vor diesem Verliess. Auch in Gesprächen erwähnte er häufig den schwarzen Keller.

Renés Verhalten im Kindergarten war anfänglich sehr problematisch. Überall betätigte er sich als Störenfried, der alles durcheinander zu bringen wusste. Seit sich aber die Geschäftslage für den Vater günstiger entwickelte, ist auch René erträglicher. Zwar muss er sich hin und wieder kräftig austoben, insgesamt aber ist er doch ruhiger geworden. Zwischen Kindergarten und Elternhaus besteht kein Kontakt, da es sehr schwierig ist, an Renés Mutter heranzukommen und mit ihr zu reden. Sie ist eine intelligenzschwache und primitive Frau, die ihren Kindern keinen Halt bieten kann.

René zeigt ein gesundes Geltungsbedürfnis. Hie und da dominiert bei ihm der Wille, obenauf zu sein. Er gehorcht nicht gern, vergisst oft Sachen und führt Befehle nur ungern aus. René ist leicht beeinflussbar.

Oft bringt René Gegenstände in den Kindergarten mit, die er unter den Kindern grosszügig verteilt. Mit diesen Geschenken versucht er sich Achtung und Sympathien zu verschaffen. Trotzdem wird er von einigen Kindern nicht ohne weiteres akzeptiert, da er sich häufig mit ihnen in Streitigkeiten verwickelt. So muss er sich oft allein beschäftigen. Manchmal wirkt René bedrückt und unsicher. Er neigt zu Träumereien, grübelt über irgendwelche Dinge nach und interessiert sich dann plötzlich für Details.

In vorliegender Zeichnung von René steigt eine übermächtige Sonne auf die Erde herab. Krüppelartige, ausdruckslose Menschen scheinen vor dem Sonnenkoloss zu fliehen. Eine dieser Gestalten verbirgt sich hinter einem braunen Etwas, wahrscheinlich einem grossen Felsen.

Die Differenz in den Gesichtern von Menschen und Sonne verrät, dass die mitmenschlichen Beziehungen nicht ohne Mängel sind. Wer ist schuld daran? Ist vielleicht die grosse, aggressive Sonne, die in die Sphäre der Menschen einbricht, Ursache dieser verkümmerten personalen Kontakte? Wer ist überhaupt diese Sonne? Fürchten sich die Menschen vor ihr? Sie fliehen jedenfalls und verstecken sich. Darin liegt ein Indiz, dass die gewaltige Sonnenmasse beängstigend und einschüchternd wirkt. Ist die Sonne vielleicht Abbild des Vaters, der den Sohn bei Scherereien in den Keller sperrt?

Die Sonne platzt mit ihrer Gewalt in die Verhältnisse der Menschen hinein. Sie steht nicht fest und gerade auf der Erde. Es sieht so aus, als ob sie demnächst nach rechts fallen würde, wo sich hinter dem Felsen ein Menschlein versteckt hält. Sie ist ein Riese, der Unruhe und Angst unter die Menschen bringt. Märchenriesen sind furchterregend, haben gewaltige Kräfte und verfügen über die Natur. Unsere Riesensonne mit ihren Zackenstrahlen, den grossen stechenden Augen und dem zähnefletschenden Mund ist einem bösen und gewalttätigen Wesen nicht unähnlich. Wir dürfen daher annehmen, dass sie die verfügende und erdrückende Gewalt des Vaters repräsentiert, die keine Rücksicht auf die Kinder nimmt.

Was will uns René sagen? Welchen pädagogischen Aussagewert hat seine Zeichnung? Wenn wir die verkümmerten Menschlein betrachten, die angstvoll flüchten, und unseren Blick auf das eine werfen, das sich hinter dem Felsen zu verstecken versucht, dann fällt uns intuitiv ein, dass sich der Zeichner fürchtet. Er ängstigt sich vor der einbrechenden Gewalt, der er nichts entgegenzusetzen hat. Für ihn gibt es nur die eine Möglichkeit: er muss sich tarnen. Daher wäre es wohl auch nicht verwunderlich, wenn dieser Bub mit der Zeit ein Lügner würde, der unangenehmen Situationen durch ein Versteckspiel auszuweichen versucht. Die Zeichnung offenbart uns die Gefährdung des Kindes. Sie ermahnt uns zugleich, dass ein tyrannischer Erziehungsstil, dessen verfügende Gewalt vor der Persönlichkeit des Kindes keinen Respekt hat, schädlich ist. Gewalt lässt Menschen verkümmern, Beziehungen verarmen und Gemüter verrohen. Renés Zeichnung deckt die Folgen einer brutalen Erziehung mit seltener Deutlichkeit auf. Was das Bild aussagt, lässt sich kaum so klar in Worte fassen. Es zeigt Menschen, die in ihrem ganzen Sein erstarren, schablonenhaft und schematisch werden, es weist auf Kreaturen hin, in denen das persönliche und individuelle Leben versiegt. Eine bedrückende Angst schlägt sie zusammen. Diese Menschen sind schemenhaft dürr und ohne Lebensimpulse, denn dem Leben, das sie bewegt, fehlt die Freiheit.

Das Bild bestätigt eindrücklich, worauf Pädagogen hinweisen: Der autoritäre Erziehungsstil, dem Gewalt und tyrannisches Gebaren nahestehen, verhindert eine gesunde, kreative Entfaltung und begrenzt die personalen Freiheiten. In Zusammenhang mit Abbildung 4 von Cornelia konnte bereits aufgezeigt werden, dass ein Merkmalsgefälle zwischen den Gesichtern von Sonne und Mensch auf Differenzen des personalen Seins hinweist. Renés Zeichnung bestätigt diese These ein weiteres Mal, die an anderer Stelle noch ausführlicher behandelt werden soll.

Ein weiteres, phänomenologisch bedeutsames Merkmal ist der heruntergezogene Mund, der in Kinderzeichnungen auffallend oft erscheint. Das weinende Sonnengesicht von Jolanda (Abb. 13) erhält durch den heruntergezogenen Mund einen verstärkten Ausdruck von Traurigkeit. Auch Christians Zeichnung (Abb. 26) zeigt eine Sonne mit einem betont nach unten geformten Mund.

CHRISTIAN ist ein guter Schüler, der im Kindergarten keine Schwierigkeiten macht. Die Familiensituation ist nicht gestört. Die Verhältnisse sind normal und dennoch kommt es vor, dass die unausgeglichene Mutter hie und da auf den Knaben losdonnert.

Dies muss auch am Morgen des 1. Juli der Fall gewesen sein. Die Kindergärtnerin kam den Erlebnissen des Kindes zwar nicht auf die Spur, entnahm aber seinen Reaktionen, Zeichnungen und Kommentaren, dass etwas vorgefallen sein musste.

Christian begab sich an seinen Zeichentisch und malte mit Wasserfarben, die er stets mit Vorliebe verwendet. Dass er im Umgang mit diesen Farben einige Fertigkeiten besitzt, bestätigt Abbildung 26.

Der kleine impulsive «Herr» malte nur kurz an seinem Platz und kam schon nach einer Viertelstunde mit seinem Werk vor die Klasse. «Fräulein», sagte er, «ich ha hie en Zeichnig.» Dann legte er sie hin, und die Kindergärtnerin fragte verwundert: «Was häsch denn au gmacht?» «Wüssed si, di hani für d'Mutter gmacht, will sie so bös mit mir gsi isch. Das da» – er zeigte auf das Tier – «isch en Chatz, wo im Bueb na rennt.»

Die Zeichnung ist von grossem Interesse und verdient deshalb besondere Beachtung, weil der Knabe in der nächsten Viertelstunde das gleiche Tiermotiv noch einmal zeichnete. Da aber sahen Tier und Sonne ganz anders aus. Die Worte, mit denen Christian die Zeichnung ablieferte, entsprachen dem Gehalt des «Gemäldes». Ich komme darauf zurück.

Christians Sonne auf dem Tierverfolgungsbild ist böse. Das ist etwas unkorrekt ausgedrückt. Die Sonne spiegelt offenbar das Erlebnis des Knaben wider. Sie verdeutlicht seine Gefühle, die er in dem Augenblick hatte, als er das Werk auf das Blatt warf. Seine Gefühle waren beherrscht von den Erfahrungen mit der Mutter. Sie schimpfte ihn aus, weil er nicht gehorchen wollte. Ist nun die Sonne Symbol der strafenden Mutter oder die symbolische Zusammenfassung der Gefühle des Kindes, die es auf die Mutter bezog? Ist die Sonne die nach aussen projizierte Verdichtung eines kindlichen Erlebnisses?

Die Mutter ist als inneres Bild psychisch wirksam. Dieses innere Bild setzt sich aus dem Archetypus der Mutter, dem Urbild also, und den alltäglichen Erfahrungen im Umgang mit der leiblichen Mutter zusammen. In diesem Fall scheint die Sonne nicht die ganze Bedeutungsrealität der Mutter zu umfassen. Es handelt sich hier vielmehr um eine Art Widerspiegelung des momentanen Erlebnisses im Umgang mit der Mutter. Die Sonne ist hier eine Art Übersetzung des Gefühls in ein Zeichen. Vielleicht liefert sie auch den Kommentar zu diesem Gefühl. Es handelt sich wahrscheinlich um die unreflektierte Distanznahme und die Konkretisierung des Gefühlten und Erlebten im Sonnenbild. So dient es als Hilfsmittel, um das Erlebte auf einer ersten Stufe zu objektivieren. Wie weit hier Bewusstsein mit im Spiele ist, lässt sich nur schwer sagen. Christian gelingt es jedenfalls, das negative Erlebnis mit der Mutter beim Zeichnen zu überwinden, sich also von den unangenehmen Erfahrungen zu befreien.

René (Abb. 25) konfrontiert sein kleines, nichtssagendes Ich mit dem grossen und mächtigen Ich seines Vaters. Er ist in seiner Persönlichkeitsentwicklung noch nicht soweit, dass er sich mit dem realistischen Vater auseinandersetzen könnte.

Er konfrontiert sich aber mit der erlebten Macht des Vaters, die sein Leben bedroht, und malt sie gleichsam an die Wand. Die Sonne ist das nach aussen geholte innere Bild der Bedeutungsrealität Vater. Dadurch gelingt es dem Kind, die Macht des Vaters bewusster zu machen. Das Kind denkt zwar noch in Bildern, und es ist daher fraglich, ob durch die Objektivierung im Zeichnen auch eine Bewusstmachung gelingt. Und doch scheint sich dabei etwas zu ereignen. Kinder sind meistens, nachdem sie ihr Erlebnis gemalt haben, ruhiger. Von der Vergegenständlichung des Erlebten im Bild geht offenbar doch etwas aus, das im Kind gewisse Veränderungen bewirkt. Der therapeutische Wert des Kindermalens ist schon oft bestätigt worden.

Edith (Abb. 6) z. B. steht einer Sonne gegenüber, die sie mit einem goldenen Stab zu berühren wagt. Dieser Gruss gilt einem Wesen, das von der gleichen Art ist. Es wird dem Kind offenbar während des Zeichnens bewusst, dass die Sonne das liebende Gegenüber ist, dem man sich jederzeit nähern darf. René (Abb. 25) hingegen verschlägt es die Stimme (Menschengesichter ohne Mund), wenn die Sonne in die Nähe tritt. Er flieht und versteckt sich. Die Sonne ist nicht das gesprächsbereite Du. Sie ist das überwältigende Andere, das sich in das Dasein des Kindes hineinwälzt. Da wird ihm vielleicht bewusst, welche Rolle sein Vater spielt.

Natürlich hat nicht jede Sonnenzeichnung diese überragende Bildkraft, nicht jede Sonne ist emotionell so stark besetzt, dass sie als die Objektivierung eines bedeutenden Erlebnisses oder einer die Seele erschütternden Erfahrung aufgefasst werden kann.

Christian (Abb. 26) fasst in seiner Zeichnung die Stimmung, die ihn an diesem Julimorgen bedrückte, zusammen. Der Knabe auf dem Bild flieht vor einer grossen Katze, die mit gewaltigen Sprüngen auf ihn zueilt und nach ihm ausgreift. Das Tier zeigt spitze Zähne und deutet die Gefahr an, die von ihm ausgeht. Die Sonne zieht sich zwischen Wolken zurück, die schwarz und dunkel am Horizont aufziehen. Sie nimmt ihre sonst wärmenden Strahlen zurück und lässt sich von den Wolken einklammern. Der Mund beugt sich nach unten. Die Sonne – so scheint es – ist offenbar mit den Ereignissen, die sich vor ihren Augen abspielen, nicht zufrieden. Der nach unten gekrümmte Mund drückt so etwas wie Missbilligung aus. Interessant ist auch das wilde Gras, das die aufgewühlte Seele des Kindes in ganz besonderer Weise widerspiegelt.

Die Zeichnung wirft Fragen auf. Ist die Sonne Symbol für die Mutter oder ist sie Projektionsfeld der kindlichen Seele, des kindlichen Gemü-

Christian (Abb. 26)

tes? Was stellt sie dar, wenn sie nicht die Mutter meint? Ist sie dann die Repräsentation der Gefühle, die das Kind im Augenblick des Zeichnens bewegt haben? – Man darf wohl letztere Frage bejahen. Die Mutter hingegen dürfte eher durch die aggressive, gefährliche Gestalt der Katze personifiziert sein. Schliesslich war sie es, die Christian an diesem Morgen hart anfasste. In ihrer Person sah das Kind eine Bedrohung, vor der es fliehen musste.

Deutlich verrät die Zeichnung Christians aufgewühlte Stimmung an dem besagten Morgen. Die übliche Ordnung war dahin. Fast jedem einzelnen Pinselstrich ist die Erregung des Zeichners zu entnehmen. Die Wolken ballen sich zu einem Gewitter zusammen, die Sonne erstickt fast in diesen schwarzen Fetzen. Sie zieht ihre Strahlen zurück und kapselt sich ab. Sie muss nicht eingreifen, sie kann sich nur missbilligend von der Szene entfernen.

Am gleichen Morgen fertigte Christian noch eine zweite Zeichnung an. Nach kurzem Umgang mit dem Pinsel brachte er sie der Kindergärtnerin an das Pult und kommentierte sie mit den Worten: «Das isch für Sie. Wüssed Sie, ich ha Sie gärn.» Damit überreichte der kleine Künstler das Werk. Für heute hatte er genug gezeichnet. Und alles, was es Aufregendes und Liebes zu sagen gab, war nun ausgesprochen.

Die zweite Zeichnung (Abb. 27) liess nichts mehr von der Unruhe und Erregung spüren, die er in seiner «Flucht» ausdrückte. Die Sonne erhielt ihre ursprüngliche Strahlkraft zurück und macht nun einen friedlichen und gemütlichen Eindruck. Sie begleitet das beruhigte Tier, dessen Krallen sich in die sanften Pfoten zurückgezogen haben. Die Zähne des Tieres stehen nicht mehr spitz und angriffig vor. Der in der ersten Zeichnung noch geballte Schwanz krümmt sich jetzt friedlich über dem Rumpf des Tieres. Die Katze trottet über die Wiese, die ihre Ordnung der Ruhe und Gelassenheit wiedergefunden hat. Die Welt ist wieder im Lot.

Die Sonne erscheint grösser, ihre Strahlen kräftiger als im ersten Bild, Ihr Gesicht ist ausgeprägter. Die Nase erhält eigenartige Striche, die nicht zu deuten sind. Die Sonne steht unmittelbar über der Katze und berührt sie mit ihren Strahlen. Es ist, als ob sich diese beiden Wesen wieder versöhnt hätten. Ist somit diese Zeichnung ein Bild der Versöhnung, des wiederhergestellten Gleichklangs zwischen zwei Sphären? Somit gibt Christian auch zu erkennen, dass er seine innere Ruhe wiedergefunden hat. Für ihn ist Schrecken und Angst vorüber. Auch diese Zeichnung zeigt die Sonne als Symbol kindlicher Gefühle.

Diese beiden Bilder belegen eindrücklich die therapeutische Wirkung des Zeichnens. Das Kind sagt aus, was es innerlich bewegt, gibt seinen Gemütsregungen ein Symbolgewand und wird somit seine psychischen Probleme gleich einer Katharsis los. Das Zeichnen erlöst das Kind von seinen bedrängenden Gefühlen und hilft eine erregte, aufgewühlte Kinderwelt wieder zu einem harmonischen Ganzen zu ordnen. Die zweite Zeichnung bildet die wiedergewonnene Ruhe und den seelischen Frieden ab. Das Kind selbst fühlt sich wieder frei. Und die Sonne ist dafür symbolischer Beleg.

Dieser Bericht sollte den Beweis aufnehmen, dass die Sonne in der Kinderzeichnung mehr und anderes sein kann als ein dekoratives Element und mehr als eine physikalische, realistische Sonne, die das Kind aus der Wirklichkeit für seine Zeichnung übernimmt. Die Sonne ist ein Symbol. Das dürfte durch die Fallbesprechungen deutlich geworden sein. Sie repräsentiert Personen aus dem nächsten Umkreis des Zeichners und ist hin und wieder auch Abbild des Zeichners selbst. Sie vermag aber auch die Gefühle des Kindes auszudrücken. Das Bild steht dann für das Wort, das dem Kind fehlt, wenn es sagen will, was in unerklärlicher Weise in ihm vorgeht.

Auf dieser Entdeckungsreise haben wir die Basis für die nächsten Schritte gefunden. Die Sonne kann Symbol sein. Das steht nunmehr fest. Sie ist also nicht nur ein leeres Zeichen, sondern oft ein mit seelischen Energien besetztes Symbol.

3. Kapitel   Die Sonne als Symbol und ihre Interpretation

1. Die symbolische Bedeutung der Sonne

Im zweiten Kapitel konnten wir die Tätigkeit der symbolisierenden Phantasie beobachten. «Sie macht Unsichtbares sichtbar»[21]. Das Unsichtbare, das hier gemeint ist, stellt die psychische Energie dar, die sich im Kind niederschlägt, wenn es emotionell stark betroffen ist. Das Kind ist oft nicht in der Lage zu schildern, was es innerlich bewegt. Je weniger die Eltern bereit sind, die Erlebnisse des Kindes zu besprechen, um so mehr muss es zu Mitteln des Ausdrucks greifen, die unsprachlich sind. Es verwendet dann etwa Zeichnung und Spiel, um die angestauten Emotionen zu befreien. Ohne verständige Gesprächspartner bleibt das Kind auf sprachlose Äusserungen seiner Gefühle angewiesen. Dabei spielt die symbolisierende Phantasie eine Hauptrolle. Solange das Kind sein Ich noch nicht den physischen und sozialen Realitäten angepasst hat, hat sie freie Bahn. Sie kann aus dem grossen Schatz der inneren Erlebnisbilder schöpfen und die elementarsten und gehaltvollsten für die Darstellung der Emotionen verwenden. Diese Bilder sind als Symbole zu betrachten.

Dem Symbol kommt im Leben des Kindes die Aufgabe zu, das unterschwellig Geahnte, das nicht klar Fassbare dem Bewusstsein bemerkbar zu machen. Die symbolische Aussage, die dem eigenen Ich nicht begreifbar ist, steht für unbewusste seelische Vorgänge und bezeichnet Beziehungsverhältnisse, deren Gesetzmässigkeit nicht durchschaut wird.

Die symbolisierende Phantasie braucht, um die Ahnungen der Seele auszudrücken, elementare Gegenstände wie Sonne, Wasser, Feuer. Wir sprachen früher schon davon. Die Symbolisierungen dienen nicht einem Selbstzweck. Sie erlauben der sprachlosen Innerlichkeit, sich vernehmbar zu machen, damit die Umwelt versteht, was sich verborgen abspielt. Treffend schildert *Flügge* diesen Sachverhalt, wenn er sagt: «Sollte man nicht in den Symbolisierungen, worin sich psychische Konflikte manifestieren, auch Anrufe an den verstehenden Geist vermuten, dass er die Dränge und Mächte, die die Persönlichkeit zu überwältigen drohen, in einem neutralisierenden Bilde anschaue und als Weltphänomene deute, in einem Bilde, das verhüllend und offenbarend zugleich ist»[22].

So müssen wir wohl auch viele Sonnen in der kindlichen Zeichnung verstehen. Sie sind oft als Bilder drängender Mächte vom Kind geschaffen und gelten als Anrufe an den verstehenden Geist des Erziehers. Im Bilde werden die Anrufe objektiviert. Der Erzieher kann in der Sonne neutralisiert anschauen, was die kleine Schülerpersönlichkeit bedroht oder beglückt. Freilich sind die symbolischen Bilder nicht lesbar wie Buchstaben, die ein längst bekanntes Wort ergeben. Wer sie dechiffrieren will, muss sich einer mühsamen Deutungsarbeit unterwerfen, bei der er nicht die Gewähr hat, dass er sie auch enträtseln kann. Die Symbole bleiben in einem merkwürdigen Zwielicht. Sie sind eben verhüllend und offenbarend. «Verhüllend, weil die entstellende, indifferente Vorstellung die Gefahr der Überwältigung abwehrt; offenbarend, weil ja doch das ablenkend symbolisierende Bild eine Beziehung zu dem herandrängenden, noch unbewussten Inhalt hat, weil wenigstens eine Übereinstimmung hergestellt ist, bei der die Enträtselung einsetzen kann»[23].

Das Kind greift in seiner Zeichnung zum Symbol, weil das soziale Bezugssystem, in das hinein es geboren oder gewachsen ist, lange undurchschaubar bleibt. Und je undeutlicher sich Vater und Mutter profilieren, weil ihr Verhalten nicht der unbewusst erwarteten Linie von Wohlwollen und Pflege folgt, um so weniger versteht das Kind das Gefüge seiner Familie. Das Kind ist dann oft gezwungen, die primären Bezugspersonen in Frage zu stellen oder sie gar abzulehnen, sie zu kritisieren oder anzugreifen. Das kann es aber nicht offen tun. Es würde seine Situation noch problematischer machen und sich in Konflikte verstricken, die es noch weniger lösen könnte. Das Kind wählt daher unbewusst das Symbol, um seine wahren Gedanken zu verstellen. So wehrt es die Gefahr ab, die entstehen könnte, wenn es das Böse beim Namen nennt. Wenn es seinen Vater kritisieren möchte, greift es zu einem Bild, das der Vater nicht versteht. Es verhüllt vor sich und den andern, was es meint; es offenbart aber auch, weil es hoffen kann, dass jemand die Sprache der Seele versteht. Diese Hoffnung wird nicht der erste Zweck der symbolisierenden Darstellung sein. Vielmehr tastet sich die symbolisierende Phantasie zu einem besseren Bewusstsein in der dunklen, die Seele bedrängenden Realität vor. Nur so ist zu verstehen, warum die symbolische Wiedergabe von unbewussten Gehalten eine therapeutische Wirkung hat. Das Symbol schafft offenbar eine Ordnung, die das Denken des Menschen unmittelbar versteht und befreit.

Auch wenn der erste Zweck symbolisierender Äusserungen des Kindes in der Therapie liegt, die Hoffnung auf Verständnis höchstens einem zweiten Zweck entspricht, so darf sich der Erzieher nicht einfach dem Anruf des Symbols entziehen. Da ist z. B. SILVAN (Abb. 28). Er ist ein zurückgezogener und intelligenter Schüler. Seine Hemmungen verhindern eine freie, kindliche Entfaltung. Die Umwelt engt ihn gewaltig ein. Silvan zeichnete ein merkwürdiges Bild. Auf einem Hügel geht einsam ein Mensch mit einer Schaufel auf dem Rücken. Links befinden sich sechs stereotyp gezeichnete Tannen. Im Hintergrund erhebt sich ein gewaltiges Gebirge, das vielzackig in den Himmel hineinragt. Zwei Zacken greifen gleich einem Nussknacker gegeneinander und zwängen die Sonne dazwischen ein. Was mag den Drittklässler bewogen haben, ein solches Bild zu zeichnen? Will Silvan damit den Lehrer auf seine Situation aufmerksam machen? Das ist nicht anzunehmen. Silvan weiss wahrscheinlich nicht, was seine symbolisierende Phantasie ihm da vorgegaukelt hat.

Die Zeichnung ist dennoch als Psychogramm zu verstehen, das in wenigen Bildzeichen die Informationen enthält, die dem Lehrer verständlich machen könnten, warum sich Silvan nicht frei entfalten kann.

Alle Sonnen in der Kinderzeichnung, die emotionell besetzt sind, dürfen als echte Symbole interpretiert werden. Im Symbol schaut der

Betrachter Beziehungsverhältnisse mit an, die über die vordergründige Erscheinung hinausgehen. Eine oberflächliche Interpretation würde Silvans Sonne als dekoratives Element oder als Abbild der realen Sonne bezeichnen. Wer aber die Lebensumstände des Zeichners in seine Betrachtung einbezieht, erkennt schnell, dass diese eingeengte Sonne weit mehr aussagt. Dieses Mehr ist die emotionell verursachte Komponente des Bildes. Einem Symbol kann der Betrachter viel mehr entnehmen als einem Bild oder einer Photographie: Es sind alle jene psychischen Niederschläge, die bei starken Erlebnissen zurückbleiben. Sie geben sich durch die auffälligen Merkmale, die dem zeichnerischen Gegenstand anhaften, zu erkennen. Je mehr auffällige Merkmale ein Bildzeichen enthält, um so wahrscheinlicher ist es emotionell besetzt. Das 4. Kapitel beschäftigt sich mit den auffälligen Merkmalen.

Nicht jede Sonne, die in der Kinderzeichnung entdeckt werden kann, ist also ein Symbol. Oft bleibt sie ein leeres, unbedeutendes Zeichen, das dekorative, ästhetische Bedürfnisse befriedigt oder die Wiedergabe der realen Sonne darstellt. Häufig ist sie ein blosses Schema, das der Zeichner aus Routine und Gewohnheit verwendet. Das dürfte sogar meistens der Fall sein.

«Die elementarsten Symbole sind die Ergebnisse einer ‹Verdichtung› von Bildern»[24]. Alle Sonnenzeichen, die Symbole sind, versammeln in sich die verschiedensten Äquivalente psychischer Energien, die das Resultat einer Verbindung zu konfliktreichem Leben sind. Darum sind sie so vielfältig aussagekräftig.

Die Sonnensymbolik in der Kinderzeichnung hat mit den persönlichen Erfahrungen der Kinder in Familie und sozialer Umwelt zu tun. Was *Piaget* vom Symbolspiel sagt, gilt auch für unsere Zeichnungen. «Was nun die Interessen anbelangt, die mit den Eltern und Geschwistern zu tun haben, so genügt es, die Spiele zusammenzustellen und zu vergleichen, die diese Personen symbolisieren, um festzustellen, wie sehr die Einzelheiten dieser Symbolik Tendenzen und Gefühle enthüllen, von denen sich ein grosser Teil dem klaren Bewusstsein des Kindes entzieht, und zwar aus dem einfachen Grund, weil sie fast niemals in Frage gestellt werden. Es sind zunächst Identifizierungen mit der Mutter oder mit dem Vater oder mit den älteren oder jüngeren Geschwistern. Doch wenn man auch hier dem Anschein nach nur eine reine Reproduktion der Realität der Umwelt feststellt, so kann man in der Tat eine Menge von widerstreitenden Gefühlen beobachten. Gefühlen der Anlehnung oder der Opposition, der Unterordnung oder Unabhängigkeit, des Wunsches, einen Elternteil an sich zu ziehen oder der Eifersucht, des Wunsches, den Grossen gleich zu sein, das Milieu zu wechseln usw.»[25].

Im vorher besprochenen Abschnitt wurden Sonnenzeichnungen zusammengestellt und miteinander verglichen. Dabei hat sich gezeigt, dass die Sonnen Personen und deren Beziehungen zum Zeichner symbolisieren. Alle Gefühle der Zuneigung und Abneigung spiegeln sich in den Sonnengesichtern wider. Es kommen in ihnen Wünsche, Hoffnungen und Ängste zum Ausdruck. Einmal repräsentiert die Sonne die Eltern des Kindes oder die Grosseltern, ein anderes Mal ist sie die Verbindung einer ganzen Familienatmosphäre, dann wieder kann sie sinnbildlich das kritisierende und kommentierende Ich des Zeichners selbst sein.

Das Kind ist oft nicht bereit, seine feindliche Einstellung zu den Eltern in Worte zu fassen, und wählt deshalb die Zeichnung aus. Es verstellt, vor allem bei gestörten Verhältnissen, seine Aussagen, versteckt seine Meinungen und benützt dazu das Sonnensymbol. So schildert das Kind in der Sonnenzeichnung unbewusst seine Beziehung zu den Bindungspersonen seiner Umwelt.

Häufig porträtiert sich das Kind selbst. Es stellt sich dann in einer Zeichnung zweimal dar, beispielsweise auf der Ebene der Realität als vernachlässigtes und auf der Ebene der Idealität als hoffendes und wünschendes Kind. Oder es zeichnet sich in seiner Isolation und Einsamkeit als Mensch, der keine Kontakte aufnehmen kann, wie es auf der wirklichen Lebensebene ist und auf der symbolischen als Sonne, die diese Daseinslage noch verstärkt und überhöht. Im ersten Fall deutet das Sonnensymbol auf die erlebte Diskrepanz zwischen Wunsch und Wirklichkeit hin, im zweiten ist sie Verschärfung und zusätzliche Betonung der negativen Lebenssituation.

2. *Das Sonnensymbol in der Geschichte*

Die Sonne ist ein Lichtsymbol, das in der Geschichte der Menschheit eine grosse Rolle spielte. Die Sonnenkulte waren weit verbreitet. Sie dehnten sich über den Mittelmeerraum aus und erstreckten sich von da bis nach China. In Australien und auf den Inseln Ozeaniens waren Sonnenanbeter zu finden. Höhepunkte erreichte der Kult auch in grossen Teilen Nord-, Mittel- und Südamerikas.

«Wer sich mit der Sonnensymbolik und den Kulturen befasst, die ihr zugeordnet sind, muss sich darüber klar sein, dass die Allverbreitung der Sonnenverehrung keineswegs mit der Alleinherrschaft des Sonnenkultes übereinstimmt. Auf den verschiedenen Stufen der Menschheitsentwicklung zeigt sich bald das Überwiegen einer lunaren und späterhin einer solaren Gestirnverehrung. Am Beispiel Ägyptens und Mexikos haben wir zwei Extreme des Sonnenkultus vor uns, von denen die ägyptische Variante den positiven Aspekt der Sonne hervorhebt, während die mexikanische das Tagesgestirn unter dem Bilde einer ungeheuren Blutsäuferin verehrt»[26].

Die Sonne erscheint auch in der Kinderzeichnung nicht als ein einheitlich gütiges Wesen. Sie tritt oft mit allen Anzeichen des Aufsaugens und Auffressens auf. Mit Recht sagt *Irene Rigassi:* «Der Schatz ursprünglicher Sonnensymbole, der sich in der Folklore und in der entwickelten Malerei angehäuft hat, kann vom Kinde jederzeit neu entdeckt werden. In diesen Zusammenhang gehört das Sonnenbild mit den roten zuckenden Geisselstrahlen. Ähnliche Ornamente hat die Gotik in Kirchenfenstern und Schnitzarbeiten entwickelt, und es ist kaum anzunehmen, dass sie auf dem Bildungsweg in die kindliche Formkunst eingegangen ist»[27].

Man darf noch weitergehen und behaupten, dass in der kindlichen Sonnendarstellung alle Formen wiederentdeckt werden können, die in den frühen Kulturen der Menschheit erfunden wurden. So münden z. B. die Sonnenstrahlen, die Echnaton während einer Opferhandlung überscheinen, in zärtliche Hände aus, die das Leben begünstigen sollen. Auch die Sonne, die über dem Thronsessel von Tutenchamun steht, breitet Strahlenhände aus. Auf einem Sonnenbild aus Tübingen erscheint die Sonne mit Händen[28].

Wir sind einer Sonnenzeichnung begegnet (Abb. 7), deren Strahlen durch zwei zugreifende Arme und Hände ersetzt werden. CLAUDIA (Abb. 29), ein zierlich gebautes, sechsjähriges Mädchen, das von der Kindergärtnerin als feines Persönchen geschildert wird, zeichnete eine Sonne, die gross und mächtig über einem kleinen Menschen steht. Die Sonne hat vier mächtige Strahlen, an deren Enden Hände oder Füsse erscheinen. Es ist interessant, dass diese Sonne nur vier Strahlen hat. Sie verleiten zur Vermutung, dass das Kind die Strahlen unbewusst als die Extremitäten der vermenschlichten Sonne angeschaut hat. Die Sonne steht mit «gespreizten Beinen» über dem Menschen, den sie bewacht, und streckt ihre beiden Arme mächtig aus.

Claudia lebt in guten Familienverhältnissen. Die Mutter nimmt sich viel Zeit für die Kinder. Sie geht mit ihnen spazieren und holt Claudia auch oft vom Kindergarten ab. So ist das Kind gut behütet und geborgen. Die Hände sind wie die der Sonne in Echnatons Gebilde, die das Leben des Kindes begünstigen. Die Übermacht der Sonne wirkt auf diesem Bild nicht erdrückend, wohl aber gibt sie dem Kind jenen Schutz, den es braucht, um im Leben zu bestehen.

Die Zeichnung Claudias sollte nur als Beweis für die Behauptung dienen, dass die in den Kulturen geschaffenen Sonnenbildnisse auch von den Kindern immer wieder erfunden werden. Die Sonne ist ein archetypisches Bild. Sie war ein wesentlicher Bestandteil der grossen mythologischen Kulturen der Vergangenheit. Wenn die These von *Erich Neumann* stimmt, dass «der einzelne in seinem Leben die Spur nachzugehen hat, welche die Menschheit vor ihm gegangen ist, und deren Niederschlag in der archetypischen Bildreihe der Mythologie zu finden ist»[29], so müssen auch die Sonnen der Kinder in ihrer Gesamtheit die ganze Variabilität aufweisen, die die Kulturgeschichte zeigt. Die im vorigen Kapitel interpretierten Sonnen konnten eine Ahnung von der Fülle der kindlichen Sonnensprache geben. Sie ist damit aber keineswegs erschöpft, wie wir im nächsten Kapitel sehen werden.

«Die Sonne ist», wie bereits erwähnt wurde, «nicht nur Wohltat, denn sie vermag auch zu zerstören, daher das Zodiakalbild der Augusthitze der herdenverwüstende Löwe ist, den der jüdische Heros Simson tötet, um die verschmachtende Erde aus dieser Plage zu erlösen. Es ist aber die der Sonne eigentümliche Natur, zu brennen, und es erscheint dem Menschen natürlich, dass sie brennt»[30].

So tritt die Sonne immer wieder in der Kinderzeichnung in Erscheinung. Sie ist dann Ausdruck für Aggressivität und Vernichtung, von Gewalt und Macht. René (Abb. 25) hat sie so erlebt und dargestellt. Diese Qualität kann sie nur bekommen, weil sie die unbewussten Erfahrungen des Kindes aufnimmt. *Jung* schreibt: «Die Sonne ist geeignet, den sichtbaren Gott dieser Welt darzustellen, d. h. die treibende Kraft unserer eigenen Seele, die wir Libido nennen, und deren Wesen es ist, Nützliches und Schädliches, Gutes und Böses hervorgehen zu lassen»[31].

Die ausdruckshafte Sonne in der Kinderzeichnung ist emotionell besetzt. Wenn das Kind Sonnenzeichen mit seelischer Energie auffüllt, dann gestaltet es seine tiefste Erfahrung nach aussen. Es vergegenständlicht sie unbewusst, distanziert sich von ihr und gewinnt dadurch Macht über sie.

«Die Gottwerdung hat notwendigerweise eine Steigerung der individuellen Bedeutung und Macht im Gefolge. Das scheint zunächst auch bezweckt zu sein; nämlich eine Stärkung des Individuums gegenüber seiner allzu grossen Schwäche und Unsicherheit im persönlichen Leben»[32]. Das Kind, das magisch-mythisch das Sonnensymbol braucht, mag einer ähnlichen Suggestion erliegen wie der Mensch der alten Sonnenkulte. Es mag sich, sofern es sich mit der personifizierten Sonne gleichsetzt, in seinem Wesen stärker und mächtiger erfahren. Es verliert seine Schwäche und Unsicherheit. Es wird nicht selbst Sonne, aber es hat teil an ihrer zeugenden und bergenden Kraft. Claudia (Abb. 29) muss sich im Augenblick des schöpferischen Gestaltens stark vorkommen. Sie erlebt sich selbst transformiert in eine übermächtige Gestalt. Diese ist entweder das Vater- oder Mutterbild der Seele, mit dem sich das Kind identifiziert. Die Merkmale im Gesicht des Kindes, das unter der Sonne steht, sind bis auf kleine Einzelheiten dieselben. Augen, Nase und Mund sind identisch. Aber auch Beine und Arme sind vorhanden. Es ist auffällig, dass dem rechten Sonnenarm die Hand fehlt, die wir auch am linken Arm des Kindes vergeblich suchen. So kommt es im Gestaltungsprozess zur Vergottung. Dieser Ausdruck ist fast blasphemisch. Wir wollen ihn daher in eine rechte Relation zum eigentlichen psychischen Geschehen setzen. Uns fehlt ein analoger Begriff, wenn wir beschreiben wollen, dass sich das Kind zeichnend Vater oder Mutter gleichsetzt. Wir können nicht von einer «Vervaterung» oder einer «Vermutterung» sprechen. Darum aber geht es wohl bei diesem psychischen Verwandlungsprozess. Wenn das Kind sich «vervatert» oder «vermuttert» hat, lebt es in höherem Bewusstsein. Es nimmt teil an der Macht der Grossen und ist gefeit gegen die Gefahren des Lebens.

Erinnert sei an Martinas Zeichnung (Abb. 2). Die «Vergrossmutterung» gab dem Kind die notwendige Sicherheit zurück, die es brauchte, um gegen die ängstliche Ungewissheit, die der nicht definierbare Unhold bewirkte, zu bestehen. Die Sonnenkraft bannte den Verfolger.

Ähnlich muss es König Echnaton ergangen sein, als er sein Opfer in der Gunst des Sonnengottes darbrachte. Der Sonnengott gab ihm ein wahrhaft königliches Bewusstsein, vorab, weil ihm das mythische Denken erlaubte, an seiner Macht teilzuhaben. Der Sonnengott war ihm ein übermächtiger Herr und Gebieter, aber auch strahlender Beschützer und Helfer. Wer im Angesichte dieses Herrn lebte, musste seine Macht spüren, Unsicherheit und Zaghaftigkeit verlieren und mit königlichem Bewusstsein das Land regieren.

Nicht alle Menschen waren Priester der Sonne oder König von der Sonnen Gnade. Nicht alle standen in der Gunst des mächtig geflügelten Sonnengottes wie König Echnaton. Vielen erging es im Angesichte der Sonne nicht gut. Der Sonnengott konnte Menschen vor seinen Altar rufen und sie für ihre Sünden mit Macht strafen. Eine Stele, die man bei Cozumalhuapa in Guatemala fand, zeigt einen Sonnengott, dem von einem Priester ein Menschenherz als Versöhnungsopfer dargereicht wird (Abb. 30). Dieser Gott sendet nicht Strahlen aus, die in zärtliche Hände ausmünden und das Leben begünstigen. Er erscheint auf diesem Relief mit flammenden und geisselnden Strahlen, die Leben vernichten. Dieser Gott demütigt den Menschen und jagt ihm Furcht ein, so dass er in seinem Angesichte zittert und erschauert. Ähnliche Sonnen, die aggressiv und Leben vernichtend sind, die Leben am Gedeihen hindern, finden wir auch in Kinderzeichnungen. Vor solchen Sonnen muss man sich fürchten. Es ist der Gott der Macht, der sich als verfügende Autorität zu erkennen gibt und bedingungslosen Gehorsam verlangt. Es sind Vater oder Mutter, abgebildet im Sonnensymbol, die mit Gewalt in das Leben des Kindes hineintreten und es in der Entfaltung hindern. René (Abb. 25) muss vor dem Sonnenbild erstarren und verängstigt fliehen und verliert dabei sein Gesicht. Vor der Macht dieser gewaltigen Sonne, dem Götzen seines Lebens, kann er nur erzittern. René hat nicht das gesprächsbereite Du gegenüber, mit dem er seine Probleme und Sorgen, seine Freuden und Nöte bespricht. Es ist vielmehr das gewalttätige Du, das seine Sprache zerschlägt und einen stummen Diener erzwingt.

Es ist merkwürdig, dass die Sonne nur während einigen Jahren eine bedeutende Rolle im Leben des Kindes spielt. Ob darin der Satz von *Erich Neumann* eine Bestätigung findet? «In der ontogenetischen Entwicklung hat das Ichbewusstsein des einzelnen die gleichen archetypischen Stadien zu durchschreiten, welche innerhalb der Menschheit die Entwicklung des Bewusstseins bestimmt haben»[33]. *C. G. Jung* zählt die Sonne zu den Symbolen der Wandlung. Sich wandeln bedeutet psychisch, ein höheres Bewusstsein erlangen. Es ist interessant, dass die Sonne beim Übergang von dem archaisch kindlichen Bewusstsein zu einem realistischen eine bedeutende Rolle spielt. In dieser Phase, zwischen dem 5. und 10. Lebensjahr, tritt sie personifiziert auf, ähnlich wie in den alten Kulturen des mittleren Ostens, in denen ein Helios oder Rê das kultische Denken stark beeinflussen konnte. Der Sonnengott setzte sich nie als alleiniger Gott durch. Selbst ein Echnaton, der alle anderen Götter vertrieb, konnte seine Alleinherrschaft auf die Dauer nicht durchsetzen.

Auch in der kindlichen Bewusstseinsentwicklung nimmt die Sonne keine erstrangige Stellung ein. Die konkrete Auseinandersetzung mit Vater oder Mutter, mit Geschwistern, Lehrerinnen und anderen Personen, die vor allem im Rollenspiel Bedeutung erlangt, beschränkt die Wirksamkeit des Sonnensymbols. Wenn das Kind Katze, Hund, Tischler, Chauffeur, Auto usw. spielt, grenzt es sein eigenes Bewusstsein gegen diese Realitäten ab und erfährt sich selbst in seinen Möglichkeiten. Es erfährt, dass die Rolle des Autos nicht zu seinem Selbstbewusstsein passt und scheidet diese Möglichkeit aus. Auch die Märchen erfüllen sein Gemüt mit Gestalten und bereichern das Bewusstsein mit Entwicklungslinien, die ihm zu seiner Entfaltung dienen. Es geht in Gedanken Wege durch, bejaht oder verwirft sie.

Sobald sich im Kind eine höhere Bewusstseinsstufe ankündigt, versinkt das Sonnenland vollends in der Dämmerung der Frühkindheit.

In der Geschichte beteiligten sich auch die Christen nach dem Zeugnis des Eusebius von Alexandrien bis ins fünfte Jahrhundert an der Verehrung der aufgehenden Sonne[34].

Augustinus hält seinen Christen ausdrücklich entgegen: «Non est Dominus Christus sol factus sed per quem sol factus est» (Nicht ist Christus der Herr zur Sonne geworden, sondern er ist der, durch den die Sonne geschaffen ist)[35].

Das höhere Bewusstsein des Christentums hat den Kult der Sonne überwunden. Es konnte ihn aber nie ganz ausmerzen, «Die kirchliche Kunst hat viel vom Sonnenkult aufbewahrt: so den Strahlenschein um das Haupt Christi, den Heiligenschein überhaupt. Die christliche Legende attribuiert viele Feuer- und Lichtsymbole ihren Heiligen. Die zwölf Apostel wurden z. B. mit den zwölf Tierkreisen verglichen und daher mit einem Stern über dem Haupte dargestellt»[36].

Dieser kurze Exkurs über die Sonnensymbole bei den Kulturvölkern diente lediglich zur Vertiefung unserer Einsicht. Wenn Sonnensymbole in der Entwicklung der Menschheit eine bedeutende Funktion hatten, so ist es nicht verwunderlich, dass sie bei den Kindern einer bestimmten Entwicklungsphase ebenfalls erscheinen. Die Sonne ist ein Archetypus. Sie ist ein Urbild der Seele. «Der äusseren Lichtentfaltung entspricht im kindlichen Seelenleben das Aufglimmen des eigenen Bewusstseinsfunkens, so dass viele dieser Malereien als unbewusste Selbstzeugnisse verstanden werden dürfen»[37]. Die Sonnen sind Selbstzeugnisse, aber auch Konfrontationen des eigenen Ich mit den anderen, Mutter, Vater, Geschwister, Lehrer usw.

3. Prinzipien der Interpretation von Sonnenzeichnungen

Das Kind braucht die Zeichnung zum Ausdruck seiner Gefühle. Es stellt in Zeichen dar, was es erlebt und erfahren hat. Jede Zeichnung, die nicht einfach aus Gewohnheit oder aus innerer Leere und Langeweile entsteht, offenbart daher, wie das Kind die Umwelt in sich aufgenommen hat. Sie drückt das erlebte Verhältnis zu dieser Umwelt aus, sie stellt dar, was die einzelnen Gegenstände und Bereiche für das Kind bedeuten. Die Zeichnung sagt nicht, wie diese Realitäten an sich sind, sondern wie sie auf das Kind wirken, oder wie das Kind sich selbst in seiner sozialen Umwelt erlebt und interpretiert. Es sei noch einmal auf die Zeichnung Silvans (Abb. 28) eingegangen. Silvan zeichnete einen Mann, der in die Weite geht. Auf der Hügelkante stehen einige gleichförmig und ausdruckslos gezeichnete Bäume. Eine Sonne scheint eingezwängt zwischen Bergzacken, die ihr Gesicht fast wie eine Zange einklemmen, hindurch. Die Sonne Silvans entspricht natürlich nicht der Realität. Es gibt keine Berge, die diese Zangenbewegung machen und die Sonne derart bedrängen. Daher handelt es sich nicht um eine reale Sonne, sondern um ein Gebilde, das seine Bedeutung vom Zeichner erhalten hat. Der Zeichner zwingt der Sonne auf, was er erlebt. Wir können sogar behaupten: «Wie ein Kind eine Gestalt zeichnet, weist auf die Vorstellung hin, die es von sich selbst hat, gleichgültig, wen es zeichnet. Die Art, in der die Zeichnung gemacht wird, die verwendeten Zeichen und Symbole zeigen ein inneres Selbstporträt und die

Stellung des Kindes zu sich selbst»[38]. Diese prinzipielle Aussage über Kinderzeichnungen, die *Elisabeth M. Koppitz* als ein Grundprinzip für die Analyse der Bedeutung von ZEM-Zeichnungen (Zeichne-einen-Menschen-Zeichnungen) ansieht, können wir hier mit einigen Abwandlungen übernehmen. Wenn das Kind auf einer Zeichnung Menschen darstellt, so porträtieren sie es selbst, gleichgültig welchen Namen der Zeichner seiner Figur gibt. Das gleiche Grundprinzip gilt auch für die emotionell besetzten Sonnen. Oft stellt das Kind seine Auffassung von sich selbst in Gestalt der Sonne dar.

Bei der Analyse von Sonnenzeichnungen ist daher auch stets zu fragen, ob das Kind nicht sich selbst mit der Sonne meint. In Silvans Zeichnung ist die Sonne das potenzierte Selbstbild und unterstreicht als solches die besondere Daseinsnot des Kindes. Der Wanderer, der gerade sechs gleichförmig gezeichnete Bäume hinter sich lässt und über eine öde und leere Anhöhe geht, wird im Bild der Sonne noch zusätzlich porträtiert.

Das trifft freilich nicht immer zu. Oft genug ist zwischen der menschlichen Gestalt und der Sonne ein Spannungsverhältnis herauszulesen. Wir dürfen uns dann auf ein zweites Grundprinzip, das ebenfalls *E. M. Koppitz* formuliert hat, verlassen. «Die Person, die das Kind zeichnet, stellt die Person dar, die ihm zur Zeit der Zeichnung am wichtigsten ist und es am meisten emotionell beschäftigt»[39]. Dieses Grundprinzip können wir für die Sonnendarstellung abwandeln. Das Kind zeichnet in der Sonne diejenige Person, die ihm zur Zeit des Zeichnens am wichtigsten ist und es emotionell am stärksten beschäftigt.

Wenn zwischen den Menschen und dem Sonnengesicht eine Merkmalsspannung herrscht, wie wir sie in Zeichnungen von Cornelia (Abb. 4) und René (Abb. 25) feststellen konnten, dann stellt die Sonne nicht das Kind selbst dar, sondern die Person, die im psychischen Leben des Kindes im Vordergrund steht. Emotionell besetzte Sonnen weisen in den meisten Fällen auf die Personen hin, die Ursachen kindlicher Sorgen und Konflikte sind. Es gibt natürlich auch viele Sonnen, die keinen Hinweis auf einen Konflikt enthalten. Die meisten Sonnenzeichnungen weisen im Gegenteil auf konfliktfreie Beziehungen zwischen Kind und Erwachsenen hin. Unser Analyseschema, dem wir uns im nächsten Abschnitt zuwenden, zeigt, wann Sonnen auf einen konfliktfreien Hintergrund des Kindes hindeuten. Es ist zu erwarten, dass die grösste Zahl von Sonnenzeichnungen positiv ist. Aber auch positive Zeichnungen – es sei an Claudia (Abb. 29) erinnert – weisen Sonnen auf, die dem Kind wichtige Personen symbolisieren und es emotionell stark beschäftigen. Tritt die Sonne in solchen Situationen besonders hervor und fällt durch irgendein Merkmal auf, dann weist auch sie auf die – in diesem Falle gute – Bindungsperson im Leben des Kindes hin. Sonnen ohne «auffällige Merkmale» enthalten keine emotionellen Aussagen. Sie sind ohne psychische Besetzung. Wir reden dann von leeren Sonnen. Es ist zu erwarten, dass wir bei Kindern, die nicht die geringsten Bindungsprobleme haben, die völlig harmonisch aufwachsen, selten Sonnen mit auffälligen Merkmalen finden.

Bindungsprobleme können sich auch bei starker Behütung ergeben. Ich erinnere wieder an die Sonnendarstellung von Claudia (Abb. 29). Claudia ist glücklich, die Mutter umsorgt das Kind, aber gerade diese gründliche Sorge kann für das Kind problematisch werden. Sie muss sich nur noch ein bisschen verstärken, dann wird das Kind unfrei und einem Zwang ausgesetzt sein.

Sonnen mit mehreren auffälligen Merkmalen nennen wir emotionell besetzte Sonnen. Damit wollen wir zum Ausdruck bringen, dass das Kind die Sonne braucht, um die «treibende Kraft unserer eigenen Seele, die wir Libido nennen»[40], im Symbol zu plazieren. «Das Problem der Symbolbildung lässt sich ohne Einbeziehung der Triebvorgänge überhaupt nicht behandeln, denn aus den letzteren stammt die bewegende Kraft des Symbols»[41]. Ich meine, dass die auffälligen Merkmale die seelische Energie widerspiegeln, die durch die Grundbedürfnisse des Kindes, durch Emotionen und Affekte hervorgebracht wird. Diese emotionell besetzten Sonnen unterscheiden sich deutlich durch die Anzahl der auffälligen Merkmale von den leeren Sonnen. Das Kind zeichnet häufig leere Sonnen, denn es hat nicht immer, wenn es malt, emotionelle Gehalte zu binden oder zu neutralisieren. Das ist der Grund, warum wir so viele Zeichnungen mit Sonnen finden, die keine Aussagekraft haben. Was *E. M. Koppitz* aus Erfahrung mit Kindern, die den ZEM-Test zeichneten, sagt, gilt auch für unsere Thematik und kann hundertfach bestätigt werden: «Kinder mit Problemen verraten in ihren Zeichnungen sehr viel über sich selbst, besonders wenn sie ihren ZEM in einer menschlich warmen Situation machen können, mit einem verständnisvollen Psychologen, der gewillt und fähig ist, das stumme, doch dringende Flehen der Kinder um Verständnis und Hilfe zu begreifen»[42]. Auch für unsere Sonnenzeichnungen trifft das zu. Wenn das Kind zwischen dem 6. und 10. Lebensjahr frei zeichnen kann, verwendet es oft das Sonnensymbol. Die Sonne eignet sich ausserordentlich gut, um emotive Vorgänge zu objektivieren. Dabei kommt es, wie *E. M. Koppitz* richtig beobachtet hat, sehr stark auf ein verständnisvolles Milieu an. Ich konnte immer wieder beobachten, dass Kinder in menschlich warmen Kindergärten origineller und unverstellter zeichnen als in kalten, unpersönlichen Kindergärten. Sie äussern sich freier. Problemkinder richten an Erzieher, die fähig und gewillt sind, «das stumme, doch dringende Flehen um Verständnis und Hilfe zu begreifen», expressivere Zeichnungen und offenbaren sich eher, wenn sie damit rechnen können, dass ihre Aussage verstanden wird.

Mit Einschränkung gilt auch ein weiterer Satz von *E. M. Koppitz* für unsere Sonnenzeichnungen: «Nur emotional gestörte und nichtanpassungsfähige Kinder, die in einer grossen Gruppe von Schulkindern die Ausnahme bilden, stellen ihre Probleme unwissentlich in ihren Zeichnungen dar»[43]. Das ist ein Grund, warum wir aus vielen hundert Zeichnungen einer normalen Schule nur einige Dutzend herausgreifen können, die im Sinne unserer Analyse interessant sind. Ich möchte diesen Nur-Satz allerdings nicht ganz unterschreiben. Die Zeichnung ist ein Momentanprodukt, eine Augenblickaussage und kann durchaus auch auffällige Merkmale enthalten, ohne dass der Zeichner gestört oder nichtangepasst ist. Ich erinnere an Christian (Abb. 26). Er ist weder gestört noch unangepasst. Als er seine Zeichnungen machte, war er für Momente aus dem Gleichgewicht geraten. Darum waren seine Sonnen psychisch stark besetzt. Der Prozess des Zeichnens erlaubte ihm, sich wieder ins seelische Gleichgewicht zu bringen. Wir könnten den

Satz von *Koppitz* relativieren, indem wir sagen, dass Kinder, die psychisch aus dem Gleichgewicht geraten sind – sei es für kürzere oder sei es für längere Zeit – Sonnenzeichnungen machen, die emotionell besetzt sind. Schliesslich unterscheidet sich eine zufällig aus Langerweile entstandene Zeichnung beachtlich von einer, die aus einer Konfliktlage heraus gezeichnet wurde.

Ein weiteres Grundprinzip für die Interpretation von Zeichnungen soll hier noch diskutiert werden. Ich zitiere wieder in der Formulierung von *E. M. Koppitz*. Es ist aber so allgemein anerkannt, dass wir uns nicht auf diese Verfasserin allein stützen müssen. Das Grundprinzip heisst: «Was ein Kind ... sagt, kann zweifache Bedeutung haben. Es kann Ausdruck seiner Einstellung und seiner Konflikte, es kann ein Wunschtraum sein oder auch beides»[44]. Die Kinderzeichnung enthält meistens die Schilderung der Lebensverhältnisse des Zeichners. Das Kind beschreibt seine Situation, wie es sie erlebt und deutet. Oft erliegt es seinen starken Wünschen. Es überspringt dann seine trostlose Lage und malt Hoffnungen und Wünsche auf das Blatt. Dieser Sachverhalt ist bei der Interpretation von Kinderzeichnungen zu beachten.

Das Symbol der Sonne ist besonders leicht mit Wünschen aufzufüllen, weil es zu den archetypischen Bildern unserer Seele gehört. «... man vergisst, dass der Mensch in jedem Augenblick seines Lebens ein Wesen ist, das auf Grund seiner Eigenart eine Reihe von allgemeinmenschlichen Grunderfahrungen durchzumachen veranlagt und bestimmt ist: Angewiesensein auf andere Menschen, Bedrängnis und In-Anspruch-genommen-sein durch andere Menschen, Geschlechtsreife und Sehnsucht nach dem Partner, Selbstfindung und Vereinsamung, Unterworfensein dem leiblichen Dasein und dem Tode, Spannungen innerhalb des eigenen Wesens zwischen verschiedenen Entwicklungsstufen oder Schichten der Persönlichkeit. Man darf sich nicht von der Vorstellung beirren lassen, als sei der Mensch als Subjekt dieses Augenblicks dem Strom der Erfahrungen zwar ausgeliefert, aber fremd wie ein Beobachter. Der Mensch dieses Augenblicks ist eins mit seinem Lebensdrang oder Todesverlangen, mit seinem Entwicklungsdrang. Er ist eins mit dem Drängen nach der Reihe der das menschliche Leben erfüllenden Grunderfahrungen. In Augenblicken selbstvergessender Hingabe an Gedanken oder Werke bleibt er doch zugleich, was er vom ersten Tage an war: ein Wesen, von dem Drang erfüllt, ein Menschenlos zu durchleben.

So wenig dieser Drang im begrifflich klaren Bewusstsein sich kundtun kann, so kommt er doch leicht in Bildern zur inneren Erscheinung. Wir nennen diese Bilder der menschlichen Grunderfahrungen, dem heutigen Sprachgebrauch entsprechend, Archetypen.

Dem Drang, der über das Gegenwärtige hinausdrängt, dem Lebenshunger, der nach Sättigung verlangt, den Begehrungen, die nach ihren Objekten suchen, entspricht es, sich innerhalb der Welt und des Lebensprozesses eine Richtung zu geben und sich zu verdeutlichen. Das geschieht in inneren Bildern, die ihrem anschaulichen Bestand nach Spiegelungen sinnlicher Erlebnisse, ihrem Sinngehalt nach Verdeutlichungen der inneren Strebungen sind ... Wenn, wenige Wochen nach der Geburt, die Augen das Sehen zu lernen beginnen, heben sich aus der Menge der zunächst noch bedeutungslosen, aber aus dem optischen

Kontinuum schon herausgegliederten Wahrnehmungen zwei Bilder hervor, für die anscheinend das Verständnis schon vorbereitet ist: *das freundliche Gesicht und das bedrohliche Gesicht*. Lächeln und Weinen sind die frühen verstehenden Antworten. Man darf das Moment der Erfahrung gewiss nicht gering achten. In der Tat sind dem Kinde ja vom ersten Tage an und während der Ausbildung der Sehfähigkeit menschliche Gesichter vor Augen gewesen. Es spricht aber doch einiges dafür, das eine Verständnisgrundlage archetypischer Art in den Anblick des menschlichen Gesichtes mit eingeht»[45].

Die Sonne als offene Scheibe ist besonders geeignet, die allgemeinmenschlichen Grunderfahrungen, wie sie *Johannes Flügge* zusammenstellt, im Bilde aufzunehmen. Das Kind sucht in seinem Entwicklungsdrang nach Bildern, um seine inneren Erscheinungen vom Gelingen oder Misslingen des Lebens darzustellen. Aus frühester Erfahrung hat das Kind offenbar ein Verständnis für das freundliche und bedrohende Gesicht. Lächeln und Weinen versteht es, noch bevor es denken kann. Diese archetypische Verständnisgrundlage wird es auch sein, die dem noch in Bildern denkenden Wesen die Sonne als ein besonderes Ausdruckssymbol anbietet. Das Kind findet im Sonnenbild eine anschauliche Chiffre, in der es seine Erlebnisse ihrem Sinngehalt nach verdeutlichen und spiegeln kann.

Das mag der Grund sein, warum die Sonnenzeichnung die ganze Tiefe und Spannbreite des kindlichen Daseins mit allen seinen Grunderfahrungen, seinen Wünschen und Hoffnungen aufnimmt und weit über die aktuelle Situation hinaus die Seele des Kindes auslotet. Zugleich auch die Ursache, warum die Projektion von Sonnengesichtern das Kind befreit und in seinem Wesen stärkt. Das Kind muss hie und da in einem Bildnis die zusammenfassbare Angst oder Freude darstellen, damit es die Erscheinung der bedrohenden oder freundlichen Gesichter beschreiben kann. Ich möchte diesen Sachverhalt mit einem Zitat von *Johannes Flügge* wiedergeben. Er schildert in seiner sorgfältig enthüllenden und die Phänomene beschauenden Art, worum es dem Kind geht, wenn es Gesichter beschwört.

«... es ist oft mit Sicherheit gegeben, dass das Kind sehen gelernt und viele Seheindrücke empfangen hat, ohne je ein Gesicht, dessen Nahen peinigende Erlebnisse mit sich bringt und daher Angst auslösen muss, in seinem Sehfeld gehabt zu haben. Gleichwohl hat jedes Kind von einem gewissen Alter an spontanes, nicht durch Erfahrung entstandenes Verständnis für das bedrohliche Gesicht. Es hat auf sein Erscheinen gewartet. Der zugrunde liegende Archetypus kann zum erstenmal wiedererkannt werden in einem fremden oder einem vertrauten, aber befremdlich entstellten Menschengesicht, in einem Tiergesicht oder in einer Maske oder Vermummung. Man denke an die oft überraschend verängstigte Reaktion des Kindes, wenn vor das ihm zugewandte Gesicht irgendein Gegenstand gehalten wird, ein Hut, ein Tuch, ein Bogen Papier. Mit den ihm gegebenen Mitteln versucht das Kind, dem schrecklichen Scherz Einhalt zu gebieten.

‹Mathilde zog weitere Masken heraus, eine scheusslicher als die andere. Sie legte sich eine vors Gesicht, wandte den Kopf zu mir und stiess ein hohles, dumpfklingendes hu! hu! aus. Solange die Masken auf dem Boden lagen, hatte ich keine Angst mehr verspürt, wie nun aber wirklich ein Wesen aus

Fleisch und Blut mit einem Teufelsgesicht mir entgegentrat, konnte mein Verstand noch so sehr mir zureden: es ist nur Mathilde, das Gefühl des Grauens war viel stärker, und ich schrie so entsetzt und schrill auf, dass sie sofort die Larve abnahm.›
(Vinzenz Erath, Grösser als des Menschen Herz, S. 159)

Dass solche Szenen aus dem vierten Lebensjahr in der Erinnerung haften bleiben, ist verständlich. Aber auch vorher, schon im ersten Lebensjahr, sind entsprechende angsterregende Erlebnisse gemacht worden, ohne voraufgehende schlimme Erfahrung. Schwerer ist es, anzugeben, wann es ein Ende hat mit diesen Erlebnissen. Endgültig hat es jedenfalls nie ein Ende damit, weil der Archetypus des bösen Gesichtes unauslöschlich ist. Die Frage ist, wann das Bild des Menschengesichtes sich soweit gefestigt hat, dass es jenen Archetypus nicht mehr beschwört. Unübertrefflich kommt die von dem Kind noch nicht überwundene Ambivalenz des Menschengesichtes in dem kleinen Dialog im Märchen von Rotkäppchen zum Ausdruck, wo sich das freundliche Gesicht in das entsetzliche des Wolfes wandelt.

‹Ei, Grossmutter, was hast du für grosse Ohren!
Dass ich dich besser hören kann!
Ei, Grossmutter, was hast du für grosse Augen!
Dass ich dich besser sehen kann!
Ei, Grossmutter, was hast du für grosse Hände!
Dass ich dich besser packen kann!
Aber Grossmutter, was hast du für ein entsetzlich grosses Maul!
Dass ich dich besser fressen kann!›

Die Erzählung dieser Szene hat keine beängstigende, sondern eine befreiende Wirkung. Wenn das Kind hier auch zunächst verschlungen wird, so ist doch die Ablösung des bösen Gesichtes vom Menschen und seine Verbindung mit dem ‹Wolf› vollzogen, mit dem die Menschen schliesslich fertig zu werden wissen.

‹Um mich von meinen schreckhaften Vorstellungen zu heilen, nahm sie mehr Masken heraus, zum Teil halbfertige, die noch nicht gestrichen waren. Sie legte sie nebeneinander und erzählte mir, dass Vater sie geschnitzt habe. Jetzt war alles klar. Die Masken lagen friedlich auf dem Boden. Sie waren aus Holz, waren nur angemalt, Vater hatte sie geschaffen, und der Teufelsbann schien gebrochen zu sein... Um mir nun selbst Mut zu machen, holte ich die Masken zum Spielen aus der Truhe heraus, hängte sie an den Dachsparren auf, eine neben die andere, und empfand eine seltsam gruselnde Lust, wenn die Teufel mich anglotzten. Sobald eine Furcht in mir aufsteigen wollte, schrie ich sie an, gab ihnen Ohrfeigen oder belegte sie mit meinem ganzen Wortschatz an Schimpfwörtern.›
(Vinzenz Erath, Grösser als des Menschen Herz, S. 159/60)

Dadurch, dass das archetypische Bild sich vom Menschen loslöst, wird es nicht gelöscht. Es treibt sein Unwesen weiter im träumenden und phantasierenden Bewusstsein oder heftet sich an dunkle Orte der Umwelt.

‹Die wüsten Bilder bekamen Leben in meiner Phantasie. Bei Nacht plagten mich schreckliche Träume... Jeder Winkel im Haus war mir unheimlich geworden.› (Vinzenz Erath: Grösser als des Menschen Herz, S. 160)

Man darf hier nicht übersehen, dass die Masken zunächst in der Welt der Erwachsenen ihre Stelle hatten, dass sie von der Hand eines Mannes geschnitzt und von Männern des Dorfes getragen worden waren. Das grosse Gebiet der Maskenspiele, so alt und umfassend wie das Menschengeschlecht, zeigt, wie archetypische Bilder fortleben. Die jeweils als schrecklich empfundenen Masken haben, bei allen sonstigen Sinnbezügen, jedenfalls auch den therapeutischen Sinn, den der kleine Knabe schon begriffen hat: die im Inneren wirkenden, unheimlichen Bilder sichtbar und fassbar zu machen und eine kräftige seelische Gegenwirkung zu provozieren»[46].

Es ist die Frage zu stellen, ob das häufige Auftreten des Sonnengesichtes im Kindergartenalter und später die Funktion hat, das Bild des Menschengesichtes zu festigen, damit es jene, dem Kleinkind befremdliche Ambivalenz verliert. Das wäre dann eine Erklärung neben anderen für dieses zahlenmässig starke Auftreten des Sonnengesichtes in der Zeichnung des Kindes dieses Alters. Jedenfalls hat das Kindergartenkind den Erwachsenen gegenüber noch nicht die Sicherheit, wie das später der Fall ist. Der Erwachsene bleibt, vor allem wenn er inkonsequent und launenhaft handelt, ein proteisches Wesen. Rotkäppchens Fragen sind die Fragen vieler kleiner Kinder: Ei, Mutter, was hast du für grosse Augen; ei, Vater, was hast du für ein entsetzlich grosses Maul?

Im Sonnenbildnis, das haben wir schon früher festgestellt, können «die im Inneren wirkenden, unheimlichen Bilder sichtbar und fassbar» werden. Wenn sie in Verbindung mit der Sonne gesehen werden, so ist das böse Gesicht doch vom Menschen abgelöst und damit in seiner Wirksamkeit eingeschränkt. In analoger Weise dienen auch Tiere und oft Häuser dazu, das Böse an fremde Wesen zu binden und dadurch bewältigbar zu machen. Die Sonne ist auch hier wiederum nur ein Hilfsmittel unter vielen anderen. Ihre Gestalt aber kommt diesem Vorgang in hervorragender Weise entgegen. Das lehrte uns schon die Geschichte mit ihren Sonnenkulten.

Masken und Wolkengebilde können diese distanzierende Funktion auch übernehmen. Und oft sieht das Kind in den Fabelwesen des Märchens und in Räubern und «Siedern», in Kopffüsslern und Blumengesichtern die unheimliche Präsenz des archetypischen Bildes vom Bösen und Bedrohlichen. Der Volksmund hat Bölimänner, Wildmänner und Wildweiber und dadurch ein Ventil geschaffen, wodurch die bösen Geister das Innere verlassen. Ist der Teufel nicht auch eine ähnliche Gestalt?

So kann die Sonne als Symbol für den Ausgleich des kindlichen Seelenlebens sorgen. Im Symbol bannt der aufgewühlte, unbewusst agierende Geist seine Ängste und bohrenden Fragen an das Dasein. Es wäre daher verständlich, wenn die Sonnenzeichnungen, die das Kind frei erfindet, seiner Seele Ausgleich und Trost vermitteln würden. Es ist also nicht bedeutungslos, wenn wir versuchen, die Sprache, die das Kind mit dem Sonnensymbol spricht, zu verstehen. Diesem Unterfangen widmen wir das nächste Kapitel.

4. Kapitel Die Analyse von Sonnenzeichnungen

Wir sind in den beiden vorangegangenen Kapiteln den Archetypen des Freundlichen und Bedrohlichen im Kleide der Sonne begegnet. «Und ein grosses Zeichen erschien am Himmel: Ein Weib, mit der Sonne umkleidet, und der Mond unter ihren Füssen...»[47]. Das Kind malt, geführt von der symbolisierenden Phantasie, die geahnten Urbilder von Mann und Frau als Sonne. In diesem Bild wird das Kind der Lebensmächte, die es umgeben, gewahr. Es sind aktuelle Erfahrungen, die es zwingen, sie in Bildnissen der Sonne zum Ausdruck zu bringen. Die echten Sonnen, die grossen, emotionell besetzten Sonnen wirken wie die Ahnungen des Unbewussten, wie Verbildlichungen archetypischen Grundwissens.

«Archetypische Bilder bedienen sich der Darstellungsmittel des Traumes; sie sprechen die Sprache des Mythus. Daher sind sie einfältig und tiefsinnig. Einfältig, weil sich in ihnen, noch vor der Trennung der subjektiven von der objektiven Sphäre, die Grundverhältnisse menschlichen Daseins unbefangen als Weltinhalte darstellen; tiefsinnig, weil dem reflektierenden Selbstbewusstsein ihre Inhalte zunächst unzugänglich sind. Sie sind aber insofern wahr, als sie Spiegelungen wirklich gelebten Lebens sind»[48]. Die Sonne ist ein Bild des Traumes oder des Mythus. Im Mythus wurde sie gebraucht, um das Göttliche sichtbar zu machen. Das Kind braucht sie eine Wegstrecke lang, um seine Grunderfahrungen mit dem Menschlichen darzustellen. Die Sonne ist nur eine Möglichkeit, aber sie spiegelt, was wiederholt gesagt wurde, das gelebte Leben wider. Wenn sich die Kinder im Sonnensymbol aussprechen, dann handelt es sich um eine Sprache, «die von den Emotionen des gelebten Lebens durchtönt ist und die aus der unbefangenen Hingabe an die innere Anschauung ihre Kraft empfängt»[49].

Dieser Sachverhalt steht einer rein rationalen Deutung von Sonnenzeichnungen von vorneherein im Wege. Man darf also kein Rezeptbuch für die Analyse von Sonnen erwarten. Auch wenn der Versuch unternommen wird, die grosse Variabilität der Sonnen systematisch zu erfassen, entzieht sich ihr Sinn immer wieder dem Verstand, und man ist auf die einfühlende Gesamtschau angewiesen. «Bei der ‹Kochbuch›-Methode sucht man die Bedeutung eines jeden Merkmals heraus und stellt danach die Gesamt-Diagnose, ohne Rücksicht auf die gezeichnete Gestalt und unabhängig von Alter, Geschlecht, Intelligenz und soziokulturellem Milieu des Kindes. Auch die Umstände, unter welchen die Zeichnung entstand, werden nicht einbezogen»[50]. Eine solche Deutung von Kinderzeichnungen wäre sinnlos, auch wenn das folgende Analyseschema sie nahelegt. Bei unseren Sonnenzeichnungen ist es nötig, «die ganze Zeichnung und die Kombination verschiedener Merkmale und

Faktoren» zu betrachten und «dann unter Berücksichtigung des Alters, der Reife, des Gemütszustandes des Kindes und des sozialen und kulturellen Milieus, in dem das Kind lebt»[51], zu analysieren.

Das Studium des Analyseschemas sollte Empfindsamkeit schaffen für die besonders aussagekräftigen Sonnen. Emotionell besetzte Sonnen fallen dem geschulten Auge sofort auf, ohne dass der Betrachter schon weiss, was sie sagen wollen. Eine subtile Analyse kann den Erzieher distanziert miterleben lassen, was im Kind vorgeht. Wenn er aber über blosse Mutmassungen hinauskommen will, bleibt ihm die Aufgabe, durch Befragungen und Studium des Milieus seine Annahmen zu verifizieren, nicht erspart.

Wenn wir die bereits besprochenen Sonnenzeichnungen noch einmal in einem grossen Blick überschauen, fallen uns verschiedene Eigenheiten auf, die schematisch geordnet werden können. Wir beobachteten 1. den Unterschied in den Merkmalen von Sonnen- und Menschengesichtern. Cornelia (Abb. 4) malte eine Sonne, die drei Gesichtsmerkmale, und Menschen, die keine hatten. Renés Sonne (Abb,. 25) fiel 2. durch die Stellung im Raum auf und Christians (Abb. 26) und die anderer Kinder 3. durch die Munddarstellung, die Tränen und die Zähne. Das sind drei verschiedene Ordnungsgesichtspunkte, die wir mit dieser Aufzählung gefunden haben. Sie sollen im folgenden das Gerippe unseres Analyseschemas sein. Es handelt sich 1. um die Beziehungsverhältnisse, 2. um die Positionen und 3. um die auffälligen Merkmale der Sonne.

1. *Typologie der Beziehungsverhältnisse*

Cornelias Zeichnung (Abb. 4) enthält die merkwürdige Tatsache, dass die Gesichter der unten auf der Erde sitzenden und stehenden Menschlein verschmiert, verkümmert oder verkrüppelt sind, das Gesicht der Sonne hingegen mit Augen, Nase und Mund voll ausgefaltet ist. Auch Renés Zeichnung (Abb. 25) weist ein Merkmalsgefälle von drei Merkmalen im Gesicht der Sonne zu einem in den Gesichtern der Menschen auf. Bei Christian hingegen (Abb. 26/27) sind keine Unterschiede zu beobachten, und in Claudias Zeichnung (Abb. 29) sind sich Sonnen- und Menschengebilde bis in die Details ähnlich.

Diese Differenzen oder Übereinstimmungen haben eine Bedeutung. Ja, es hat sich bei der Sichtung des Materials gezeigt, dass sie für die Analyse äusserst fruchtbar sind. So konnten u. a. die Zeichnungen 4, 20, 23 und 25 wegen dieser Merkmalsunterschiede verstanden werden.

Es muss daher das erste Anliegen sein, die Typologie dieser Beziehungen zusammenzustellen und zu erforschen, was die einzelnen Typen besagen.

Die Abklärung des Beziehungstyps ist immer der erste Schritt, der gemacht werden soll, wenn eine Sonnenzeichnung analysiert wird. Der Beziehungstyp enthält, wie die Fallbesprechung zeigen wird, einen vorentscheidenden Hinweis für die Analyse, ohne freilich bereits ein Bild von dem Inhalt der Problematik des Zeichners geben zu können. Dazu werden auch die Ergebnisse anderer Kategorien benötigt.

Die Beziehungen zwischen Mensch und Sonne auf einem Kinderbild lassen sich durch sechs Typen beschreiben:
1. Typ: Sonne und Mensch haben gleiche Gesichtsmerkmale.
2. Typ: Das Sonnengesicht weist mehr Merkmale auf als das Menschengesicht.
3. Typ: Die Sonne hat ein Gesicht, dem Menschen fehlt es.
4. Typ: Die Sonne hat ein Gesicht, Menschen sind nicht vorhanden.
5. Typ: Die Sonne hat kein Gesicht, der Mensch hingegen hat ein Gesicht.
6. Typ: Die Sonne und der Mensch haben kein Gesicht.

Um das Merkmalsgefälle zu bestimmen, verwenden wir den *Mann-Zeichen-Test* mit seiner Merkmalstabelle, und zwar in der Bearbeitung von *Hermann Ziler*[52].

1.1 Typ: Sonnen und Menschen mit gleichen Gesichtsmerkmalen

Ich gehe in diesem Abschnitt von der Voraussetzung aus, dass der Normtypus der Beziehungsverhältnisse, wie sie hier betrachtet werden, die Gleichheit der Gesichtsmerkmale zwischen Sonne und Mensch darstellt. Die Norm liegt also in der Übereinstimmung der Gesichtsmerkmale zwischen Symbol und Mensch. Massgebend dabei ist nicht die Nähe oder die Distanz, auch nicht die Grösse oder die Kleinheit des einen oder andern Zeichens, sondern allein die Übereinstimmung der Gesichtsmerkmale.

Solche Zeichnungen können wir in jeder Unterstufenklasse haufenweise finden. Ich betrachte hier ein Beispiel, das stellvertretend für die vielen andern sein soll.

SONJA (Abb. 31) ist ein lebhaftes und fröhliches Kind. Sie ist ausgeglichen in ihren seelischen Reaktionen, vielfältig im Ausdruck. Man sieht gut, ob sie traurig, lustig, vergnügt oder schadenfreudig ist. Hie und da kommt sie etwas ungepflegt in den Kindergarten. Die Eltern des Kindes sind Italiener. Man weiss jedoch nicht, wo sie sich zurzeit aufhalten. Das Kind wurde schon mit vier Monaten in eine Pflegefamilie gebracht, wo es zusammen mit drei anderen Pflegekindern von gutmütigen und liebenswerten Eltern erzogen wird. Auf dem Bauernhof finden die Kinder eine ideale Umgebung vor, in der sie sich so richtig austoben können.

Die Pflegemutter sorgt gut für ihre Kinder, die eine starke, aber normale Bindung an sie haben. Sonja wächst im Schoss der Familie auf, hat aber neben ihren Geschwistern auch einen Schulkameraden, mit dem sie den ländlichen Weg zur Schule zurücklegt. Sonja ist im Kindergarten beliebt und angesehen. Als intelligentes Kind weiss sie sich gut anzupassen. Ihre Vitalität und ihr zupackendes und hilfsbereites Wesen verschaffen ihr viele Freunde. Das Kind ist offen und begeisterungsfähig für geistige Werte. Es kann sich durchsetzen und selbst behaupten. Hie und da erwartet es eine Aufmunterung oder Bestätigung und kann sich dafür recht schmeichlerisch benehmen.

Ich will die positive Charakterisierung dieses Kindes nicht weiterführen. Sonja ist ein normales Kind mit gesunden Bindungen an die Pflegeeltern und mit einem reichen Gemüt, das ihm erlaubt, die Werte seines Lebens in Haus, Hof, Schule und Landschaft zu geniessen.

Wie zeichnet ein solches Kind Sonne und Menschen? Im Laufe von sechs Monaten fertigte Sonja 13 Zeichnungen an. Auf elf dieser Zeichnungen befinden sich Sonnen und auf zehn davon Kinder, die spielen, auf dem Feld arbeiten, laufen usw. Die Gesichter von Sonnen und Menschen gleichen sich, ja, man könnte sogar das kindliche Gesicht vom Rumpf trennen und an Stelle der Sonne setzen und umgekehrt. Die Gesichter sind also derart gleich, dass sie ohne weiteres ausgewechselt werden könnten.

Ein gleiches Grundmuster lassen die 18 Zeichnungen von Helen erkennen. Auch sie stammt aus einem ordentlichen Milieu. Ihr Verhalten ist normal, hie und da etwas unausgeglichen, aber keineswegs gestört. Von weiteren 15 Kindern, deren zeichnerische Ausführungen ich etwas genauer unter die Lupe nahm, leben die meisten in sehr guten Familienverhältnissen. Susi z. B. wird von ihrer Mutter geliebt und umsorgt. Von ihren fünf Zeichnungen entsprechen drei dem erwähnten Grundmuster, nur eine weicht mit einer verschmierten Sonne ab. Es wäre zu fragen, ob an dem Tag, an dem dieses Bild entstand, Susis Mutter von ihrem sonstigen Verhalten abwich. Ein rotes Haus und rote Blumen scheinen darauf hinzuweisen. Menschen sind auf dieser Zeichnung nicht dargestellt.

Schon an anderer Stelle stellte ich fest, dass Zeichnungen wie Briefe sind, die in bestimmten Situationen entstehen und die Stimmung oder Erfahrung dieses Augenblicks objektivieren. Um Kinderzeichnungen richtig beurteilen zu können, sollten daher dem Betrachter ganze Serien vorliegen. Nur so lässt sich verfolgen, ob eine psychische Konstanz, die Dauerhaftigkeit eines Verhältnisses und einer Erfahrung gegeben sind. Bei Sonja ist dies erwiesen. Auch Helen, Daniel, Silvia, Karin, Regula und die anderen Kinder (bis auf zwei) finden bei ihren Eltern Liebe und Geborgenheit.

Obwohl der Trend bei diesem Beziehungstyp eindeutig auf gute familiäre Verhältnisse hinausläuft, gibt es dann und wann eine Abweichung. Diese Einzelerscheinung scheint aber nur die Regel zu bestätigen. Es ist auch nicht zu vergessen, dass jedes Symbol ambivalent ist. Wenn es nicht die reale Situation kennzeichnet, so versinnbildlicht es die gewünschte.

Eine Ausbreitung des Materials zu diesem Beziehungstypus mit der Besprechung aller Nuancen würde allein ein Buch füllen. So möchte ich auf das Beibringen zusätzlicher Beispiele verzichten.

Die Hypothesen, die ich jeweils am Ende eines Abschnittes formuliere, entstehen aber nicht einfach auf Grund eines einzelnen Falles, der in Bild und Milieucharakterisierung vorgelegt wird, sondern basieren auf der Kenntnis eines grossen Materials, das ich zu diesem Zwecke ausgewertet habe.

Hypothese: Kinder, die Sonnen- und Menschengesichter gleich zeichnen, leben in normalen, bindungsstarken Familienverhältnissen. Sie selbst sind seelisch gesund, haben einen Halt und ein frohes Gemüt. Sie sind mitschwingungs- und bindungsfähig.

Mit der Adäquanz der Gesichtsmerkmale, die bei diesem Typus vorausgesetzt ist, ist freilich nicht eine Übereinstimmung auffälliger Merkmale gemeint, sondern solcher, die jeweils bei normalen, unauffälligen Gesichtern auftreten.

1.2 Das Sonnengesicht mit mehr Merkmalen als das Menschengesicht

Dieser Fall weicht vom sogenannten Normtypus ab. Das Sonnengesicht ist reicher an Merkmalen. Wenn die Merkmale ausgezählt werden, so hat die Sonne einen klaren, eindeutigen Vorsprung. Jolanda R. z. B. malte ein Mädchen, das grosse, feuerrote Hände hat. Das Gesicht ist leer. Nur ein Mund und ein Punkt darüber zieren es. Die Sonne, die am oberen linken Eck erscheint, zeigt dagegen ein voll ausgebildetes Gesicht mit Augen, Nase und Mund.

Kurtli zeichnete ähnlich verkümmerte Menschengesichter. Sie bestehen aus Nase und einem Auge. Über ihnen zieht eine grosse Sonne mit zackigen Strahlen auf. Sie hat Augen mit Blicken, eine Nase und einen verhältnismässig grossen, plastischen Mund.

René zeichnete primitive Menschen, die kaum dem Kopffüsslerstadium entwachsen sind und keine erkennbaren Gesichter haben. Über ihnen aber erscheint eine Sonne, die Augen mit Blicken und einen langgezogenen Mund hat.

Eine imposante Sonnengestalt stammt von GALLUS (Abb. 32). Sie thront wie ein Feuerhaupt auf der Spitze eines Berges. Ihr Gesicht ist durch wohlausgebildete Augen, eine breite Nase und einen langen, grossen Mund markiert und zusätzlich durch rote Wangen geziert. Unten auf der Erde spielen drei Kinder. Das eine zieht einen Drachen, ein zweites klettert auf ein Gerüst, und das dritte schliesslich spielt mit einem Seil. Zwei Kinder haben ein normales Gesicht. Das vierte Merkmal, das die Sonne zeigt, aber fehlt.

Mit buntgestrichelten Strahlen beobachtet KARINS Sonne (Abb. 33) eine Obsternte. Zwei Kinder, ein Mädchen und ein Junge, ernten Äpfel. Die dürftigen Gesichtsmerkmale beider Menschen sind nur schwach zu erkennen. Das strahlende Sonnengesicht hingegen zeigt einen schön ausgezogenen Mund, sogar die Lippen sind deutlich gekennzeichnet. Ovale, mit Wimpern und roten Pupillen besetzte Augen schauen freundlich dem Betrachter entgegen. Auch ihre Nase ist sichtbar angedeutet.

Bei diesem Bild könnte man einwenden, dass die Menschengesichter deshalb so undeutlich zu erkennen sind, da die gesamte Statur eines Menschen so klein ausfällt. Das muss aber nicht so sein. Das Kind hat es ja in der Hand, die Menschen so gross darzustellen, wie es will. Es ist kein Zwang da, der dies verhindert, es sei denn, die Sonne habe aus irgendeinem Grund eine grössere Bedeutung als die dargestellten Menschen. Das Kind will sie offenbar nicht grösser zeichnen. Es misst der Sonne mehr Bedeutung zu als den Menschen. Warum wohl?

Vielleicht kann eine Betrachtung des kindlichen Milieus diese Frage klären. Karin ist ein schwächliches, untergewichtiges Mädchen und deshalb häufig krank. Äusserlich macht sie immer einen gepflegten Eindruck.

Karin stammt aus einer neureichen Familie, in der ihre Mutter, eine luxuriös gepflegte und sympathische Frau, den Ton angibt. Das Familiengefüge ist locker. Karins Vater, Chef und Aktionär eines Betriebes, kümmert sich höchst selten um seine beiden Töchter. Da auch ihre Mutter häufig abwesend ist, sind sich die Kinder meist selbst überlassen. Diese Familienverhältnisse wirken sich natürlich auf die Kinder sehr unglücklich aus. Karin, die zwar materiell verwöhnt, seelisch aber sehr vernachlässigt wird, kann Beziehungen – wenn überhaupt – eher zur Mutter als zum Vater entwickeln. Auf den schulischen Werdegang ihrer Töchter legen die Eltern nur dann Wert, wenn eine elterliche Mithilfe nicht nötig ist. Nun muss Karin eine Klasse wiederholen, was sich jedoch für sie keineswegs günstig auswirkt.

Karin ist still, antriebsbedürftig und von ernster Lebensgrundstimmung. Sie leidet unter Minderwertigkeitskomplexen, unterschätzt ihre eigenen Anlagen und findet keinen Mut, sich etwas zuzutrauen. Ihren Mangel an Spielkameradinnen kann auch der Fernsehapparat nicht ersetzen.

Das Mädchen zeichnete über die Obst erntenden, nahezu gesichtslosen Menschen eine grosse, strahlende Sonnengestalt. Warum sind die Menschengesichter so ausdrucksschwach? Warum erstrahlt nur die Sonne in lichtem Glanz? Die mit Silberstift behandelten Sonnenaugen machen einen stark geschminkten Eindruck. Identifiziert diese Sonne nicht Karins luxuriös gepflegte Mutter, die weit oben steht und sich mit ihren bunten Strahlen immer weiter entfernt? Ist dieses Bild nicht Abglanz unglücklicher, beziehungsarmer Familienverhältnisse?

Gallus (Abb. 32) ist ein kräftiger Bub von breitwüchsigem Körperbau, zeigt aber kindlich weiche Gesichtszüge und einen matten Ausdruck. Gallus' langsame Bewegungen bekräftigen seine ausdrucksschwache Mimik und Gestik.

Der Vater setzt sich in seinem Beruf als Krankenpfleger übermässig ein. Auch in dem an sich engen Familiengefüge ist er das Oberhaupt. Gallus, seine beiden älteren Brüder und ein Pflegekind werden streng erzogen. Schon jetzt muss sich Gallus an Selbständigkeit gewöhnen.

Unter Kameraden gibt sich Gallus als Angeber und Spassmacher. Vielleicht kompensiert er damit sein schulisches Versagen. Neben geringen geistigen Interessen zeigt er auch, dass er sich nicht beherrschen kann. Er neigt zu Wutausbrüchen und kurzen, heftigen Affekthandlungen. Gallus kann sich selbst noch gar nicht einschätzen, weshalb er auch trotz schulischem Versagen eine unbekümmerte Dreistigkeit und Unbefangenheit an den Tag legt.

Dieser Gallus setzt eine prächtige, fast wilde Sonne auf die Spitze eines Berges. Sie tritt mit zweifarbigen, kräftigen Strahlen von links ins Bild. Die Sonne ist mit grosser Sorgfalt ausgemalt. Die gleiche Sorgfalt verwandte der zehnjährige Gallus nur noch für den Drachen und das Kleid des seilspringenden Mädchens.

Zwischen den menschlichen Gestalten und der gewaltigen Sonne hoch auf dem Berg besteht eine beträchtliche Diskrepanz. Es ist nicht mehr die Ausgeglichenheit der Gesichter, wie sie im vorherigen Abschnitt geschildert wurde, zu sehen. Im Gegenteil.

Wen diese machtvolle Sonne personifiziert, soll hier nicht ausgemacht werden. Diese Frage wird uns später noch beschäftigen, ebenso wie die

Identität von Karins Sonne. Die Diskrepanz dieser Gesichter deutet schon allein auf Spannungen hin. Zu den hier vorgelegten – und beliebig ergänzbaren – Beispielen konnten im einzelnen folgende Situationsfakten erbracht werden: In einem Fall leidet das Kind unter starkem Leistungsdruck von seiten der Eltern, in einem anderen unter der zerrütteten Ehe der Eltern. Karins und Gallus' Situationen sind uns bekannt. Bei René (Abb. 25) war es die geladene Stimmung im Elternhaus, ein hart verfügender Vater und eine teilnahmslose Mutter.

<u>*Hypothese:* Das Merkmalsgefälle von Sonne zu Mensch deutet offenbar auf eine Spannung im Familienverhältnis oder im Verhältnis des Kindes zu einer Bindungsperson hin.</u>

Dabei ist zu beachten: <u>Je stärker das Gefälle ist, je mehr Merkmale den Menschen fehlen, um so grösser die Spannung zwischen Eltern und Kind.</u> Wir können freilich die *Art der Spannung* diesem Beziehungstyp allein nicht entnehmen. Um dies feststellen zu können, müssen zusätzliche Merkmale analysiert werden. Die auf dem Berge thronende Sonne von Gallus darf sicherlich als Machtsymbol betrachtet werden. Vielleicht stellt sie den tüchtigen Vater dar, der das Wunschdenken des schlechten Schülers beherrscht. Vielleicht symbolisiert sie auch den erregten und zornigen Vater, der (von oben) seinem bequemen und verspielten Sohn ins Gewissen redet.

Es ging in diesem Abschnitt nicht darum, das Sonnensymbol im Gefüge einer Zeichnung zu deuten. sondern vielmehr um den Wert des hier diskutierten Beziehungstypes.

1.3 Sonne mit Gesicht, Mensch ohne Gesicht

Diesem Beziehungstypus sind wir bereits im 2. Kapitel begegnet. Wir kennen Cornelias Zeichnung (Abb. 4). Sie weist ein starkes Merkmalsgefälle von Sonne zu Mensch auf. Bei Cornelia betrachten wir eine schön ausgeführte und reich ausgemalte Sonne. Im Gegensatz zu dieser strahlenden, an Merkmalen reich ausgestatteten Sonne halten sich auf der Erde kümmerliche, verkrüppelte Menschen auf, die kaum als solche zu definieren sind. Cornelias Zeichnung kann durchaus als Beleg dienen. Da ich aber zu diesem Typus noch viele Zeichnungen unterbreiten kann, soll die Vermutung, die sich mit dem zitierten Fall verdichtet, noch unterstützt und untermauert werden.

Da ist z. B. MARKUS B. (Abb. 34), ein kräftig gebauter Knabe. Seine Kleidung ist oft schmutzig, kaputt und ungepflegt. Er ist sehr ungehobelt, laut und grob.

Markus' Vater ist Gipser und häufig ortsabwesend. Seine Mutter, eine resolute Person, geht mit den Kindern sehr grob um. So konnte beobachtet werden, dass die Mutter ihren Sohn, weil er nicht gehorchen wollte, laut anschrie und schliesslich ohrfeigte.

Die Mutter dominiert den Haushalt eindeutig. Sie bevorzugt das Schwesterchen, offenbar, weil sie dem Knaben nicht so richtig beikommt.

Markus' Zeichnung entspricht dem gleichen Beziehungstypus wie die von Cornelia. Über einem grossen Haus befindet sich eine mächtige

Sonne. Neben ihr – das ist zweifellos verwunderlich – steht noch eine zweite, jedoch gesichtslose Sonne am Firmament. Auf der linken Blattseite taucht eine dunkle Anhöhe auf. In diesem schwarz heraustretenden Hügel klettert versteckt und fast unkenntlich ein Mensch den Abhang hinauf.

Wiederum deutet dieses Beziehungsverhältnis auf eine misslungene familiäre Beziehung hin. Der Knabe empfängt von seiner Mutter statt der erhofften Liebe Schläge. So kann er seine Persönlichkeit nicht voll entfalten und auszeugen und ist in der Entwicklung seiner Liebesfähigkeit gehemmt. Darum ist er auch sehr grob und unflätig und stört die Gemeinschaft. So wie er mit seinen Spielgegenständen umgeht, so behandelt er auch seine Kameraden. Er möchte sie gerne dirigieren, aber seine wahrscheinlich nicht bös gemeinten Quälereien werden nicht geschätzt. Es verwundert daher nicht, dass er Aussenseiter ist. Er kann sich der Gruppe, auch wenn die Kindergärtnerin das Kommando übernimmt, nicht unterordnen. Die einzigen Spielgefährten, die er im Kindergarten hat, sind zwei Mädchen, die den Schulweg mit ihm teilen, aber selbst mit ihnen streitet er sich häufig herum.

Markus übernimmt das Verhaltensmuster seiner Mutter und hat damit keinen Erfolg. Er kann seiner Mutter nicht ausweichen. Die Spielkameraden sind dagegen nicht an ihn gebunden. So verliert er Freundschaften und ist allein.

EVI (Abb. 35/36), ein feines, zerbrechlich anmutendes Mädchen, besucht den Kindergarten. Mit ihrer älteren Schwester wächst sie in einer ordentlichen Familie auf. Auch Evis Eltern und ihre Schwester sind körperlich sehr schwach. Evi ist stark gehemmt. Sie erzählt nie etwas und weint wegen jeder Kleinigkeit. Nur um jemanden zu begrüssen, muss sie sich unglaublich überwinden. Zudem ist sie unselbständig und versagt bei Gemeinschaftsarbeiten.

Evis Mutter ist überängstlich. Sie tut alles für ihre gebrechlichen Kinder, nimmt ihnen «alle Steine aus dem Weg», weil sie weiss, dass die Kinder nicht kräftig sind. Sie ist so etwas wie eine überbesorgte Mutter. Es ist daher nicht verwunderlich, dass sich das überbehütete Kind nicht frei fühlt, gehemmt ist und unselbständig bleibt. Im übrigen hält die Familie zusammen. Die Verhältnisse wären sonst gut.

In Evis Zeichnungen (Abb. 35/36) kommt diese stark gefühlsmässige und physische Dominanz der Mutter zum Ausdruck. Die Sonnen sind in beiden Zeichnungen, die ich hier als Dokumente vorlege, übermässig gross. Auf der ersten Zeichnung bewegt sich ein Segelschiffchen über einen aufgewühlten See. Im Boot steht ein gesichtsloser Mensch, der die Arme in die Höhe reisst, als ob er nach Hilfe schreien würde. Die linke Bildseite ist räumlich ganz von der Sonne ausgefüllt. In ihrer Nähe fliegen vier Vögel. Der grosse, mächtige Vogel auf der rechten Bildseite zieht in seinem Schutz zwei kleine Vögelchen nach. Sie alle fliegen der Sonne entgegen. Was suchen sie dort? Was symbolisiert diese Sonne? Wer sind die Vögel? Und was versinnbildlichen sie? Die Tiere streben dem Licht zu. Erwarten sie etwas von der Sonne? Warum ruft der gesichtslose Mensch auf dem Schiff nach Hilfe? Warum bewegt sich der See so stark?

Die Zeichnung wirft eine Menge Fragen auf. Auch die zweite Zeichnung Evis wird bestimmt durch die grosse Sonne, die links im Bilde steht. Menschen sind allerdings keine da, so dass diese Zeichnung einem anderen Beziehungstyp zuzuordnen ist.

Das Kind macht sich offenbar nichts daraus, dass es regnet, obwohl die Sonne scheint. Der Kirchturm auf der rechten Bildseite wird umflattert von drei clichéhaften Vögeln. Die beiden Blumen, die unten auf der Wiese stehen, ersetzen wahrscheinlich die fehlenden Menschen.

Die Sonne erscheint hier wie der Archetypus der grossen Mutter. Es ist die bergende, gewaltige Mutter, die alles versorgt und ernährt, die in ihrem Rachen aber auch alles verschlingt. Vielleicht ist daher der Mund der Sonne so übergross? Der hilfeflehende Mensch auf dem Schiff kann unter dieser Sonne nicht frei und unabhängig werden.

Es ist zweifellos interessant, dass neben dem Archetypus Sonne die Familie in Gestalt der vier Vögel abgebildet ist. Die übergrosse Mutter fliegt auch hier ihren beiden Kindern voraus. Der Vatervogel ist etwas nach unten, in die Nähe des Schiffes geraten. Durch die Farbe wird die Identität von Mutter und Kindern betont. Die Mutter bietet auch hier den Kindern einen übermächtigen Schutz. Was sie sind, sind sie nur in Abhängigkeit zur Mutter.

Dieses Bild bezeugt die Struktur des doppelten Bewusstseins. Das kollektive Bewusstsein erzeugt den Archetypus der grossen Mutter und das individuelle die Verwandlung oder Identifikation der Menschen mit den Vogelgestalten. Die Verzauberung gelingt dem Kind durch eine einfache Analogie. Ähnlich wie die Kinder im Schutz der Mutter leben, verhalten sich auch die Tiere.

Die grosse Sonne übernimmt dabei das von der individuellen Situation unabhängige Muttersein, das das Kind mit diesem Symbol objektiviert und veranschaulicht. Obwohl die grosse Mutter ein kollektives Symbol ist, ist es doch erzeugt durch die individuellen Erfahrungen des Kindes mit seiner konkreten Mutter. Es ist, als wolle das Kind erforschen oder erfragen, ob das Mütterliche so gross und mächtig zu sein habe. Und der konkrete Mensch, der unten im Schiff steht, auf den wogenden Wellen eines ungemütlich empfundenen Lebens, ruft gesichtslos die Sonne an. Er tritt ihr gegenüber und beschwört sie. Der Archetypus Sonne wird zum beschwörten Bild des Unbewussten. Er wird besetzt mit den individuellen, affektiven Energien der kindlichen Libido. So kommt die hier herrschende Spannung im Gefüge dieser Familie, das durch die konkrete Mutter einengend und hemmend wirkt, deutlich zum Ausdruck. Das Kind aber weiss noch nicht, woran es liegt. Es kennt die konkreten Verhältnisse noch zu wenig, es durchschaut diese Beziehungen nicht und weiss keinen Rat. Das Wissen einer tieferen menschlichen Schicht kündet ahnungsvoll an, dass es die Sonne ist, die zu gross und zu mächtig, zwar bergend, aber doch überbeschützend das Kind in seiner Entfaltung hemmt. So entsteht ein gesichtsloses kindliches Dasein, das in Not und seelischer Bedrängris ist.

Die Sonne leuchtet in dieses Leben hinein. Die ‹mater magna› steht vor dem Gemüt des Kindes. Ihm aber bleiben die Augen geschlossen. Es ist gesichtslos. Die Vögel, die zur Sonne emporfliegen, stehen ganz im Schatten des grossen, mütterlichen Vogels. Dadurch ist den Vogelkindern die Aussicht auf die Sonne verwehrt. Die individuelle Mutter besetzt hier den Archetypus. Das Kind ist in seiner Bewusstseinsentwicklung noch nicht soweit, dass es das eigene, kollektive Dasein von dem des individuellen, mütterlichen unterscheiden kann. Es ist noch immer dem Alles-Sein des Mütterlichen unterworfen.

Es handelt sich bei diesem Kind nicht um ein vernachlässigtes und verwahrlostes. Die Vogelmutter und ihre Kinder sind eine Einheit. Wenn die Mutter nicht so gross wäre und sich überbehütend, ängstlich schützend verhalten würde, könnte das Kind frei und unabhängig werden. Die Liebe ist da. Die Spannung liegt auf einer anderen Ebene.

Dieses Bild zeigt, dass sich die Spannung zwischen gesichtslosen Menschen und einer ausgezeugten, grossen Sonne nicht auf der Ebene der Beziehungsdefizienz abzuspielen hat. Es ist umgekehrt möglich, dass Spannungen entstehen können durch ein Übermass an Beziehung. Auch in diesem Fall wird die Sonne ein Götze, dem man zu dienen hat, dem man sich opfert oder Opfer auf den Altar legt.

Dieses Beispiel verdeutlicht, dass die Verhältnisse kompliziert sein können. Spannungen entstehen auf mannigfaltige Weise. Spannungen herrschen auch dort, wo es Eltern gut meinen.

Auf Grund der Materialsichtung ergibt sich folgende *Hypothese:* Kinder, die Sonnen mit ausgeprägten Gesichtern zeichnen und dabei die der Menschen vernachlässigen, leben in starken Spannungen; sie können begründet sein durch Ehescheidung der Eltern, durch brutale Väter und überbesorgte Mütter, durch häufige Abwesenheit der Eltern, insbesondere der Väter, durch Verwahrlosung und Inkonsequenz. Der Druck kann auch, wie das Beispiel Peter (Abb. 23) zeigt, durch eine besondere Familienkonstellation zustande kommen.

Der Sonnensymbolik liegt, wie wir bereits mehrfach feststellen konnten, eine überindividuelle Bedeutung zugrunde. Die Sonne offeriert sich dem Kind als Urbild, mit dem es archaische, innerseelische Vorgänge, die ihm nicht recht verständlich und vor allem nicht bewusst sind, ausdrücken kann. Es vollzieht im äusseren Zeichen eine Sinnverleihung. Es ist ein «Akt des ‹Sich-zum-Ausdruck-Bringens›, ihr Effekt ein Sich-Wiederfinden im Gegenstand, der umgeformt wird und mithin geformt erscheint nach meinem Bilde»[53].

Subjektive Gehalte werden in das Objekt, das sich als Zeichen zur Verfügung hält, hineingefühlt oder herausgefühlt. «Auf Stufen geringerer Bewusstheit, bei einer mehr naiven Auseinandersetzung mit der Welt, wenn Objekt und Subjekt noch nicht so klar und bewusst getrennt sind und die Spontaneität geringer ist, entsprechen den beiden Vorgängen die aus der Tiefenpsychologie bekannten Prozesse der Introjektion und der Projektion»[54].

Das Bild von Evi erinnert stark an die uralte Symbolik der Völker. Es ist kaum zu bezweifeln, dass in den Bildern unserer Kinder diese frühmenschliche Thematik durchgespielt, durcherlebt und durchgefühlt wird. «Dass der Held zwei Väter oder zwei Mütter besitzt, ist ein Kernstück im Kanon des Heldenmythos. Neben den persönlichen Vater tritt eine ‹erhöhte›, das heisst in Wirklichkeit archetypische Vaterfigur, neben die persönliche Mutter die Figur einer ‹erhöhten› Muttergestalt»[55].

Die Zeichnung Evis weist diesen doppelten Boden des kindlichen Erlebens und Fühlens deutlich aus. Es stellt sich nur die Frage, welcher tiefere Sinn diesem Ereignis zukommt.

Das Material zu diesem Beziehungstypus ist reich. Weil er für die Analyse von Sonnenzeichnungen von ausserordentlicher Bedeutung ist, soll zum Abschluss noch eine weitere Zeichnung (Abb. 37) kurz erläutert werden. Sie ist von RUDOLFO.

Während seine Mutter im Spital lag, fertigte Rudolfo vier sehr interessante Zeichnungen an, die zum Teil später noch besprochen werden. Drei dieser Zeichnungen zeigen grosse Sonnen, die alle in der oberen Blattmitte an Himmelsstreifen haften. Ihre Gesichter sind mit grossen, deutlich zu erkennenden Augen und mächtigen Mündern besetzt, und zwei Gesichter imponieren zusätzlich durch überdimensionierte Zahnreihen. Auch Abbildung 38 zeigt einen sehr grossen Sonnenmund. Die Strahlen dieser Sonne münden an ihren Enden in etwa zwei Zentimeter langen, roten Fortsätzen aus. Einem Haus, das links an den Rand gestellt ist, entsteigt ein dicker, brauner Rauch, der sich wie Cornelias Bogen (Abb. 4) um die Sonne herum nach oben zieht und dort ausläuft. Dieser bandartige, breite Bogen schirmt einen verkrüppelten Menschen gegen die roten Strahlenenden ab und verhindert zugleich, dass die Strahlen einen verkümmerten Baum und eine Blume bescheinen können.

Nach unserer Hypothese lebt Rudolfo in starker Spannung. Und wie steht es tatsächlich um ihn, wie sieht seine nähere Umwelt aus?

Rudolfo ist klein und schmächtig, seinen Altersgenossen deutlich unterlegen. Trotzdem ist sein Gesundheitszustand gut. Mit seinen grossen Augen schaut er oft teilnahmslos daher, ist meistens sehr unruhig und kann sich nicht konzentrieren. Auch seine Mutter ist sehr nervös. Es passt ihr überhaupt nicht, dass sie wegen Rudolfos kleiner Schwester nicht mehr arbeiten kann. Die Eltern lieben ihre Kinder nicht und empfinden sie als Last.

Als Italiener haben Rudolfos Eltern viel Mühe, in der Nachbarschaft Kontakte zu knüpfen. Darunter muss auch Rudolfo leiden. Seine Mutter nimmt sich keine Zeit, um mit ihm zu spielen oder um ihm etwas zu erklären. Seine Kindheit verlief bisher wahrlich sehr traurig.

Als die Zeichnungen entstanden, war die Mutter im Spital. Die Kinder wurden daher einer Nachbarsfamilie anvertraut. Die Spannungen, die der 3. Beziehungstyp anzeigt, liegen tatsächlich vor. Das Kind erlebt den ganzen Druck des Milieus, in dem man sich nicht entfalten kann.

1.4 Typ: Sonne mit Gesicht, keine Menschen auf der Zeichnung

Zu diesem Beziehungstypus liegen sieben Fälle vor, die sich durch weitere Studien beliebig vermehren liessen. Für die Bildung einer Hypothese sollten sie jedoch ausreichen, da alle eine bestimmte Tendenz aufweisen.

So zeichnete etwa VERENA (Abb. 39) eine grosse, schön ausgeführte Sonne am Himmelsbogen, die eine Wiese mit Schmetterlingen und ein Haus bescheint. Ihre Strahlen sind dicht und ziemlich lang. Von dieser Sonne, so könnte man sagen, geht etwas aus. Das Kind ist gut erzogen und kommt aus einer lieben und ausgeglichenen Familie.

Die Stichworte zu den anderen Zeichnern lauten ähnlich. Bei Thomas heisst es, dass die Mutter die Kinder liebe, bei Christian K., dass er ein geliebtes Kind sei usw.

Auf weitere ausführliche Schilderungen der Verhältnisse möchte ich hier verzichten und zusammenfassend sagen, dass die Voraussetzung für eine solche Konstellation selbstverständlich eine normale Sonne ist. Sie darf nicht weinen, nicht scharfe Zähne oder ein verschmiertes Gesicht zeigen. Von diesen auffälligen Merkmalen wird später zu reden sein.

Was ist eine normale Sonne? Sie hat Augen, meist – je nach Alter des Zeichners – als plastische Punkte gezeichnet, ebenso eine Nase und einen Strich- oder plastischen Mund. Ein Strahlenkranz umgibt das Gesicht, ohne dass dabei etwas besonders auffällt.

Enthält ein Sonnengesicht aber auffällige Merkmale oder erscheint die Sonne in einer merkwürdigen Position, so ist dadurch die soeben zitierte Problemlosigkeit in Frage gestellt. Es bleibt dann unsere Aufgabe, die übrigen Deutungsgesichtspunkte ins Gespräch zu bringen, wie es in den Abschnitten zwei und drei dieses Kapitels gehandhabt wurde.

Die *Hypothese* ist leicht zu formulieren: Kinder, die nach dem Typus von Abbildung 39 (Verena) zeichnen, sind problemlos. Durch günstige Familienverhältnisse sind für sie die Voraussetzungen zu einer normalen Entwicklung gegeben.

Wie wichtig es ist, dass bei der Analyse von Sonnenzeichnungen nicht nur auf den Beziehungstyp geschaut wird, bestätigen die Zeichnungen von Rudolfo. Rudolfo, den wir soeben etwas kennenlernten, zeichnete in der gleichen Phase noch zwei bereits erwähnte Zeichnungen, die er nach dem vierten Beziehungstyp gestaltete. Auf diesen Zeichnungen fehlen die Menschen. Ein Beispiel ist Abbildung 37.

Wiederum beherrscht eine grosse Sonne die Mitte des Bildes. Links und rechts stehen zwei Häuser, beide an den Rand gestellt. Aus dem Haus rechts steigt wieder ein dicker Rauch, der die Sonnenstrahlen abfängt. In der Mitte unter der Sonne steht ein baumartiges Gebilde, eine leere Blume, und stereotyp gezeichnete Vögel fliegen umher. Der Baum sieht wie ein verknorzter Weidenstock aus. Er ist eine Frühform, die wir auch sonst bei sechsjährigen Kindern finden können.

Die Mutter von Rudolfo ist sehr streng und überfordert ihren Sohn. Da die Eheverhältnisse seiner Eltern nicht sehr glücklich sind, ist Rudolfo auch seelisch überfordert.

Obwohl seine Zeichnung dem vierten Beziehungstyp entspricht, treffen auf Rudolfo die Vermutungen nicht zu, die wir sonst bei solchen Zeichnungen aufstellen dürfen. Bei seiner Zeichnung muss daher eine Analyse auch andere Deutungskategorien mitberücksichtigen. Interessant sind in Rudolfos Zeichnungen insbesondere der Positionstyp und die auffälligen Merkmale.

Die Sonne steht oben in der Mitte an den Rand gedrängt. Zu den auffälligen Merkmalen, die berücksichtigt werden müssen, zählen die Grösse der Sonne, der ausgeprägte Blick mit der starken Betonung der Augenpartie, der grosse Mund mit den gitterähnlichen Zähnen und schliesslich die durch den Rauch eingefangenen Sonnenstrahlen. Erst die Zusammenschau aller emotionellen Faktoren ergibt ein Bild der Verhältnisse, wie sie Rudolfo erlebt.

1.5 Typ: Sonne ohne Gesicht, Mensch mit Gesicht

Dieser Beziehungstypus ist zumeist in Zeichnungen etwas älterer Kinder festzustellen. Bei unseren Betrachtungen beschränken wir uns jedoch auf die Kinder der Altersstufe, für die das Auszeichnen eines Sonnengesichts üblich ist. In spontanen Zeichnungen von Viertklässlern wird man nur noch vereinzelt Sonnengesichter finden. Die Sonne wird dann häufig – wie die Kinder meinen – physikalisch richtig dargestellt. Wenn man fragt, warum sie nunmehr Sonnen ohne Gesichter zeichnen, so antworten sie erstaunt, die richtige Sonne sei ja auch gesichtslos. Nur noch die unrichtige Sonne, die Sonne, die das Phantasie-Ich erzeugt, zeigt ein Menschengesicht.

Von den 19 Fällen, die zu diesem Beziehungstypus ausgewertet wurden, könnten in allen – analog dem Alter der Zeichner – ohne Ausnahmen noch Sonnen mit Gesichter dargestellt werden. Die Zeichner befinden sich noch nicht vollständig in der realistischen Phase, in der die Zuwendung zur konkreten Wirklichkeit verbietet, Sonnengesichter zu malen.

Je nach der Themenstellung werden auch Viertklässler ohne weiteres Sonnengesichter malen. Ich denke an das früher erwähnte Thema: Wie würde euch die Sonne empfangen, wenn ihr mit einer Rakete auf dem Mond landen könntet? Nur wenige Kinder dieser vierten Klasse haben die Sonne rein formalistisch, dekorativ gezeichnet und konnten mit dem Thema nichts Anthropomorphisierendes anfangen.

Betrachtet man die jeweilige Situation eines jeden der 19 Zeichner, so nimmt man fast ausschliesslich gute und glückliche Familienverhältnisse zur Kenntnis. Die Stichworte heissen: normales Verhältnis, glückliche Familie, massvolle, ausgeglichene Erziehung, umsorgtes, geliebtes Kind, seelisch gesundes Kind aus guten Verhältnissen usw. Selten wird auf schlechte Verhältnisse hingewiesen.

Die einzelnen Fälle müssen hier wohl nicht näher beschrieben werden. Auf Grund der gewonnenen Feststellungen kann die *Hypothese* wie folgt formuliert werden: Wenn auf der Ebene der Realität, der Menschen, die meist unten im Bild agieren, Wesen auftauchen, die ein fein ausgezeichnetes und mit Sorgfalt behandeltes Gesicht haben, und dagegen Sonnen mit leerem Gesicht, kann mit grosser Wahrscheinlichkeit angenommen werden, dass die zwischenmenschlichen Beziehungen in der Umwelt des Zeichners normal sind. Kinder, die so zeichnen, sind meistens psychisch gesund und glücklich. Sie spüren keine Belastung des Elternhauses und sind in der Lage, partielle Spannungen konfliktfrei zu überstehen.

1.6 Typ: Sonne und Mensch ohne Gesicht

Wenn mein Material als Beleg gilt, tritt dieser Beziehungstypus selten auf, dürfte aber zumeist eine Verschlimmerung von Spannungen charakterisieren. Ein Merkmalsgefälle liegt nicht vor, dafür handelt es sich um ein völliges Fehlen von Gesichtsmerkmalen. Darin liegt bereits ein Problem.

Fünf Fälle zu diesem Beziehungstyp habe ich etwas genauer studiert. Peter M. ist ein Epileptiker. Tonis Mutter ist eine Psychopathin, die sich zu der Zeit, als Toni seine Zeichnungen anfertigte, für Monate in einer Heilanstalt befand. Sein Vater ist Trinker. Martin St., ein Pflegekind, lebt in schlechten Beziehungsverhältnissen zum Vater und ist so etwas wie ein Schlüsselkind. Marks Vater wendet tyrannische und brutale Erziehungsmethoden an. Priska war, als die Zeichnungen entstanden, völlig desorientiert, ihre Mutter sehr nervös. Der Epileptiker Peter zeichnet in seinen Bildern immer sehr wenig Menschen und Gegenstände. Auf einer Zeichnung befinden sich z. B. ein graublaues Haus, daneben eine mächtige, orangefarbene Sonne und unter ihr in nächster Nähe ein gesichtsloser Mensch, der fast wie ein Sonnenanbeter, passiv und apathisch dasteht. Auch andere seiner Bilder zeigen grosse, strahlende Sonnengestalten, und immer steht ein Mensch da, der keine Arme hat und unbeweglich auf «etwas» ausgerichtet ist. Man denkt hier unwillkürlich an den ‹morbus sacer›.

Die Zeichnungen von TONI sind etwas wirr. Vielleicht deuten sie mit ihren aufgelösten Bewegungen auf den inneren, unharmonischen Zustand des Urhebers hin. Die Sonne (Abb. 40) kreist links oben wie ein Urknäuel dahin. Ein Strahlenkranz umfasst diesen Wirbel. Darunter steht ein Kind, das zur Sonne hinaufblickt und seine Arme ausbreitet. Auf Grund einer anderen Zeichnung ist Toni durchaus in der Lage, menschliche Gesichter darzustellen. Er ist dazu offenbar aus innerem Zwang nicht fähig. Die unglücklichen Familienverhältnisse sind nachgewiesen. Es fragt sich nur, was diese explosive Sonne versinnbildlichen soll. Deutet sie auf das erste Erwachen einer nicht befriedigten, seelischen Sehnsucht hin? Gibt sie urbildlich wieder, dass der Bub seine ungezähmte Libido nicht objektivieren kann? Nimmt sie auf, was im Inneren des Kindes vulkanartig vor sich geht?

Toni ist nicht intelligenzschwach. Er machte in der Zeit, als die Zeichnungen entstanden, auch seelische Fortschritte. Die Kindergärtnerin sorgte sich sehr um ihn. Hat sie vielleicht die verschüttete und verborgene Leidenschaft der Seele geweckt?

PRISKA fertigte etwa 30 Zeichnungen an. Sie sind alle etwas auffällig, obwohl Sonnen und Menschen mit Gesichtern dargestellt sind. Drei dieser Zeichnungen fallen jedoch besonders auf (zwei davon werden später vorgestellt). Sie zeigen gesichtslose Sonnen oder wie Abbildung 41, die hier als Grundlage dient, ein rot überschmiertes Sonnengesicht. Auch am Kind, das unten im Bild einen Puppenwagen schiebt, sind keine Gesichtsmerkmale festzustellen.

Bevor die drei erwähnten Zeichnungen entstanden, verbrachte Priska einige Zeit im Spital. Da sich die Kinderschwester zu wenig liebevoll um sie kümmerte, litt das Mädchen unter starkem Heimweh. Trennungserlebnisse wirken sich – dies ist bekannt – auch auf sechsjährige Kinder nachhaltig aus, vor allem wenn sie zeitlich lange andauern. Auch Priska konnte die Trennung nur schwer verkraften und wurde im Spital schwierig. Zu allem Unglück war ihre Mutter, als Priska wieder nach Hause kam, sehr nervös, denn sie hatte mit ihren Zwillingen grosse Mühe. Da sie als frühere kaufmännische Angestellte auch noch im Geschäft ihres Mannes mitarbeitete, war sie physisch stark strapaziert und daher froh, dass Priska wieder auf ihre Zwillingsschwestern aufpassen und sie bemuttern konnte. Für Priska aber, die ja während ihres Spitalaufenthaltes seelisch vernachlässigt wurde, stellte dies eine zu starke Belastung dar.

Das Kind litt sehr unter dieser Behütungsaufgabe. Es wäre lieber Mutters Liebling gewesen und hätte sich gerne von den seelischen Folgen der Trennung erholt. Die Zeichnung zeigt deutlich, dass Priska unter der Last der Zwillinge seufzt. Das Motiv der Zweiheit tritt überall auf. Es sind zwei Wolken, zwei Häuser, zwei Schaukeln, zwei Windeln, zwei Wagen, zwei Kreuze usw. auf dem Bild. Die Sonne selbst ist verdüstert, desintegriert und hat braune Strahlen.

In einem anderen Zusammenhang wird von Priska nochmals die Rede sein. Hier möchte ich die Hypothese wie folgt formulieren:

In Zeichnungen, in denen Mensch und Sonne ohne Gesicht erscheinen, wird eine Bindungsdefizienz signalisiert. Diese Kinder leben in starken Spannungen – seien es auch nur vorübergehende wie bei Priska. Sie brauchen persönliche Hilfe von Menschen, die die Bindungsfähigkeit dieser Kinder wecken und das Verlangen nach normalen Kontakten mobilisieren sollten.

2. Raumpositionen der Sonne

In diesem Abschnitt soll auf die räumliche Stellung von Sonnen eingegangen werden. Die Raumsymbolik spielt in verschiedenen Tests (Baum-Test, Wartegg-Test usw.) und in der Graphologie eine grosse Rolle. Die Untersuchung der Raumverhältnisse führte in diesen erprobten Verfahren zu guten Ergebnissen, so dass wir einige von ihnen übernehmen können.

Es gibt kaum ein Objekt, das so stark der Raumsymbolik verpflichtet ist wie das der Sonne. «Wie die Sonne in eigener Bewegung und aus eigenem inneren Gesetz vom Morgen zum Mittag aufsteigt, den Mittag überschreitet und sich zum Abend hinunterwendet, ihren Glanz hinter sich lassend, und in die alles verhüllende Nacht hinuntersteigt, so geht auch nach unwandelbaren Gesetzen der Mensch seine Bahn und versinkt nach vollbrachtem Lauf in der Nacht, um am Morgen in seinen Kindern wieder zu neuem Kreislaufe zu erstehen. Der symbolische Übergang von Sonne zu Mensch ist leicht und gangbar»[56].

Der Mensch gab der Stellung der Sonne schon vor Tausenden von Jahren ihre Bedeutung. Bei den Ägyptern fuhr der Sonnengott tagsüber durch die «Wasser des Himmels» und nachts durch die «Wasser der Unterwelt». Dafür verwendete er eine Tages- und Nachtbarke, wie das Relief auf einem Basaltsarkophag (Abb. 42) aus der ptolemäischen Epoche, etwa 300 v. Chr., zeigt.

Im Sonnengesang des ägyptischen Königs Echnaton, um 1360 v. Chr., heisst es:

Herrlich erhebst du dich am himmlischen Lichtberg,
Ewige Sonne, Ursprung des Lebens!
Wenn dein Glanz am östlichen Himmelsfeld aufsteigt,
Wird die Welt so licht von deiner Schönheit.

Denn du bist schön, du bist gross, du funkelst unirdisch,
Und deine Strahlen umarmen all deine Schöpfung.
Siegreich bist du, du nimmst uns alle gefangen,
Bindest uns alle mit deiner Liebe.

Die Sonne, die im Osten (links auf dem Zeichenblatt) aufgeht, ist Zeichen der herannahenden Macht. Die Sonne strömt Kraft und Hoffnung aus. Ihre Strahlen umarmen die Schöpfung. So kommt die Sonne siegreich herzu und ist Zeichen der lebensspendenden Liebe. Wenn sie gut ist, nimmt sie die Wesen in ihren bergenden Schoss, wenn sie böse ist, dann triumphiert sie über jene und verheisst nichts Freundliches.

Wenn du hinuntersinkst an der westlichen Wölbung,
Wird so finster die Welt, als sei sie erstorben.
In ihrer Kammer schlafen die Menschen,
Atem geht anders, Gesicht ist verlöscht;
Nichts mehr besitzen sie, denn wie Tote
Wissen sie nichts mehr.
Beissende Tiere kommen hervor aus den Höhlen,
Giftige Schlangen kommen und böse Gedanken;
Schweigend liegt die Welt, denn ihr Schöpfer
Hat sie verlassen.

Die Sonne, die im Westen (rechts auf dem Zeichenblatt) niedergeht, ist Zeichen der erlöschenden Macht. Sie verlässt das Feld und nimmt Abschied von den Wesen, die ihrer Kraft und lebensspendenden Macht bedürfen. Beissende Tiere kommen hervor. Die Angst des Verlassenseins breitet sich aus, so dass giftige Schlangen und böse Gedanken ihr Unwesen treiben können.

Wenn die Sonne aber im Zenit steht, wenn sie sich in der Mitte des Raumes voll entfaltet und auszeugt, dann «erglühen festlich die Länder der Erde»,

Taugebadet, glänzend gewandet
Heben sie ihre Arme und beten dich an.
Alle Tiere hüpfen und freun sich der Weide,
Alle Bäume und Kräuter spriessen,
Alle Vögel entflattern den Nestern,
Ihre Schwingen lobpreisen dich;
Alle Fische springen im Wasser,
All die geflügelten winzigen wispernden Wesen
Sehen auf, weil du sie anblickst.[57]

Der Sonnengesang des ägyptischen Königs Echnaton erinnert an die Gefühle, die der Mensch schon vor vielen tausend Jahren mit dem Lauf der Sonne verbunden hat. Es ist daher nicht verwunderlich, wenn die Kinder unbewusst Sonnenpositionen wählen, um ihre Emotionen besonders zu akzentuieren. Eine Sonne, die frei, ungebunden und mächtig in der Mitte oben steht, vermag etwas anderes auszudrücken als eine Sonne, die an den linken oder rechten Rand gedrückt wird oder gar unfrei in die Landschaft heruntergeholt wird und dort fast verloren herumgeistert.

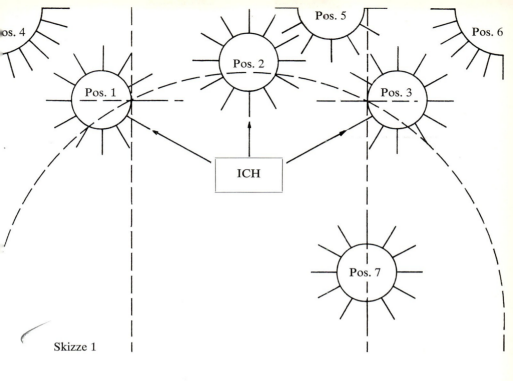

Skizze 1

1. Typ: Die Sonne deutlich links – Die Sonne im Aufgang
2. Typ: Die Sonne in der Mitte oben – Die Sonne im Zenit
3. Typ: Die Sonne deutlich rechts – Die Sonne im Untergang
4. Typ: Die Sonne in der Randposition links – Die Sonne neben dem Aufgang
5. Typ: Die Sonne in der Randposition Mitte oben – Die Sonne über dem Zenit
6. Typ: Die Sonne in der Randposition rechts – Die Sonne neben dem Untergang
7. Typ: Die Sonne irgendwo in der Landschaft – Die heruntergekommene Sonne

Es ist sicherlich nicht aus der Luft gegriffen, wenn auch in unserer Analyse die Position der Sonne im Raum zur Deutung herangezogen wird. Beispiele müssen uns beweisen, dass dadurch für die Analyse von Sonnenzeichnungen viel gewonnen ist.

Ich unterscheide in die oben zitierten Positionen, die man sich auf bzw. neben einem vorgestellten Sonnenbogen (siehe Skizze 1) denken muss.

Das Raumschema des Baum-Tests, wie es *Beat Imhof* (Skizze 2) weiterentwickelt hat, dient uns ebenfalls für die Raumsymbolik. Es gibt zusätzliche Hinweise und belegt unsere Funde.

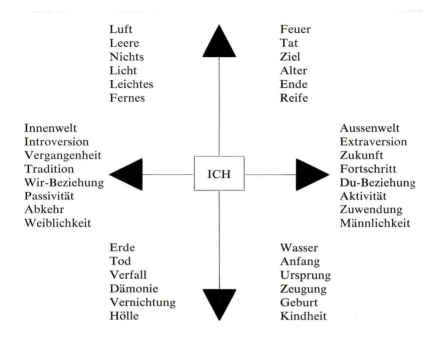

Skizze 2

Das Schema von *Beat Imhof* scheint sich in der Baum-Test-Analyse bewährt zu haben. «Allerdings muss sogleich darauf hingewiesen werden, dass dieses Schema kaum Anhaltspunkte für die Auswertung hergibt. Immer nur im Zusammenhang mit Einzelheiten und nach Bestätigung der allgemeinen Tendenzen durch Einzelmerkmale kann der eine oder andere Sektor dem Schema entsprechend Bedeutung erlangen»[58]. Dieser kritische Hinweis kann für unsere Analyse wörtlich übernommen werden. Die Raumposition isoliert betrachtet, könnte zu gefährlichen Fehlurteilen führen. Immer sind die raumpositionellen Indices nur im Rahmen einer Gesamtwürdigung aller emotionellen Faktoren aussagekräftig. Sie können uns aber auf eine Spur führen, die verständlich macht, was das Kind mit seiner Sonne aussagen will.

Karl Koch geht in seinem Baum-Test von der Symbolik des Kreuzes aus. Er sagt: «Das Grundschema des Baumes ist das Kreuz. Das ist keine von aussen hineingetragene Projektion. Oben und unten, links und rechts, das viergliedrige Kreuz entspricht dem Baum ebensosehr wie der Menschengestalt mit ausgestreckten Armen. Beiden liegt auch dieselbe Symbolik zugrunde und damit etwas, was weit über das Individuelle hinausgeht»[59]. Wir gehen bei unserer Raumsymbolik vom Bogen aus, den die Sonne beschreitet. Die Symbolik des Aufgangs und Niedergangs, dargestellt im Sonnenverlauf, ist ebenfalls überindividuell. Seine symbolische Bedeutung nimmt jedes Wesen in sich auf, denn Morgen bedeutet aufstehen, in die Welt hineintreten, beginnen, hoffen, und Abend heisst sich niederlegen, Abschied nehmen, Hoffnungen begraben. Der Mittag hingegen ist der Höhepunkt. Hier steht das Leben einen Moment ausruhend auf dem Gipfel. Der Tag hat seinen Mittelpunkt erreicht: Zurückblickend kann das Getane betrachtet werden, vorausschauend kann das, was liegen geblieben ist, noch in Angriff genommen werden.

Die Symbolik des Sonnenlaufs wird im alltäglichen Sprachgebrauch häufig verwendet. Wir sprechen vom Zenit des Lebens und meinen damit seinen Höhepunkt, seine Auszeugung und volle Entfaltung. Wir reden vom Untergang, und ein berühmtes Buch trägt den Titel «Vom Untergang des Abendlandes». Zur Symbolik des Sonnenlaufes können wir auch die Jahreszeiten zählen. Im Frühling hat die Sonne einen niederen Stand. Sie wärmt noch nicht so stark. Sie steigt höher, sie geht auf ihre Entfaltung zu, der Mensch hofft auf neues Leben, neue Wärme, Auferstehung. Im Sommer erreicht die Sonne ihren Zenit. Das Jahr hat seine Fülle gefunden. Im Herbst neigt sich der Sonnenbogen wieder. Es wird kälter. Wenn *Huinzinga* einen Buchtitel «Herbst des Mittelalters» nennt, dann weiss jedermann sofort, was er damit in bildlicher Sprache sagen will. Vom Herbst, vom Frühling des Lebens sind sprachliche Wendungen, die wir alle kennen und selbst gebrauchen.

Schon früh hat der Mensch begonnen, den Sonnenlauf als Zeitmass zu verwenden. «Wer... der geniale Erfinder der allerersten Sonnenuhren war, wissen wir bis heute noch nicht mit Sicherheit. Genannt wurde eine Zeitlang der Chaldäer Berosus, der etwa um 600 Jahre v. Chr. lebte. Nach neueren Forschungen müssten jedoch die Chinesen bereits seit 2679 Jahren v. Chr. die Sonnenuhren gekannt haben. Wir wissen jedenfalls, dass die astronomischen Kenntnisse der Chinesen bereits 3000 Jahre v. Chr. so hoch standen, dass sie in der Lage waren, Himmelserscheinungen vorauszuberechnen»[60]. Der Dichter *Plautus*, der 200 Jahre v. Chr. lebte, spottete in einem Wort, das er einem Schlemmer in den Mund legt, über die damals längst bekannte Sonnenuhr. «Mögen die Götter den verderben, der zuerst die Stunde ersann und dazu die Sonnenuhr setzte, die mir Armen den Tag in Stücke reisst. Früher war mein Bauch meine Uhr und unter allen die beste und richtigste»[61].

Die Sonnenuhr ist ein lebendiges Zeichen dafür, dass sich der Mensch schon immer nach dem Verlauf des Sonnenstandes richtete. Daher muss ihr Bogen das Denken des Menschen stark beeinflussen. Die wenigen aufgeführten sprachlichen Beispiele, die sich beliebig vermehren liessen, sind dafür ebenfalls Zeugnis. Es ist unbestritten, ja es kann gar nicht anders sein, als dass die Sonnenlaufbahn unbewusst das Denken und Fühlen des Menschen beeinflusst. Das Kind, das näher bei seinem Ursprung ist und sich noch nicht rational von seinem Verwobensein in die Welt gelöst hat, muss dieser Symbolwirkung noch stärker erliegen.

Nun ist der Stand der Sonne in der Zeichnung immer bezogen auf den in ihr abgebildeten Menschen zu werten. Man darf also nicht das weisse Blatt, das vor dem Kind liegt, als den ihm zugemessenen Raum betrachten, auf dem der linke Rand Osten und der rechte Rand Westen ist. Der Mittelpunkt für die raumsymbolische Beurteilung der Sonnenposition ist der gezeichnete Mensch. Von ihm aus, dem Zentrum des Raumes oder dem Ich der zeichnerischen Aktivitäten ist der Sonnenbogen zu schlagen. Häufig geht dieser Bogen dann über das Blatt hinaus. Dieser Sachverhalt soll an einem Beispiel illustriert werden.

GEBHARD wird als Einzelkind über die Massen geliebt und ebenso sehr verwöhnt. Seine materiellen Vorteile demonstriert er auch vor Kameraden. Gerne gibt er sich als Anführer und tobt sich hie und da lautstark aus. Seine Strebungen sind egoistisch, Verzichten fällt ihm ausserordentlich schwer, Kraftgefühle stehen bei ihm im Vordergrund. Gebhard fällt durch seine Frechheit und Streitsucht, aber auch durch seine starke Aktivität auf. Seine Zeichnungen, die mir vorliegen, werden jeweils von Sonnen dominiert. Die Beziehungstypen 1 und 2 überwiegen. Meistens steht ein Mensch direkt unter der Sonne, was auf eine sehr gute Behütung schliessen lässt. Ob nun Bub und Sonne rechts oder links im Bild stehen, spielt keine Rolle, denn der Mensch bildet das Zentrum, und die Raumstellung der Sonne ist nach seiner Position zu beurteilen.

Auf einer seiner Zeichnungen (Abb. 43) rennt ein Mensch unten rechts aus dem Bild. Die Sonne steht von ihm aus gesehen links oben. Neben der Sonnengestalt befindet sich ein grosses, rotes Haus, und hinter diesem Haus, links im Bilde, steigt ein rauchähnliches Gebilde auf. Der Mensch rennt vom Haus weg und flüchtet, wobei ein Teil der kräftigen Sonnenstrahlen auf ihn gerichtet ist.

Die Position der Sonne müsste in diesem Fall, obwohl sie am rechten Rand steht, als Typus 1 angesehen werden. Gebhard, der gerne aufschneidet und sich mächtig vorkommt, bemerkte zu dieser Sonne: «Frölein, die gsehd doch mit sönige Zäh viel lüschtiger us als ohni!» Von *E. M. Koppitz* wissen wir, dass Kinder, die zu einem ZEM spontan eine Geschichte erzählen, mit ihrem Inhalt einen Wunschtraum ausdrücken[62].

Was könnte nun diese links oben stehende Sonne aussagen? Gebhard ist ein sehr verwöhntes Kind, das seine Besitzgier und seine Überheblichkeit oft durch freche Aktivitäten zeigt. Er plagt die Mitschüler, greift streitend in ihre Verhältnisse ein und kann, weil er ein überbehütetes Einzelkind ist, nicht teilen. Nach den raumsymbolischen Gesichtspunkten müsste die Sonne auf Macht und Stärke hinweisen. Sie ist aufgegangen und steht nun oben vor der Mittagshöhe. Sie ist zugleich etwas stark nach links gerückt, was besagen könnte, dass sie sich nicht ganz frei entfalten kann. Sie ist aufgegangen, steht aber nicht im natürlichen Zenit, sondern daneben. Dort ist das Wunschfeld. Wie aber geht nun die Sache auf? Die Sonne hat Zähne. Sie symbolisieren ihre Aggressivität. Gebhard ist aggressiv und machthungrig. Zugleich aber beschönigt er durch seine Aussage die böse, angriffige Sonne, indem er sagt, sie sei mit Zähnen viel schöner.

Sind Sonne und Mensch vielleicht Ausdruck der kindlichen Ambivalenz? Gebhard möchte sich selbst entfliehen, weil er sein aggressives und streitsüchtiges Wesen nicht wahrhaben will. Er wünscht, es wäre anders.

Wenn diese Deutung zutrifft, dann haben wir durch die Positionsanalyse der Sonne etwas hinzugewonnen, was wir sonst nicht gefunden hätten. Die Merkmalsanalyse, der wir uns im nächsten Abschnitt zuwenden, weist auf Macht (Grösse der Sonne), auf Aggressivität (Zähne) und auf Aktivität (Strahlen) hin. Dass es sich aber bei dieser stark emotionell besetzten Sonne auch um die andere Seite des Machtgefühls, nämlich um Isolation oder um Wunschphantasien, die die Selbstablehnung anvisieren, handeln könne, wäre uns entgangen. Auf Grund des 2. Beziehungstyps hätten wir lediglich eine kleine Spannung registrieren können.

So kann uns die Raumposition der Sonne zusätzliche Elemente liefern, die uns helfen, die Aussage des Kindes zu deuten.

Gebhards Zeichnung könnte allerdings auch anders ausgelegt werden. Wenn er nicht die Sonne kommentiert hätte, wäre man vorerst gar nicht auf die Idee gekommen, dass sie den Zeichner selbst darstellt. Dann hätte man die Sonne wohl als Person aus seinem häuslichen Umkreis angesehen. Aber auch dann hätte die Raumsymbolik einen Beitrag erbracht. Die Sonne kommt von links ins Bild und steht oben am Horizont. Sie wäre dann ein Zeichen der fordernden Macht der Umwelt, ein Signum des Druckes, der als Überforderung gewertet werden könnte.

Diese verschiedenen Deutungsmöglichkeiten stimmen uns vorsichtig. Es gibt keine Aussage auf Grund von Zeichnungen, die ohne Verifikation Geltung beanspruchen darf. Die Diagnose muss stets auch die Befragung mit einschliessen. Auch dann noch lassen sich verschiedene Hypothesen formulieren. Das hält uns aber nicht ab, Sonnenzeichnungen zu befragen und deren Hinweise für das Verständnis des Kindes zu verwenden.

2.1 Sonne deutlich links - Die Sonne im Aufgang

Auffällig oft begegnen wir bei diesem Positionstyp einer Sonne mit Zähnen. EVELINE (Abb. 44/45) z. B. fertigte eine ganze Serie von Zeichnungen zu diesem Positionstyp an. Selten postiert sie ihre Sonnen in ein anderes Feld. Ihre Sonnen sind gross, nehmen viel Raum ein und sind mit verschiedenen auffälligen Merkmalen ausgezeichnet.

Eveline ist ein nettes und ausgesprochen ruhiges Kind, das von einem sehr autoritären Vater erzogen wird. «Auf Fragen reagiert sie mit einem Lächeln, mit einem Schweigen und dann mit einem Ja oder Nein. Es fällt schwer, das Mädchen zu aktivieren», heisst es im schulpsychologischen Bericht. Das Kind ist an Gehorsam gewöhnt.

Von der Schule wurde das Kind zurückversetzt und besucht nun erneut den Kindergarten. Die Mutter möchte aber Idealkinder haben, die auch in der Schule bestehen. Wichtiger noch ist für sie, dass die Kinder gehorchen. Das Milieu des Kindes wird durch eine nicht harmonische Ehe zusätzlich überschattet.

Evelines Zeichnungen fallen durch grosse, dominierende Sonnen auf, die links auf der Sonnenbahn wandeln. Von den zehn Zeichnungen, die Eveline anfertigte, weichen nur zwei vom Positionstyp 1 ab. Allerdings entsprechen nicht alle anderen acht einem reinen Typus 1, da häufig Mischungen mit Typus 5 (Randstellung in der Mitte oben) auftreten.

Diese Positionen zeigen die Macht der Eltern, ihre schrankenlose und unumstrittene Autorität und die Überforderungsgefühle, denen das Kind ausgesetzt ist. Interessant ist, dass in Evelines Zeichnungen aus ihrer gesamten Kindergartenzeit Position 1 (gemischt mit Typ 5) auftritt, während das Zeichnen der Zähne allmählich nachliess. Das Kind wurde zunehmend gelöster und freier, bis es ein beinahe fröhliches Wesen entwickelt hatte. Die Mutter, die sehr herrschsüchtig sein kann, hatte Eveline tyrannisiert, bis sie von der Kindergärtnerin bei einem Hausbesuch auf die schädlichen Folgen solcher Erziehungsmethoden aufmerksam gemacht wurde. Von da an wurde Eveline besser behandelt, was ihre Sonnendarstellungen ohne Zähne deutlich belegen.

Ihre Zähne zeigt auch Sandras Sonne (Abb. 20), die wie ein schwerer Druck auf dem dargestellten Elternhaus lastet. Wieder ist diese Sonne mächtig und kommt der Gewalt gleich, die über dem Zuhause Sandras steht. Die berufstätige Mutter kommandiert ihre Kinder ins Freie, wo sie sich selbst überlassen sind.

Nicht immer weisen Sonnen vom Positionstyp 1 Zähne auf. Die Zähne sind auch nicht etwa diesem Typus vorbehalten. Es gibt viele Sonnen ohne Zähne. Ich erinnere an die Zeichnung von Gallus (Abb. 32). Er setzt seine Sonne wie einen Jupiter auf die Felsenspitze eines Berges. Hier thront sie, wild und mächtig.

Die beiden Zeichnungen von Evi (Abb. 35/36) entsprechen ebenfalls dem Typus 1 und weisen auf die Übermacht der Mutter hin, die sehr besorgt ihre Kinder in den Händen hält. Interessant in diesem Zusammenhang ist Abbildung 10. Daniel zieht sich in seinem Trotz hinter das festgefügte und Sicherheit verleihende Bergmassiv zurück und trotzt von dort aus seiner Mutter. Auch Martin versteckt sich vor dem Sonnenriesen hinter einem Stein. Dieser Riese hat Macht über das Kind. Warum aber kommt er gerade aus dem linken Feld?

Auch Martina (Abb. 2) begibt sich auf ihrer Flucht zur sichernden und schützenden Grossmutter, die oben links als Sonne erscheint. Nicht immer sind die Sonnen dieses Typs gross und mächtig. Sie können auch, wie das folgende Beispiel zeigt, klein und zaghaft sein. Pascal zeichnete auf seinem Bild ein Sönnchen. Dieser Pascal ist ein feiner, zarter Bub mit kraftloser Stimme und steifem, gehemmtem Gang. Die Familienverhältnisse sind nicht unglücklich. Da seine Mutter aber meint, der Kindergartenschüler Pascal müsse schon frühzeitig selbständig sein, verweigert sie ihm den Halt. Nun soll er sich alleine durchschlagen, obwohl er dies in seiner frühen Kindheit nicht lernen konnte, da in seiner Umgebung keine gleichaltrigen Gespane zu finden waren. Dieses kleine Sönnchen erscheint ganz verloren am Himmel. Drückt es den Mangel an Sicherheit aus? Pascal fehlt die Sicherheit, die ein Gebhard in reichem Masse besitzt.

Hypothese: Es scheint, als ob Sonnen, die auf dem aufsteigenden Sonnenbogen daherkommen, die Macht des symbolisierten Wesens verkörpern. Bei Pascal beklagt sie das Fehlen dieser Macht. Ob diese Macht beglückend und bergend ist, kann dem Beziehungstypus abgelesen werden. Gallus (Abb. 32) z. B. ist einem Jupiter ausgeliefert, der seine Macht voll demonstriert und auf das menschliche Wesen keine Funken der Liebe überträgt.

Diese Macht ist aber auch bewunderungswürdig, sie imponiert und fordert als Vorbild selbst zu machtvollem Gebahren. So ist Gebhard, der mächtige und gewalttätige Sonnen zeichnet, selbst ein Herrschertyp. Das Imponiergehabe der in der Sonne symbolisierten Person übernimmt er in sein Verhalten. Sonnen im Aufgang sind Demonstrationen der Macht, die oft bewundert wird, aber nicht bedrohend wirkt.

2.2 Sonne in der Mitte oben - Die Sonne im Zenit

In der zweiten Position befindet sich die Sonne im Zenit. Voll entfaltet und ausgezeugt steht sie direkt über dem Menschen, beschützt und bewacht ihn, wenn eine positive Beziehung nachgewiesen ist.

Dieser Positionstyp kommt recht häufig vor. Beispiele lieferten Abbildung 16 von Robert und Abbildung 27 von Christian. Sonnen in dieser Randstellung mit zusätzlich gutem Beziehungstyp zeichnen besonders oft Kinder, die in glücklichen Familienverhältnissen aufwachsen.

Es ist die Sonne, die mit dem Kind auf Du und Du steht. Das Kind fühlt sich wohl in ihrer Nähe, weiss, dass es Schutz erhält und dass ihm in allen Lebenslagen geholfen wird.

Und doch kann auch diese Position Probleme aufwerfen. Häufig erscheint die Sonnengestalt zu gross, ihr Gesicht merkmalsreicher als das des Menschen, wodurch in der Regel Spannungen signalisiert werden. Mit Position 2 ist also in vielen Fällen eine Steigerung zur ersten gegeben. Doch zunächst einige Beispiele.

Zwei exemplarische Zeichnungen legt uns VIVIANE vor. Zwischen dem Entstehen beider Zeichnungen liegt ein grosser Zeitabstand. Die erste (Abb. 46) entstand im Kindergarten, die zweite (Abb. 47) in der dritten Klasse.

Beide Darstellungen zeigen grosse Sonnen, die sich in unmittelbarer Nähe zu den Menschengestalten aufhalten. Ihre langen Strahlen durchsetzen das ganze Feld. Beziehungstyp 2 deutet auf leichte Spannungen hin.

Auf dem ersten Bild (Abb. 46) schlitteln Kinder im Schutze einer mächtigen Sonne, auf dem zweiten (Abb. 47) fährt ein Seemann auf die bewegte See hinaus – ins Abenteuer?

Viviane ist die Tochter einer geschiedenen Westschweizerin. Vom Vater wird in der Familie nicht gesprochen. Die Mutter arbeitet halbtags und widmet sich in der übrigen Zeit stark ihren Kindern. Obwohl der Vater fehlt, besteht ein enges Familiengefüge. Viviane und ihr älterer Bruder werden von der Mutter sehr geliebt, aber auch recht streng erzogen. Dem schulischen Werdegang ihrer Kinder bringt die Mutter grosses Interesse entgegen. Verwöhnt werden die beiden Kinder nur von ihrer Grossmutter, die in der Nähe wohnt und oft am Wochenende zu Besuch kommt.

Viviane ist von Natur aus fröhlich und lacht viel. Doch ist sie leicht erregbar und schnell verstimmt. Sie weiss sich zu wehren und äussert durch entsprechende Gesichtsausdrücke unmissverständlich ihre Meinung. Viviane ist anhänglich und hilfsbereit, verschenkt sogar hie und da ihr Znüni. In der Gemeinschaft wirkt sie positiv mit, schliesst sich dem Wortführer an und erfüllt die ihr aufgetragenen Pflichten.

Seit Vivianes Mutter geschieden ist, wendet sie ihre ganze Liebe den Kindern zu. Dadurch entstand eine übermässig starke Bindung, die in Vivianes Zeichnungen durch den Beziehungstyp und die auffälligen Merkmale (grosse Sonne, grosse Augen, das ganze Feld durchdringende Strahlen) verdeutlicht wird. In Abbildung 46 ist mit der Randstellung der Sonne (Position 5) ein zusätzlicher Hinweis gegeben.

Ein weiteres treffendes Beispiel zu diesem Positionstyp zeichnete ELISABETH (Abb. 48). Voll entfaltet und frei von emotionellen Merkmalen strahlt ihre Sonne vom Zenit. Dem Sonnengesicht ist deutlich zu entnehmen, mit wieviel Liebe und Sorgfalt das Mädchen zeichnete.

Elisabeth lebt in einem engen Familiengefüge. Von ihren Eltern wird sie liebe- und verständnisvoll erzogen. Sie selbst ist ernst und ruhig, kann sich aber auch in einer Gemeinschaft bewähren. Fast mühelos hat sie einen Schulwechsel überstanden und besucht nun mit Erfolg die zweite Klasse. Zeichnungen wie die von Elisabeth sind häufig anzutreffen. Sie stammen durchwegs von Kindern, die in geordneten, glücklichen Familienverhältnissen aufwachsen und sich ähnlich wie Elisabeth bewähren.

Hypothese: Die Sonne, die in der zweiten Position steht und keine auffälligen Merkmale aufweist, ist Zeichen für seelisch gesunde und erzieherisch gebundene Kinder. Sie ist Symbol für die volle Entfaltung des seelischen Lebens des Zeichners. Ein Zeichen, dass sich das Kind im Leben wohl fühlt.

2.3 Sonne deutlich rechts - Die Sonne im Untergang

Der Sonnenuntergang ist ein Naturvorgang, der jeden Menschen beeindruckt. Wenn die Kugel glühend rot über dem westlichen Horizont steht und die Wolken intensiv färbt, steigen im Betrachter wehmütige oder sehnsüchtige Gefühle auf; er ist begeistert und bestaunt beglückt das erhabene Ereignis. Irgendwie reist dieses Phänomen im Jugendlichen, der noch auf der Suche nach sich selbst ist, besondere Saiten an. Es ist die Zeit, da «erstmals das Bedürfnis nach Eigenleben entsteht»[63]. Das Gefühl der Einsamkeit findet in der untergehenden Sonne ein Bild, das Träume anregt und wachhält und den Weltschmerz nährt.

Von 30 15jährigen Sekundarschülern, die das Thema «Sonne» im Zeichenunterricht zu gestalten hatten, wählten 23 den Sonnenuntergang. Das liegt gewiss nicht nur daran, dass der Sonnenuntergang mehr Möglichkeiten der farblichen Ausgestaltung zulässt. Der Sonnenuntergang spricht die Schüler dieser Altersstufe auch emotionell stark an, da hier ein Thema zu bearbeiten ist, dass den Sehnsüchten dieses Alters zusagt. Wir beschäftigen uns in diesem Zusammenhang nicht mit Sonnen von 15jährigen. Die Sonne dieser Schüler ist nicht mehr in der gleichen Art und Weise emotionell wie die der 5- bis 10jährigen. Der ältere Schüler personifiziert die Sonne nicht mehr. Höchst selten wird er noch in diesem Alter einen Sonnengesicht zeichnen, und wenn, dann offenbar nur zum Spass.

In Zeichnungen von ANDREAS, einem $6\frac{1}{2}$jährigen Kindergartenkind, erscheinen fast alle Sonnen in dieser dritten Position. Welche Bedeutung kommt dieser konstant erscheinenden Sonnenstellung zu?

Auf einem Bild (Abb. 49) z. B. zeichnete er gross seine Mutter, die gerade eine Blume pflückt. Daneben steht ein Bub, der seine Arme hochstreckt und mit einer Hand auf die Mutter zeigt. Rechts oben erscheint eine Sonne mit gleichem Gesicht wie die Menschen. Als Detail fällt auf, dass die Konturen des Sonnengesichts und die der Muttergestalt farblich identisch sind.

Andreas zeigt kindlich weiche Gesichtszüge, die meistens von einem eintönigen Lächeln umspielt werden. Sein Ausdrucksleben wirkt ruhig und nicht besonders abwechslungsreich. Auch seine Bewegungen sind langsam und schwerfällig. Es erübrigt sich hier, das Kind exakt zu charakterisieren, doch sollen einige wichtige Fakten genannt sein.

Andreas ist das älteste Kind einer rechten Familie. Mit seinen beiden jüngeren Brüdern wächst er erzieherisch gebunden auf. Auf die Förderung der Kinder wird allerdings kein grosser Wert gelegt.

Andreas ist ein Einzelgänger, spielt meistens allein und findet auch im Kindergarten keinen Spielkameraden. Bei Gruppenspielen läuft er einfach mit. Der antriebsarme Bub ist still und leicht ermüdbar. Er kann sich nicht austoben wie andere Kinder. Sein ganzes Benehmen ist lahm und passiv. Durch seinen starken Sprachfehler wirkt er gehemmt und wagt wahrscheinlich deshalb nicht, etwas zu erzählen und zu besprechen. Der Knabe lebt stark nach innen. Er träumt stets vor sich hin und muss immer wieder in die Realität zurückgeholt werden. Zudem leidet er an Minderwertigkeitsgefühlen. Beim Spiel hält er sich auffällig oft in der Puppenecke auf.

Obwohl die Familienverhältnisse gut sind, scheint sich Andreas nicht recht wohl zu fühlen. Irgend etwas fehlt ihm. Auf einer anderen Zeichnung steht der Knabe ohne Arme auf ganz schwachen Beinen da, wodurch die bereits festgestellte Passivität von Andreas deutlich wiedergegeben wird. Wie der gleiche Knabe mit einem grossen Schiff auf bewegter See dahinfährt, zeigt ein drittes Bild. Und wiederum steht die Sonne in Position 3.

Was kann die Positionsanalyse zur Deutung dieser Zeichnung beitragen? Andreas sind für seine Selbstverwirklichung Schranken gesetzt. Sein Sprachfehler hemmt ihn. Er wagt nicht einzugreifen, wo er durchaus könnte und dürfte. Erwartet er von der Sonne, die das gleiche Gesicht hat wie die Mutter, eine Erlösung seiner selbst? Weist diese Position vielleicht auf die dem Kind selbst nicht bewussten Sehnsüchte hin, die mit der Verwirklichung seines Wesens zu tun haben?

Mein Material umfasst eine Serie von Zeichnungen der kleinen Melanie, die ebenfalls noch den Kindergarten besucht. Melanie kommt aus besten Verhältnissen. Ihr fehlt nichts. Die Mutter sorgt für ihr einziges Kind, gibt sich ihm gegenüber aber etwas kalt und distanziert. Dafür beschäftigt sich der Vater, ein sogenannter Gemütsmensch, um so mehr mit seiner Tochter.

In Melanies Zeichnungen – insgesamt sind es vier – erscheint immer wieder das Motiv Kinderwagen und Kleinkind. Ein Erlebnis mit dem Baby einer bekannten Familie liess ihr keine Ruhe, so dass sie sich nun unbedingt eine kleine Schwester wünscht. Sie weiss auch, dass ihre Eltern diesen Wunsch erfüllen können. Alle vier Zeichnungen verdeutlichen Melanies ungestillte Sehnsucht nach einem kleinen Geschwisterchen. Ein reichlich ausgeschmücktes und mit Strahlen geziertes Sonnengesicht leuchtet in Position 3 eines der Bilder auf. Vögel fliegen umher, sogar ein Schmetterling ist deutlich zu erkennen. In der Krone des Baumes auf der linken Blattseite befindet sich ein Nest, auf das gerade eine Vogelmutter mit einem Wurm im Schnabel zufliegt.

Auch BEATRICE (Abb. 50), ein Pflegekind, das die zweite Klasse besucht, malte ein Sehnsuchtsbild mit einer Sonne in der dritten Position. Eine Dampflokomotive zieht einen Wagen – ein Haus auf Rädern – durch die Landschaft. Beatrice fehlt die nötige Nestwärme. Sie ist ein sensibles Kind, das oft grundlos(?) weint. Ihre Pflegeeltern verstehen sich gar nicht gut und streiten oft in ihrer Gegenwart. Zudem ist ihre Pflegemutter sehr liederlich. So ist es leicht verständlich, dass Beatrice auf und davon möchte, irgendwohin, wo sie sich geborgen fühlen kann.

Ein merkwürdiges Bild (Abb. 51) zeichnete der achtjährige URS. In der Mitte des Blattes befindet sich eine weibliche Person, die ihre Arme hochwirft. Von oben rechts schaut eine Sonne zu. Das weibliche Wesen, das wohl die Mutter darstellt, steht in einem Obstgarten. Vom linken Blattrand schaut ein Kopf in das Bild hinein.

In dieser Zeichnung von Urs wird seine Mutter offenbar doppelt personifiziert, einmal mit der Frau unten im Garten, das zweite Mal mit der Sonne oben in Position 3. Die Mutter war früher Säuglingsschwester und möchte nun ihr einziges Kind perfekt erziehen. Sie bindet Urs an sich, ja, so fest an sich, dass es ihm unheimlich zumute sein muss. Die Mutter bastelt und wandert mit Urs und macht auch sonst alles Mögliche für ihren Sohn. Sie holt ihn auch immer wieder von der Schule ab, obwohl er bereits die zweite Klasse besucht.

Urs ist leistungsschwach und sehr bedrückt. Auch in der Schule spürte man schon seinen Drang, sich von der Mutter zu lösen. Gegenüber Kameraden verhält er sich frech und hinterlistig und verwickelt sich mit ihnen oft in Streitigkeiten.

Aus diesem Hintergrund wird deutlich, was das Kind sagen will. «Meine Mutter hält mich gefangen, und doch entweiche ich ihr. Dann ruft sie mich flehentlich. Ich muss gehorchen. Müssen Mütter wirklich so sein? Ich hätte lieber eine andere Mutter, oder ich hätte es lieber, wenn die Mutter anders wäre!» Hier handelt es sich um die Sehnsucht eines Kindes, das sich aus seiner Lage befreien möchte.

Zu weiteren Fällen seien hier nur Stichworte angeführt. Gaby wird psychotherapeutisch behandelt. Schon als Kleinkind verlor sie ihre Eltern nach deren Scheidung und wurde dann von Pflegefamilie zu Pflegefamilie gebracht, bis sie schliesslich als Siebenjährige in ein Heim aufgenommen wurde, wo sie sich nun wenigstens etwas wohl fühlt. Auch Gaby zeichnet Sehnsuchtsbilder. Eine ihrer Zeichnungen zeigt eine Dampflokomotive, die diesmal mit einem Haus zusammengekoppelt ist. Ein Zeichen dafür, dass das Mädchen offenbar die Ruhe eines geborgenen Zuhauses sucht.

Helen K. leidet unter schweren Sprachstörungen. Mit ihrer geschiedenen Mutter wohnt sie in miserablen Verhältnissen. Resli ist ein Mischling. Ihre Sehnsucht ist nur zu deutlich. Und Regula ist eine altkluge Zweitklässlerin aus einem Akademikerhaus. Das Gesicht ihrer Sonne ist ausgeprägt. Es handelt sich um den zweiten Beziehungstyp. Das Kind, das schon Anwandlungen zur Perfektion zeigt, möchte offenbar mehr sein als es ist.

Hypothese: Auf Grund der vorgelegten Fälle und anderer Beobachtungen darf angenommen werden, dass Kinder mit der Position 3 eine Sehnsucht ausdrücken, die von Fall zu Fall einem anderen Ziele gilt. Es handelt sich hierbei um das symbolische Innewerden eines Mangels, unter dem das Kind leidet. Es möchte ihn beheben oder sehnt sich nach einer Verbesserung seines Zustandes.

Die drei soeben behandelten Positionen weisen ein interessantes Ausdrucksspektrum auf. Position 1 ermöglicht, Erfahrungen zu projizieren, die das Kind mit der Macht der Erwachsenen erlebt. Es sind Erfahrungen im Umgang mit der Autorität. Oft fehlt dem Kind selbst die Macht, und es wünscht sich einen Mehrbesitz. Darum kann in diesem Feld auch der Wunsch nach Macht, die Bewunderung der Macht zum Ausdruck kommen.

Im Zentrum faltet sich die Persönlichkeit voll aus und gibt dem Kind ein partnerschaftliches Gefühl. Das Kind erlebt im Du der Beziehungsperson seine eigenen Möglichkeiten, die es unbewusst annimmt und selbst entfaltet.

Im Unterschied zu Position 1 bezeichnet der dritte Typ einen Mangel an Möglichkeiten zur Selbstentfaltung. Die Sonne, die oben links aufgeht, entfaltet ihre Macht. Breitet sie sich aber zu grossartig aus, so nimmt sie zugleich einen negativen Charakter an. Auch diese Position 3 ist dem Kind gegeben, um etwas Fehlendes sichtbar zu machen. Hier handelt es sich aber nicht um Wünsche nach verstärkter eigener Macht, wie dies bei Position 1 häufig der Fall ist, sondern um das Verlangen nach einer vielfach verwehrten Wesensverwirklichung. Erscheint zusätzlich ein positiver Beziehungstyp, so ist diese Sehnsucht nicht tiefgründig und vor allem nicht Zeichen eines echten Persönlichkeitsmangels. Dies konnte ja bei Regula und Melanie deutlich festgestellt werden.

Im übrigen stimmen unsere Befunde auch mit den raumsymbolischen Ergebnissen von *Koch* und *Imhof* überein (s. Schema Skizze 2). Im Baum-Test ist das Feld rechts oben bestimmt durch Ziel und Tod. Wer das Ziel nicht erreicht, sehnt sich nach ihm. Auch der Tod mag hier erahnt werden. Vielfach waren es Kinder mit geschiedenen Eltern, die ihre Sonnen in dieses Feld plazierten. Aber auch hier sollte man vorsichtig sein und eine Positionsanalyse nicht verabsolutieren. Wenn

Sonnen keine emotionellen Merkmale aufweisen und sich ihre Position nicht in weiteren Zeichnungen wiederholt, so kann schliesslich der Zufall bei der Raumgestaltung Regie geführt haben. Es lässt sich jedoch belegen, dass Kinder mit Problemen nichts Zufälliges zeichnen. In ihren Zeichnungen bringen sie wirklich das zum Ausdruck, was sie innerlich beschäftigt, und finden dafür unbewusst die richtigen Darstellungsmittel. Es ist gewiss kein Zufall, dass so viele Kinder mit sehnsüchtigem Verlangen nach Persönlichkeitssteigerung ihre Sonnen in die dritte Position setzen.

Die Randpositionen

Die Randpositionen verschärfen die Problematik der Positionen 1 bis 3. Oft sind sie aber gar nicht aussagekräftig. Hier gilt noch mehr, was schon oft gesagt wurde: Wenn emotionelle Merkmale der Sonne nicht nachgewiesen werden können, ist es äusserst schwierig, den Randpositionen psychische Gehalte zu entnehmen. Gerade die Randpositionen unterliegen vielfach einer Schablonisierung. Viele Zeichnungen in Bilderbüchern enthalten Sonnen, die aus den Ecken oder hinter den Bergen hervorgucken. Diese Bilder fordern stark zur Nachahmung auf. Wenn die Sonne nicht mehr im Dienste des Ausdrucks steht, dann ist sie leer und ihre Position wird zur Gewohnheitssache.

Es bleibt dem intuitiven Geschick des Deuters überlassen, diejenigen Sonnen zu entdecken, die einen libidinösen Gehalt haben. Reine Schematisierungen müssen erkannt und ausgeklammert werden.

Ich werde am Schluss dieses Kapitels, wenn alle zu analysierenden Faktoren besprochen sind, auf diese Frage zurückkommen. Wir müssen zu bestimmen versuchen, wann es sich um eine emotionell besetzte Sonne handelt und wann nicht. Wir brauchen Kriterien, die uns helfen, leere Sonnen von emotionellen zu unterscheiden.

Ich wende mich nun zuerst den Randpositionen zu und versuche, Hypothesen, Mutmassungen und Annahmen zu bilden, damit wir den Sinn dieser Zeichen ergründen lernen.

2.4 Sonne in der Randposition links - Die Sonne neben dem Aufgang

Einen eigenartigen Fall zu diesem Positionstyp lieferte MARINO. Der siebenjährige Italienerjunge, der unter denkbar ungünstigen Verhältnissen aufwächst, zeichnete ein Familienbild (Abb. 52). Eine Figur gleich dem Sonnenhelden Simson stellt seinen Vater dar. Ähnlichen archetypischen Durchbrüchen kann man in Kinderzeichnungen mehrfach begegnen.

Simson ist ein Held, dessen Kraft und Heldentum in seinen mächtigen Haaren (= Sonnenstrahlen) begründet ist. Dalila, das dämonische Weib des Mythus, raubt ihm diese Kraft. In andern Mythen überwindet er den starken Löwen. Immer ist Simson ein machtvoller Held.

Marino postierte seinen Vater, von dessen Haupt fünf Strahlen ausgehen, in die linke Blattecke. Er selbst und seine Mutter haben zugeschmierte Gesichter ohne Merkmale, was dem dritten Beziehungstyp entspricht.

Da Marinos Eltern geschieden sind, lebt die Familie getrennt. Als Marino vier Jahre alt war, verschwand seine Mutter nach Italien. Von da an war Marino einem unbestimmten Schicksal überlassen. Er kam von einer Pflegefamilie zur anderen, bis er schliesslich im Alter von sieben Jahren Unterschlupf bei einer Bäuerin mit erwachsenen Kindern fand. Am Freitagabend wird Marino freilich von seinem Vater abgeholt, um mit ihm und seiner Freundin das Wochenende zu verbringen. Marinos Vater wirkt sehr grob, beinahe furchterregend. Marino geht nicht gerne zu ihm, denn die liebe Bäuerin bedeutet ihm viel. Am Freitag, bevor der Knabe abgeholt wird, ist er unausstehlich. Alles, was während der Woche in ihm aufgebaut wird, stürzt dann wieder in sich zusammen. Für Marino bedeuten diese Weekends Tage mit Furcht und Zittern.

Sein Vater ist Simson, der gewaltige Mensch. Er tritt in das Leben hinein und erwürgt die Antriebe des Kindes. Hier haben wir wieder einen Beleg, dass alle Sonnengebilde, die die Kulturgeschichte geschaffen hat, bei spontanen Werken des Kindes jederzeit wiedergefunden werden können.

Marinos Sonnen erscheinen durchwegs in der Randposition 4. In allen anderen Fällen, in denen neben dieser Randposition auch emotionelle Faktoren auftraten, konnte man ein den jeweiligen Zeichner belastendes Milieu feststellen, und zwar handelte es sich in der Mehrzahl um Belastungen gleicher Art.

Auch der 8½jährige WOLFGANG (Abb. 53) zeichnete seine Sonne in die linke obere Ecke. Ein Mädchen geht auf einen Baum in der Blattmitte zu. Fadenartige Sonnenstrahlen röten einen Apfel an diesem Baum. Rechts steht ein Bauernhaus, von dem ein Weg ebenfalls rechts aus dem Bilde führt. Zu erkennen ist ein weiterer, kleiner Baum; das ist alles.

Wolfgangs Vater, in der Gemeinde als Palaveri bekannt, erzieht ausserordentlich streng. Seine Mutter ist kränklich, ernst und ebenfalls streng. Wolfgang hat zwei Geschwister, Zwillingsmädchen, die ihm die spärliche Gunst der Eltern wegnehmen. Schon im Kindergarten fühlte sich Wolfgang unverstanden. Er hat keinen Freund, wahrscheinlich, weil er hinterlistig ist und seine Kameraden gerne plagt. Als Bettnässer macht er der Mutter Sorgen. Wenn er zu Hause streng gehalten wird, macht er sogar in der Schule in die Hosen. Wolfgang geht nicht gerne in die Schule. Trägt er schlechte Noten nach Hause, prügelt man ihn durch.

Dieser unglückliche Bub zeichnete also eine Randsonne und darunter ein Mädchen. Was soll dies aussagen? Welchen Sinn kann diese Zeichnung haben? Die Sonnenstrahlen umgreifen einen Apfel und lassen ihn reifen. Dieses an sich positive Zeichen findet im Leben des Zeichners keine Bestätigung, es sei denn, in dessen Phantasie und Wunschdenken. Dies könnte auch der Schlüssel für diese Zeichnung sein. Wünscht sich Wolfgang eine über ihm stehende Sonne, die ihn wie den Apfel mit ihren zarten Strahlen umfasst? Das wäre schön. Dazwischen aber stehen seine Zwillingsschwestern und sein übermächtiger Vater, die eine Verwirklichung seines Wunsches verunmöglichen.

Es ist gewiss kein Zufall, dass die Zeichner nahezu aller randgestellten Sonnen von ihren Eltern durchwegs zu streng erzogen werden. Monikas Vater z. B. tyrannisiert die gesamte Familie, der sensible Edgar leidet unter den Grobheiten seines Vaters. Markus C. ängstigt sich vor seinen zu streng erziehenden Eltern. Zudem wird er überfordert. Elianoras Mutter pflegt einen ausgesprochen autoritären Erziehungsstil. Ihre Sonne in der linken Ecke ist nicht rund. Sie hat scharfe Augen, einen grossen Mund und keine Strahlen.

Die Reihe dieser Belege könnte beliebig weitergeführt werden. Es überrascht mich selbst, dass in den Beobachtungsblättern immer wieder der gleiche Ton angestimmt wird. Die *Hypothese* kann daher nur lauten: Kinder, die ihre Sonnen an den Rand drängen, stehen unter dem starken Druck ihrer Eltern. Irgendein Simson beherrscht ihr Lebensfeld und erwürgt ihre Daseinstriebe. Stellt die Sonne den Zeichner selbst dar, so entschleiert sie zugleich dessen Wunsch nach eigener Macht.

Gleichsam als Bestätigung und Abschluss dieses Typs soll noch von Daniel K. gesprochen werden. Von ihm existieren vier Zeichnungen mit Randsonnen, die eine davon scheint aus dem rechten Eck herab, die anderen von links oben. Auch hier das gleiche Bild. Die Eltern sind streng. Sein Vater, Besitzer eines Transportunternehmens, ist glücklicherweise nicht allzu häufig zu Hause. Von ihm bemerkt Daniel in einem Aufsatz: Mein Vater. «Er schläft immer am Sonntag. Er schreibt Rechungen. Er flucht, wenn der Motor kaputt ist. Er füllt den Tank.» Das ist alles. Von Daniel wird viel verlangt. Er soll in der Schule vorwärtskommen und etwas werden, ohne dass er dafür etwas von den Eltern bekommt, nämlich Liebe und Halt. So fühlt er sich bedrängt.

Es verwundert, nachdem wir die Hypothese für diese Randposition kennen, dass Daniel in einer Zeichnung die Sonne oben rechts plaziert. Diese Sonne entstand zur Zeit der Schulreise, über die Daniel ein Aufsätzchen geschrieben hat. Der Aufsatz ist als Brief verfasst: «Liebes Fräulein ... Wir gehen auf die Schulreise, wen es schönes weter ist. Wir gehen nach ... und wir darfen trinken und Esen. Wir faren mit dem Zug. Ich freue mich auf dem Hirschpark ...»

Es ist interessant, dass Daniel seine Sonne in dem Augenblick rechts oben postiert, da er einen Brief schreibt, der einige freudige, fast erwartungsvolle Aspekte für ihn enthält. Dieser Bemerkung werden wir uns erinnern, wenn von Position 6 die Rede ist.

2.5 Sonne in der Randposition Mitte oben - Die Sonne über dem Zenit

Diese Position ist uns schon oft beggenet. Erinnert sei an die Abbildungen 9, 23, 37, 38 usw.

Den Prototyp zu dieser Randposition stellt uns Peter (Abb. 23) zur Verfügung. Er selbst und seine Situation sind uns bekannt. Die mächtige, an den Rand des Himmels gedrückte Sonne symbolisiert den Druck, unter der der Zeichner und seine Mutter leiden. Mutter und Kind sind überfordert.

Ursi (Abb. 9) unterlag den Schicksalsschlägen, die einige Male den Tod in die Familie brachten, und Markus B. (Abb. 34) ist einer grob strafenden Mutter ausgesetzt. Rudolfo (Abb. 37/38) ist der Mutter eine Last, so dass er sich selbst stark belastet fühlt.

Das Material, das zu diesem Typus zur Verfügung steht, ist sehr reichhaltig. Auch hier weisen alle Beobachtungen auf eine deutliche Spur. Wir haben sie bereits verfolgt.

Lukas zeichnete eine grosse, halbe Sonnenscheibe an den oberen Blattrand. Seine Sonne zeigt kein Gesicht, schickt aber Strahlen aus, die das ganze Blatt (siehe Eveline) durchströmen. Zwei unvollständige Häuser erscheinen in gleicher Grösse wie die Sonnengestalt.

Lukas ist Drittklässler. Seine Schulaufgaben macht er entweder schlecht oder gar nicht. In einem Bericht über Lukas heisst es: «Der Vater wollte Kontrolle und schlug vor, ein Aufgabenbüchlein zu führen, worin die Lehrerin die Aufgaben eintragen sollte. Das geht nun sehr gut. Lukas bringt das Aufgabenheft nach Hause und ebenso der Lehrerin, vorerst ohne aufgefordert zu werden.»

Dieses Aufgabenheft gleicht eher einem Tagebuch. Mehrere Seiten sind gefüllt mit Beobachtungsberichten beider Elternteile. Seine Eltern geben sich also ernsthaft Mühe und sorgen sich um ihren Sohn. Einige Notizen aus diesem Aufgabenbüchlein sind mir noch in Erinnerung geblieben. Einmal schrieb die Mutter, Lukas habe ein für seine Aufgaben wichtiges Buch nicht nach Hause gebracht. Ein andermal, Lukas sei zu spät nach Hause gekommen, und zwar öfters, habe sich wahrscheinlich irgendwo herumgetrieben. Über seine Arbeitsgewohnheiten bei den Hausaufgaben berichtet sie, Lukas sitze schon seit zwei Stunden an den Aufgaben. Er arbeite nicht, sondern trödle einfach herum. Es sei schon 21 Uhr. Worte des Vaters: Hat unsere Geduld überhaupt noch einen Sinn? ... «Lukas war mit seinem Vater bei einer Psychologin in Zürich. Diese untersuchte seine Beziehungen zu den Eltern, zur Lehrerin und den Geschwistern. Das Resultat war durchaus positiv. Bei der Befragung verweigerte er plötzlich Antworten und wiederholte nicht eine Silbe mehr.

Die Psychologin stellte fest, dass Lukas unter grosser Angst leidet. Es gehe jetzt vor allem darum, diese Angst abzubauen.» Was mich am meisten erstaunte, war eine weitere Feststellung, und zwar die, dass Lukas durchaus begabt ist. «Sein Intelligenzquotient liegt über dem eines durchschnittlichen Drittklässlers. Lukas ist jedoch überfordert, weshalb er auch plötzlich verstummt und man nichts mehr aus ihm herausbekommt.»

Berichte über die vielen Kinder, die ihre Sonnen gross und mächtig an den oberen Rand stellen, lauten sicherlich ähnlich. Stichworte aus anderen Beobachtungsberichten sollen zur Illustration genannt sein. Die meisten Kinder sind überbehütet. Oft sind es Einzelkinder, von ihren Müttern sehr umsorgt, aber auch zugleich belastet durch übergrosse Erwartungen von seiten der Eltern. Roger z. B. ist überfordert. Seine Eltern setzten alles daran, dass «aus ihm etwas Rechtes» wird.

HANSPETER (Abb. 54) wächst als ältester Sohn einer fünfköpfigen Familie auf. Er besucht die zweite Klasse. In der Familie gibt die Mutter den Ton an. Auf Schule und Lernen wird sehr viel Wert gelegt. Hanspeter wird stark umsorgt, eher überbehütet.

Diese starke Bindung kommt auch in seiner Zeichnung zum Ausdruck. Eine grosse Sonne berührt mit ihren Strahlen seinen Kopf. Hanspeter schwebt – seine Füsse berühren den Erdboden nicht – über einem Hügel, der ihn stark exponiert.

In der Schule neigt Hanspeter zu Wutausbrüchen, die sich in Schreien und Grimassen äussern und Kratzer auf seinem Pult hinterlassen. Seine Grundeinstellung zu Arbeit und Lernen ist negativ. Er arbeitet unselbständig und behandelt seine Sachen sehr sorglos.

Die Zeichnung und seine Verhaltensweisen zeigen, dass Hanspeter, obwohl geliebt und umsorgt, durch die Erwartungen eben gerade dieser Liebe offenbar überfordert wird.

Eine Überforderung kann natürlich auch von anderer Seite kommen. Roberto z. B. wird durch seinen Zwillingsbruder Michael unterdrückt, so dass er sich nicht entfalten kann. Franziska ist zu stark auf sich selbst angewiesen, und Renzo erlebt und teilt die grossen Sorgen seines kranken Vaters.

Hypothese: Eine Sonne in der Randstellung Mitte oben ist meistens Hinweis auf eine Überforderung des Zeichners. Diese Zeichner sind – bei positivem Beziehungstyp – zwar behütet und geliebt, aber die Erwartungen sind zu gross, so dass sie ihnen nicht Genüge leisten können. Kinder mit starker Behütung erleben diese Zuneigung der Eltern oft als Zwang und Druck.

Bei negativen Beziehungstypen (siehe Rudolfo) handelt es sich nicht um die Überforderung durch Überbehütung und grosse Erwartungen, sondern um die Last schwieriger Verhältnisse. Immer aber ist es eine Überforderung.

2.6 Sonne in der Randposition rechts - Die Sonne neben dem Untergang

Wir sind diesem Typ schon begegnet. Cornelia (Abb. 4) lieferte die erste Zeichnung. Wenn die Menschen auf dem Blatt das Zentrum darstellen, von dem aus die Position der Sonne zu beurteilen ist, so steht Cornelias Sonne oben rechts. Sie ist eine Sonne der Sehnsucht und deutet zugleich auf die massive Vernachlässigung hin, der das Kind unterliegt. Roland (Abb. 22), dessen Vater Sektenprediger ist, leidet stark unter den gegebenen Verhältnissen. Er wird bekanntlich zugunsten des Himmels sehr vernachlässigt. Auch Karin (Abb. 33) zeichnet ihre hofärtige und luxuriöse Mutter als Sonne oben rechts in den Winkel. Karins Mutter ist häufig fort und entzieht dadurch dem Kind das, was ihm gebührt.

Wenn ich mein Material nach den Fällen sichte, die diesen Randtyp aufweisen, so stosse ich durchwegs auf problematische Situationen.

Erika zeichnete eine strahlende Sonne in den rechten oberen Blattwinkel. Sie wählte den dritten Beziehungstyp. Die Eltern finden für ihr einziges Kind wenig Zeit, da sie durch das eigene Geschäft voll beansprucht werden. Und am Sonntag schicken sie Erika zu einer befreundeten Familie.

Klemenz postiert seine Sonne ebenfalls oben rechts. Er ist ein frecher Bub, der viel allein ist und als Einzelgänger im Wald herumstrolcht. Die Erziehung des Kindes ist nicht ganz schlecht. Wenn Klemenz bei den Arbeiten in Vaters Geschäft hilft, wird er geschätzt. Da im gleichen Haushalt eine Grossmutter mitregiert, kommt es zu Uneinigkeiten in der Erziehung.

Filippo ist Italiener und kommt aus primitiven Verhältnissen. Seine Sonnen, die ohne Strahlen oben rechts oder auch links stehen, haben Gesichter wie die Menschen. Filippo gebärdete sich anfänglich sehr frech in der Schule. Er konnte sich nicht anpassen. Allmählich hat die Kindergärtnerin seine Gunst erobert. Filippo wurde sehr anhänglich. Wenn er etwas gestreichelt wird, strahlt er aus vollem Gesicht. Er hat diese Liebe nötig.

René O. setzt seine Sonne ohne Strahlen in den rechten oberen Winkel. Seine Mutter ist sehr laut. Der Bub stört den Unterricht. Er spielt nicht gern und blödelt herum. Er sieht viel fern, wobei ihn besonders Wildwestfilme beeindrucken. Seine Zeichnung ist öde und leer. Das Haus, das ebenfalls an den rechten Rand gedrängt ist, ist schwarz, ohne Fenster und Türen. Es ist leer.

Anita erlebte eine Verführung. Ein Mann, der auch auf den Zeichnungen des Mädchens erscheint, soll es unsittlich betastet haben. Die Sonnen des Mädchens stehen meist oben links, dann auch oben rechts und sind durch einen besonderen Farbstrich gegen das Blatt hin abgeschlossen. Selten sind Strahlen zu finden und wenn, nur kurze.

Isabella zeichnet ein Sammelsurium von Dingen auf ihr Blatt. Es geht da dramatisch zu und her. Eine Sonne steht oben rechts, klein und verschmiert. Auf dem gleichen Blatt ist unten rechts eine «heruntergekommene» Sonne, diesmal im wahrsten Sinne des Wortes. Isabellas Vater ist ein krankhafter Trinker, der – zurzeit schwer krank – von einer Trinkerheilanstalt in ein Spital eingeliefert wurde.

Bruno ist ein Einzelkind. Seine Sonnen sind meistens in der 6. Position zu finden. Der Vater ist selten zu Hause und kümmert sich kaum um seinen Sohn. Die Familienverhältnisse sind unglücklich. Die Mutter muss arbeiten, weil sie von ihrem Mann kein Geld erhält. So wächst Bruno ziemlich wild auf.

Susannes Familienverhältnisse sind zerrüttet. Vater und Mutter arbeiten schichtweise. Daher müssen sich die Kinder das Essen oft selbst kochen.

Silvia zeichnet in Position 6 eine grosse Sonne mit grünen Augen und einem violetten, stechenden Blick, mit starker Nase und grossem Strichmund. Da ihre Eltern geschieden sind, wohnt Silvia mit ihrer Schwester in einem Heim. Das Kind leidet unter den gegebenen Umständen. Es sehnt sich nach Liebe und Geborgenheit, und da es dies kaum bekommt, versucht es, sich jedem bei Gelegenheit um den Hals zu werfen oder sich anzuschmiegen. Nach einem Besuch der Mutter ist Silvia immer besonders verstört und nässt wieder ein.

Hypothese. Der Reigen dieser Fälle zeigt uns, dass die Kinder, die diesen Positionstyp wählen, offenbar stark unter seelischen Vernachlässigungen leiden. Auch hier kommt es freilich wieder auf die emotionellen Faktoren an. Ist z. B. der Beziehungstyp positiv, so handelt es sich wahrscheinlich um eine Verstärkung der Sehnsucht, wie sie beim

Positionstyp 3 geschildert wurde. Die echten emotionellen Fälle sind natürlich von den Gewohnheitszeichnungen, denen die hier vermutete Bedeutung nicht zukommt, zu unterscheiden.

2.7 Sonne irgendwo in der Landschaft – Die heruntergekommene Sonne

Wir sind solchen Zeichnungen im 2. Kapitel begegnet. Daniel (Abb. 10) zeichnete seine Muttersonne in die gebirgige Landschaft hinein. René (Abb. 25) liess sie wie eine gewaltige, stachelige Walze durch die Gegend rollen, und Markus (Abb. 24) stellte ein passiv wirkendes Kind in die Nähe eines – wie es scheint – Sonnentotenkopfes.

Renés Lebenssituation ist bekannt. Es geht ihm nicht gut. Daniel ist ein Trotzbengel, der jähzornig wird, wenn er mit der Mutter in Konflikt gerät.

Beide Zeichnungen beinhalten ein schlechtes Omen. Ich will der Analyse nicht vorgreifen. Renés Zeichnung ist vom Beziehungstyp 2 und lässt uns bereits erahnen, dass Spannungen vorhanden sind. Das Merkmalsgefälle ist recht gross.

Da ist Mario. Sein Vater ist Italiener, die Mutter Schweizerin. Daneben hat er noch eine jüngere Schwester. Mario zeichnet eine Spiel- und Spazierpartie. Eine Frau spaziert mit zwei Kindern auf die linke Seite des Blattes zu, eine andere Frau mit Brille steht am rechten Bildrand, dazwischen spielen vier Buben. Sie springen herum, wobei man nicht feststellen kann, was die Kerle tun. Oben am Bildrand verläuft ein Hag in zwei parallelen Zügen hin und her. Eine Sonne mit scharf ausgezogenem Gesicht dringt von oben rechts in diesen Hag hinein und bestrahlt einen Teil des Spielplatzes.

Marios Vater ist jähzornig. Er dominiert die Familie, was ihm um so leichter fällt, weil die Mutter oberflächlich ist. Das Familiengefüge ist locker. Die jüngere Schwester wird vom Vater stark bevorzugt.

Mario stiehlt und – was meistens noch hinzukommt – lügt. So ist es nicht verwunderlich, dass bei dieser Konstellation Marios Seelenleben hie und da aus den Fugen gerät. Wutausbrüche sind keine Seltenheit. Dann und wann tauchen Minderwertigkeitsgefühle auf. Mutlosigkeit herrscht vor.

Marios Sonne ist nicht so gewaltig wie diejenige Renés. Auffallend ist, dass die Figuren ohne Hände sind. Im übrigen treffen wir hier auf den 1. Beziehungstyp, was auf spannungsfreie Verhältnisse hindeuten könnte. Dagegen spricht die in die Landschaft getretene Sonne, die offenbar den Raum des idealen Reiches, den des Himmels verlassen hat, um direkt auf die Lebensverhältnisse einzuwirken. Es scheint, dass diese Position stärker ist als der Beziehungstyp und die Aussage mitzubestimmen vermag.

MARTIN (Abb. 55), ein Kindergartenschüler, ist im Vergleich zum Viertklässler Mario noch ein schlechter Zeichner. Er ist das jüngste von vier Kindern und als Nachzügler unerwünscht. Die nötige Nestwärme fehlt. Die Eltern versuchen zwar das Kind zu erziehen, können sich mit ihm aber nicht kindgemäss abgeben. Als seine Mutter wegen einer Erkrankung fort musste, kam Martin in die Obhut einer Hausangestellten. Diese versuchte nun sein Nägelkauen radikal zu unterbinden, indem sie seine Hände in Gips legte. Eine unverständliche Maßnahme! Da die Methoden der Hausangestellten untragbar wurden, wurde der arme Bub von seinem Götti aufgenommen. Bei ihm fand er seine Ruhe. Der Umweltwechsel gelang. Martin wurde auch im Kindergarten ausgeglichener und freundlicher.

Martin gefällt sich in der Rolle als Spassmacher und versucht als Rädelsführer Kontakt zu den Kindern zu bekommen. Wenn nötig, lügt er etwas daher, um sich die Gunst der Kinder zu erbuhlen.

Auf einer Zeichnung befindet sich links ein gelbes Feldchen, das er mit kräftigen, zündroten Strichen übermalt hat. Es sieht aus wie eine amorphe Sonne. Martin deutet dieses merkwürdige Gebilde als einen Stein, hinter dem sich ein Riese versteckt hält. Über dem Kopf einer menschlichen Figur, die Martin Struwwelpeter nennt, scheint eine Sonne mit grossem Mund. Handelt es sich bei diesen Gebilden um eine doppelte Eltern- oder Erwachsenengestalt? Der rote Stein, hinter dem sich der gelbe Riese (Ansatz zu einer Sonnenzeichnung) verbirgt, müsste aber diesmal die reale Bindungsperson, zu der er in einem gestörten Verhältnis steht, darstellen. Die Sonne über seinem Haupt wäre dann wohl die ideale Person, die er sucht.

Solchen Interpretationen haftet immer etwas Problematisches an. Sie sind natürlich nur Hypothesen oder Deutungsversuche. Interessant und bedeutungsvoll an diesen Versuchen ist aber, dass sie unsere Fragerichtung beeinflussen und uns für hintergründige Vorgänge sensibilisieren. Wir neigen ja gerne dazu, Interpretationen, die nicht auf Anhieb plausibel sind und der Ratio des gewöhnlichen, alltäglichen Denkens nicht sofort einleuchten, als absurd und phantasievoll erfunden abzutun. Wie aber soll das merkwürdige, unverständliche Signum auf der Zeichnung eines Martin überhaupt begriffen werden? Es muss einen Sinn haben. Es hat sogar, das dürfen wir annehmen, seine Bedeutungstiefe und -fülle. Ein Riese, der sich versteckt, ist ein Wesen, das im kindlichen Innern erschaffen wurde. Es ist das verlebendigte Bild einer Ahnung oder psychischen Erfahrung. Es ist das Unsagbare, von dem das Kind bedrängt wird. Das Kind ist freilich nicht in der Lage, diese seelische Erfahrung zu verbalisieren. Es braucht dazu ein Bild, das das Wesenlose, aber auch Gefährliche festnagelt.

Abbildung 56 fixiert dieses Wesenlose schon deutlicher. Nun ist es eine grosse Sonne, deren Gesicht mit mehreren Augen besetzt ist. In der Mitte der Sonnengestalt haftet ein schwarzer Fleck. Ein brauner Baumstamm oder eine Mauer trennt den Sonnenriesen von einem kopffüsslerähnlichen Menschen. Am menschlichen Wesen sind besonders die grossen Augen auffallend. Starren sie das Sonnengebilde an, das auf seinen Strahlen wie ein Käfer dahinschreitet?

Die Spannung, die zwischen den beiden Wesen herrscht, wird auch durch den Beziehungstyp ausgedrückt. Der Mensch hat ein Gesicht, die Sonne mehrere. Das deutet wiederum darauf hin, dass der Zeichner diesem Sonnenwesen keinen Namen geben kann. Es ist eine Feuergestalt, die zu einem starrenden Aufmerken zwingt.

Wenn wir die Familiensituation betrachten, erscheint es uns nicht unwahrscheinlich, dass der sechsjährige Martin sich vom Unnennbaren bedroht fühlt. Sind Sonnen, die heruntersteigen, etwa Symbol der in ihrem Ursprung undeutbaren Angst? Es gibt aber auch Sonnen, die sich in der Landschaft aufhalten und einen klaren Hinweis auf den Bedrohenden oder das Bedrohliche enthalten. So ist Renés Sonne aggressiv und böse wie der Vater, Daniels Sonne traurig wie die Mutter und Marios mit ihrem stechenden Blick wie der Vater.

Wir haben bereits im 2. Kapitel erfahren, dass die Sonnen nicht immer blosse Analogien zu den elterlichen Beziehungspersonen sind. Sie können komprimiert auch das gefühlte Verhältnis zur Umwelt symbolisieren. Sie enthalten aus der Tiefe Gesagtes, das für ein Kind schwer zu umschreiben ist. Sie füllen oft auch die archetypische Hülse mit seelischem Erfahrungsgut schwankender, schwebender Art an.

Ich muss auch hier wiederum vor überschnellen Verallgemeinerungen und Rückschlüssen warnen.

Ein Beispiel, das uns FELIX (Abb. 57) gezeichnet hat, bejaht, was wir soeben festgestellt haben, stellt aber auch zugleich in Frage, wenn wir es uns mit den «heruntergekommenen Sonnen» zu einfach machen.

Von Felix liegen drei Sonnenzeichnungen vor, die er im Abstand von je acht Tagen anfertigte. Die zuletzt entstandene Zeichnung entspricht dem 1. Beziehungstyp und deutet auf durchaus gute Familienverhältnisse hin. In der Tat, die Eltern kümmern sich sehr um Felix, obwohl seine drei Schwestern die Aufmerksamkeit der Eltern voll beanspruchen. Er ist immer hübsch gekleidet. Das Milieu zu Hause ist sehr herzlich. Felix ist ein gescheiter Bub, unauffällig und still, begeisterungsfähig und konzentriert. Seine originellen Ideen sind bemerkenswert. Die gestellten Aufgaben erfasst er schnell und führt sie sauber aus.

Dieser Felix hat eine sehr interessante Zeichnung (Abb. 57) verfertigt, auf der das Hexenhaus aus dem Märchen ‹Hänsel und Gretel› erscheint. Aus dem Haus tritt ein etwas wirrer Rauch. Die Zeichnung aber wird dominiert durch eine recht grosse, rote Sonne, die von der Mitte des Raumes auf einen Menschen zugeht, der mit ausgebreiteten Armen am Rande des Blattes steht.

Warum tritt aus dem schönen Lebkuchenhäuschen nicht eine Hexe, die, wie das Märchen berichtet, am Stock daherkommt? Wo ist Gretel? Was stellt diese mitten in den Raum hineingeplatzte Sonne dar?

Die Sonne ist weder Vater noch Mutter. Das darf ich mit Sicherheit behaupten. Sie steht wahrscheinlich stellvertretend für die Hexe. Und hier erweist es sich von neuem, dass die Sonne bedeutungsschwer und -tief sein kann. Sie ist auch nicht einfach die Hexe. Sie ist mehr und anderes. Die Hexe ist eine böse Frau. Sie ist eine lockende Gestalt. Sie verführt die Kinder. Sie will Hänsel auffressen. Dazu muss sie ihn in ihr Gefängnis bringen.

Diese rote, übermächtige Sonne scheint so etwas wie das übergrosse Weibliche zu sein, das dem Kind gefährlich werden kann. Das Kind wählt dieses Symbol unbewusst. Aber es wählt es, weil es damit mehr aussagen kann, als wenn es eine bucklige Hexe vor das Knusperhäuschen stellt.

Auch in anderen Zeichnungen wandelt die Sonne in der Landschaft umher. In den meisten Fällen ist die Situation im Elternhaus nicht sehr erfreulich. Roger z. B. ist Bettnässer. Der Vater von Thomas trinkt. Franziskas Vater ist noch Student. Die Hauptbelastung scheint hier das

Geld zu sein. Es fehlt und führt zu Spannungen. Die Sonne tritt hier nicht in die Landschaft hinein wie in den besprochenen Fällen. Sie klebt vielmehr zwischen den Hügeln.

Heruntersteigende Sonnen sind sehr auffällig. Sie verlassen ihre gewohnte Bahn und treten in einen Raum, der nicht der ihre ist. Sie fallen also aus ihrer Gesetzmässigkeit heraus und geistern herum. Sie treiben auf der menschlichen Ebene ihr Unwesen; so kommt es einem vor, wenn man diese Sonnen betrachtet, und man denkt an einen Satz von *Johannes Flügge,* der hier analog Geltung beanspruchen darf: «Vielerlei Gestalt kann, bei seiner visuellen Ausformung, jenes dunkle Angstbild annehmen, das den innersten Lebenskeim zu zerreisen und zu verschlingen droht»[64].

Kinder, die so zeichnen, haben es in irgendeiner Form mit der Angst zu tun. Wir sind schon Beispielen begegnet und werden anschliessend mit drei weiteren konfrontiert. «Auf die Frage, welches die eigentliche Substanz des hier zur Rede stehenden, das kindliche Dasein überschattenden Archetypus sei, lassen sich noch genauere Antworten finden. Es ist die dem auf sich selbst gestellten Lebewesen mitgegebene Angst. Aber nicht die Angst vor etwas Bestimmtem, auch nicht die Angst vor dem Zurücksinken in das elementare Sein, vor der Selbstvergessenheit; hat doch kein Lebewesen Angst vor dem Schlaf als solchem, denn ihm kann der innerste Lebenskeim anvertraut werden. Es ist vielmehr die Angst vor dem Verschlungenwerden, vor einer das Wesen, die Seele lebendig verschlingenden Macht, gegen die es keine Gegenwehr gibt, die lähmt, die übermächtig ist und boshaft»[65].

Wenn wir auf Martins (Abb. 56) vieläugige, doppelgesichtige Sonne blicken und bemerken, wie die menschliche Figur gebannt, tatenlos – Arme und Hände fehlen – dasteht und ihre übergrossen Augen auf den Sonnenmoloch richtet, dann denken wir unwillkürlich an ein dunkles Angstbild. Martin, dessen Mutter wegen einer Erkrankung fort ist, wird von einer unbekannten Angestellten tyrannisiert. Sie will ihm mit untauglichen Mitteln das Nägelkauen austreiben. Da beschleicht die Angst das auf sich selbst gestellte Lebewesen. Und es steht vor der lebendig verschlingenden Macht, «gegen die es keine Gegenwehr gibt, die lähmt, die übermächtig ist und boshaft». So erging es René, und so scheint es allen Kindern zu ergehen, die die Sonne aus ihrer gewohnten Bahn hinunterstürzen in die Landschaft.

Priska (Abb. 58), die verstört und aufgewühlt vom Spital zurückkam, fand zu Hause nicht die erwartete Geborgenheit. Statt dessen wurde sie überfordert und von der nervösen Mutter zu Arbeiten gezwungen, die ihr aus verschiedenen Gründen verhasst waren. Sie sollte ihre Zwillingsschwestern hüten. Von der Angst, die sich ihrer in dieser Situation bemächtigt, zeugt die knallrote, mit ihren spinnenartigen Fadenstrahlen herumgeisternde Sonne. Ist es die Angst vor der Bodenlosigkeit der Situation, die das Kind im Augenblick erlebt? Priska ist auf sich selbst gestellt, und obwohl sie mit wunder Seele vom Spital zurückkommt, ist niemand bereit, sie zu heilen. Da beschleicht sie eine düstere, nicht genau definierbare Angst.

Ein drittes Bild (Abb. 59), das Priska in dieser Phase zeichnete, bestätigt unsere Vermutung. Ein rotes Schiff schaukelt mit einem Tisch und zwei leeren Stühlen beladen über den Wellenberg eines Sees. Über dem Schiff, das von der Mitte des Blattes den linken Rand ansteuert, steht eine große, desintegrierte und schwarz zugemalte Sonne. Dieses Bild des Schiffes, das auf dem Wasser dahingleitet, scheint auch eine Verbildlichung des Archetypus der Bedrohtheit darzustellen. Wir sind diesem Schiff schon einmal begegnet. Evi (Abb. 36) hat es gezeichnet. Und wir werden dieses Bild bei anderer Gelegenheit wieder antreffen. Ich zitiere hier noch einmal eine Stelle aus dem uns bekannten Buch von *Johannes Flügge*. Er sagt: «In den Bereich allgemeiner menschlicher Erfahrung dürfte das Innewerden der Bodenlosigkeit der eigenen individuellen Existenz gehören. Es handelt sich nicht um Erlebnisse realen Herausgerissenseins aus vertrauter Umgebung, um äusserliche Verlassenheit. Solche Erlebnisse können freilich über das tatsächlich Widerfahrende hinaus einen Grundzug der menschlichen Existenz überhaupt enthüllen, aber es bedarf ihrer dazu nicht. Aus grundloser Traurigkeit formen sich bei vielen Menschen – oder gibt es hier keine Ausnahme? – schon in behüteter Kindheit unbeholfene Reflexionen und tiefsinnige Bilder, in denen der Archetypus der Bodenlosigkeit der Existenz als Ich zum Bewusstsein und zur Anschauung kommt.

‹Dabei erwog ich die menschliche und meine eigene Einsamkeit, die ich schon sehr früh erkannt habe ... Ich frage mich: wie rettet man sich aus der eigenen Verlassenheit? Halte dich an Vater und Mutter! – Vater und Mutter teilen dieselbe Verlassenheit und Verlorenheit! – Wende dich an Bruder und Schwester, die Tausende und Tausende deiner Mitmenschen! Und nun gab ich die Antwort mir selber mit einem Bilde aus meiner bildgenährten Traumes- und Vorstellungswelt: die Gesamtheit der Menschen sah ich als Schiffbrüchige auf einer Eisscholle ausgesetzt, die von einer Sintflut umgeben war. Kinder in den frühesten Bewusstseinsjahren nach der Geburt fühlen vielleicht stärker als Erwachsene das Rätsel, in das sie versetzt worden sind, und bringen vielleicht von dort, wo sie kurze Zeit vorher noch gewesen sind, Ahnungen mit.›»[66]
(Gerhart Hauptmann, Das Abenteuer meiner Jugend, 8. Kap.)

Die symbolisierende Phantasie findet das richtige Bild, um das Gefühl des Ausgesetztseins zu versinnlichen. Die schwarze Sonne, die über dem dahintreibenden Schiff steht, verstärkt noch mehr den Eindruck der Verlassenheit, die das Kind nach seiner Rückkehr aus dem Spital erlebte.

Die drei Bilder (Abb. 40, 58, 59) nebeneinandergestellt, offenbaren die Not des Kindes. Keine Sonne strahlt hell und freudig. Alle drei sind zugemalt, zum Teil mit einem wilden, unkontrollierten Strich, der die Gefühlseruption des Kindes zeigt. Die Sonne von Abbildung 58 geht rechts im Bild unter, und sie erinnert an den Sonnengesang des Echnaton: «Wenn du hinuntersinkst an der westlichen Wölbung, wird so finster die Welt, als sei sie erstorben ... Beissende Tiere kommen hervor aus den Höhlen. Giftige Schlangen kommen und böse Gedanken.» Es wäre unwahrscheinlich, wenn die grosse, rote Sonne über den beiden leerstehenden Kinderwagen nicht auch die Bedrohtheit Priskas durch die Zwillinge darstellen und die bösen Gedanken symbolisieren würde, die damit verbunden sind.

Eine weitere Zeichnung machte TOMASO (Abb. 60), ein 6;2 Jahre alter Italienerbub, dessen Vater Gastarbeiter in der Schweiz ist. Tomaso zeichnete einen Menschen mit übermässig grossem Kopf, Hände mit sehr langen Fingern, unten links eine Blume mit Augen und unten rechts eine quergestellte Sonne. Über dem Bild fällt ein breiter Streifen auf, der den Himmel darstellen soll.

Wieder bemerken wir die hinuntergestürzte Sonne. Sie ist raumsymbolisch fast am gleichen Platz wie die Sonne Priskas (Abb. 58). Nur steht sie tiefer. Was stellt sie dar? Ist sie wieder die Verbildlichung des Archetyps der Bedrohung oder der Angst? Um diese Fragen abzuklären, müssen wir die Familienverhältnisse und die aktuelle Situation des Kindes untersuchen.

Tomaso ist sehr viel auf der Strasse. Die Mutter gibt sich nicht mit ihren Kindern ab und spricht sehr wenig mit ihnen. Sie ist selbst scheu und verschlossen, misstrauisch gegen alles, was von aussen kommt. Sie fühlt sich beaufsichtigt und verfolgt. Die Mutter hatte selbst eine sehr schwere Jugend, die durch einen totalen Mangel an Liebe und Verständnis gekennzeichnet war.

Der Vater ist brutal, im Wesen unbeständig und selten längere Zeit an einem Arbeitsort. Er wechselt die Stelle so häufig, wie er nur kann. Sein besonderes Interesse gilt den Autos, die er immer wieder kauft und verkauft.

Giuseppina ist ein Jahr älter als ihr Bruder Tomaso. In einer Serie von Zeichnungen stellt sie sich selbst als ein Wesen mit Flügeln dar. In einem Beispiel steht ein solches Wesen auf einem Fenstersims, breitet seine schwarzen, plumpen Flügel aus und ist gerade im Begriff, aus dem Haus zu stürzen.

Die Sonne, die Giuseppina zeichnet, ist grimmig. Die Augen sind stechend, und der Mund ist mit scharfen Zähnen bewehrt. In diesem Haus ist es nicht heimelig. Wir verstehen, dass Tomaso sich nicht geborgen fühlt, dass er an Mutter und Vater, der selbst nicht beständig ist, keinen Halt findet. Und das ist die Situation der Bodenlosigkeit, in der sich das schreckliche Gesicht der Angst zeigt. Auch die anderen Zeichnungen Tomasos, die später noch besprochen werden, bestätigen seine Not.

Die beiden letzten Zeichnungen zu diesem Positionstyp offenbaren sehr eindrücklich das Gesicht der Angst. Die Zeichnungen sind von MARCO (Abb. 61/62). Marco kommt aus einer Familie, in der der Vater den Ton angibt. Er gibt sich sehr autoritär und erdrückt durch seine Gewalttätigkeit die Familie.

Marco ist stark überfordert. Eine unheimliche Gestalt (Abb. 61), eine Sonne, die das Zentrum des Blattes besetzt und einen Menschen an den oberen linken Rand des Blattes drängt, von wo aus dieser wie gebannt auf das feurige Wesen schaut, das ihn mit seinen Strahlen aus dem Raum treibt, beherrscht dieses Bild. Es deutet auf eine Macht hin, die Marco hinaufschiebt, in eine Sphäre heben will, die ihm nicht behagt. Sonne und Mensch sind in ihren Gestalten nicht integriert. Dies zeugt von einer unzulänglich integrierten und unbeständigen Persönlichkeit, von deren Anpassungsschwierigkeiten und Unausgeglichenheit.

Das zweite Bild (Abb. 62), das im gleichen archetypischen Zeichenvorgang entstanden ist, verstärkt die Problematik noch. Die Sonnengestalt nimmt nun eine präzisere Form an. Der Blick geht nach oben in die gleiche Ecke, wo der Bub nun vollends an den Rand gedrückt wird. Die Nase und der Mund sind grösser geworden, und die braunen Sonnenstrahlen betonen die Bewegung der unheimlichen Lichtgestalt. Sie geht auf den an den Rand geschobenen Menschen zu, der nun vollends auseinanderfällt und seine Integration ganz verliert. Der Raum bietet dem Menschen keinen Platz mehr, er drückt ihn zusammen. Arme und Hände fehlen nun auch noch; ein Zeichen dafür, dass er in seinen Impulsen gehemmt ist. «Kurze Arme können auf Furchtsamkeit und auf mangelnde Agressivität und vielleicht auf mangelnde Führung deuten, müssen aber nicht einen Mangel an Streben nach Leistung und Erfolg erkennen lassen»[67]. Marcos Mensch hat keine Arme mehr. Er ist offenbar hilflos. Dazu hat sich in der zweiten Zeichnung der Kopf verwinzigt. Blickten vorerst stark betonte Augen (Abb. 61) auf die daherkommende Sonne, so ist der Kopf in der zweiten Zeichnung so klein geworden, dass er nur noch die Grösse eines Auges der ersten Zeichnung hat. «Das Vorkommen eines winzigen Kopfes an einer Gestalt scheint also bei dem Kind auf das intensive Gefühl intellektueller Unzulänglichkeit zu deuten»[68].

Auch die Raumsymbolik gibt dieser Deutung recht. Die Randposition oben links verweist auf Isolation und Überforderung. Marco ist, das bestätigt die Kindergärtnerin, stark überfordert. Der Vater verlangt von ihm, was der kleine Knabe zu leisten nicht imstande ist. Das führt dazu, dass er den Kopf verliert und sich von der Urangst der Bodenlosigkeit verfolgt fühlt.

Hier erweist sich, dass der Erzieher die Not des Kindes, seine Isoliertheit und Bedrohtheit oft nur zu erfassen vermag, wenn er Zeichnungen verstehend lesen kann. Das unheimliche Geschehen kann Marco selbst nicht verbalisieren. Seine Mimik, die etwas von der Angst ausdrückt, ist nicht so leicht verständlich und nachfühlbar wie die Zeichensprache von Abbildung 62. Die Unheimlichkeit des Vorgangs ist durch sie so prägnant ausgesagt, dass wir sie unmittelbar verstehen. Wir brauchen keine Worte, um zu übersetzen, was gemeint ist. Wir erschaudern, wenn wir realisieren, was in Marcos Dasein geschieht.

Hypothese: Auf Grund der vielen Beispiele, die wir zu diesem Typ betrachtet haben, dürfen wir annehmen, dass sich die Zeichner – wenn auch oft nur vorübergehend – der Bodenlosigkeit der Existenz innewerden und es mit der Angst zu tun bekommen. Diese Sonnen sind die Konkretisierung des Archetypus der Bedrohung und somit der Angst.

Wenn wir raumsymbolische Nuancen machen wollen, so scheint es, dass Kinder, die ihre Sonne unten in die Mitte zeichnen, sich durch die Macht einer Erzieherperson bedroht fühlen, während Sonnen, die rechts heruntersteigen, eher auf die Bedrohung durch Haltlosigkeit in der Umwelt hinweisen. Sonnen im linken unteren Feld habe ich bis heute nicht gefunden. Nach der Raumsymbolik des Baumes (siehe Schema) müsste es sich um Kinder handeln, die aus irgendeinem Grund nicht von ihrem Ursprung wegkommen. Sie können nicht «aufgehen» und erleiden eine verstärkte Angst vor dem Verlust der Selbstverwirklichung. Allen Kindern, die Sonnen nach dem siebten Positionstyp darstellen, ist aber gemeinsam das Erlebnis der Ablehnung, sei es nun durch Überforderung, durch Lieblosigkeit oder durch andere Erfahrungen bewirkt.

Felix (Abb. 57) macht hier eine Ausnahme. Er begegnet der Angst in Gestalt der Hexe. Sie aktualisiert seinen Archetypus. Ihm mag, während er zeichnete, klar gewesen sein, was Hexerei, was eine Hexe wirklich ist. Auch die rote Hexensonne ist ein Angstbild.

3. Die auffälligen Merkmale im Sonnengesicht

In diesem Abschnitt bespreche ich die Merkmale der Sonne. Dabei gehe ich von der Durchschnittsnorm eines positiven Gesichtes aus. Um sie festzulegen, führte ich einen kleinen Versuch mit sechs- bis siebenjährigen Kindern durch. In verschiedenen Kindergärten wurden jeweils einige Kinder nach einer Zufallswahl herausgegriffen und zum Zeichnen und Ausmalen von vorgedruckten Gesichtsumrissen bewogen. Dieser Umriss war oval, und nur die Ohren waren angedeutet.

Der Versuchsleiter hatte bei jedem Kind acht verschiedene Suggestionen vorzunehmen. Zum ersten Auftrag wurde folgende Anleitung gegeben: «Zeichne mit dem Bleistift in dieses Oval einen Menschen, der besonders lieb ist! Wenn du ihm ein Gesicht gegeben hast, kannst du es noch mit Farbstiften ausmalen.»

Das Kind sollte jeweils acht Menschengesichter zeichnen, die ihm beschrieben wurden. Die Kinder fanden an dieser Aufgabe grosse Freude und zeichneten gern. Die Aufträge hiessen:

1. Zeichne einen Menschen, der ganz lieb ist!
2. Zeichne einen Menschen, der sehr streng ist, dem du immer gehorchen musst!
3. Zeichne einen Menschen, der zornig, der wütend ist!
4. Zeichne einen Menschen, der einmal lieb ist, dann wieder böse!
5. Zeichne einen Menschen, der einem nichts glaubt, der immer meint, man lüge!
6. Zeichne einen Menschen, der schlägt und straft!
7. Zeichne einen Menschen, bei dem man machen kann, was man will, der immer alles durchlässt!
8. Zeichne einen Menschen, der einem nie hilft, wenn man seine Hilfe benötigt!

Diese acht «Menschentypen», die ich folgend als «lieben (1), autoritären (2), affektiven (3), inkonsequenten (4), misstrauischen (5), aggressiven (6), weichen (7) und vernachlässigenden (8)» bezeichne, wurden als Grundlage für die nächsten Ausführungen genommen.

Der «liebe Mensch» sollte die Normergebnisse liefern. Die ausdrucksstarken Partien sind die Augen, die Nase, der Mund, die Haare und eventuell noch Falten.

Die Aufgabe wurde 85 respektive 72 Kindern gestellt. Die Ergebnisse sind, obwohl die Anzahl nicht allzu gross ist, recht eindrücklich. Es lohnt sich, die interessanten Daten hier zu referieren.

Der Versuch hat natürlich auch seine Mängel. Vor allem ist er nicht geeignet, auch andere auffällige Merkmale, ausser den oben erwähnten, zu erbringen, die beim Sonnensymbol auch eine Rolle spielen können. Das war von vorneherein nicht beabsichtigt.

Wenn ich im folgenden von einem «Normgesicht» spreche, so liegen diesem Gesicht natürlich nicht nur die Versuchsergebnisse zugrunde, sondern ich kann mich auf Beobachtungen stützen, die ich immer wieder bei Gesichtszeichnungen machen konnte. Diese Beobachtungen sind zahlreich, so wie sie sich in einer langjährigen Forschung eben anhäufen. Es ist aber interessant, dass der kleine Versuch die Erwartungen von einem Normgesicht, die ich schon vor dem Experiment hatte, bestätigte.

3.1 Das Normgesicht - der «liebe Mensch»

Ich wollte ergründen, wie sechs- bis achtjährige Kinder das Gesicht des «lieben Menschen» erfahren. 85 Kinder erhielten das vorgedruckte Blatt mit dem Umriss eines Kopfes. Hier die Ergebnisse im Detail:

Augen

Auge mit starkem, scharfem Blick		Auge mit unauffälligem, normalem Blick		Auge ohne Blick	
n	%	n	%	n	%
14	16,5	56	65,9	15	17,6

Tabelle 2

Dieses Beispiel zeigt, dass ⅔ aller Zeichner für den «lieben Menschen» ein Auge auswählen, das einen unauffälligen, normalen Blick hat. Die Augen mit dem starken Blick stechen durch die grosse Pupille oder durch eine Schielstellung hervor. Die leeren Augen sind zum Teil entwicklungsbedingt. Sie sind durchwegs in Zeichnungen von Kindern mit schwachem graphischen Ausdrucksniveau zu finden.

Die Kinder nahmen ihre Aufgabe sehr ernst. Sie stellten sich liebe Menschen aus ihrer Umgebung vor. So kommentierten die Zeichner etwa: «Lieber Mensch? Mein Onkel ist immer ganz lieb» oder «Mein Papi ist immer lieb mit mir» oder «Ich muss eine Brille machen, weil es meine Grossmutter ist, sie ist lieb» oder «Ein lieber Mensch ist die Mutter». Die sechsjährige Julia meinte: «Ich darf nicht so fest drücken, er ist ja lieb!» Nicht alle Kinder, die ein Gesicht mit scharfem Blick malen, geben diesem eine negative Bedeutung. So bemerkte der siebenjährige Bruno, der ausgeprägte Augen gemalt hat: «Ein lieber Mensch ist unser Muetti!» Und dann: «Der ist mir jetzt irrsinnig gelungen!» Die Interpretation des Auges darf nicht isoliert vorgenommen werden, andere Merkmale, wie z. B. der weiche, schön geschwungene Mund und die leicht gefalteten Haare von Brunos «liebem Menschen» sind ebenfalls von Bedeutung.

Nase

Die Nase ist ein wichtiges Gesichtsmerkmal, dessen Fehlen sofort beachtet wird. Die grosse Nase ist in Zusammenhang mit Aggressivität und Durchsetzungsvermögen zu bringen. Ihr Fehlen weist im ZEM-Test auf einen «Mangel an offener Aggressivität», auf ein schüchternes und in sich gekehrtes Wesen hin, das geringe soziale Interessen hat.
 Das Gesicht des lieben Menschen kennzeichnet eine durchschnittliche Nase, die weder zu gross noch zu klein ist. Die Untersuchung zeigt folgende Ergebnisse:

Lange Nasen, grösser als 2 cm		Durchschnittliche Nasen		Kleine Nasen, kleiner als 5 mm	
n	%	n	%	n	%
15	18	60	71,5	9	10,5

Tabelle 3

Ein Kind verzichtete auf die Darstellung der Nase. Die Nasen der «lieben Menschen» kommentierten die Kinder nicht. Es ist für sie selbstverständlich, dass sie dazugehören. Ein «normaler Mensch» fällt diesen Ereignissen zufolge durch die Länge seiner Nase nicht auf. Hingegen werden wir mit Überraschung feststellen können, dass Kinder den «autoritären, zornigen und aggressiven Menschen» häufiger mit langen Nasen kennzeichnen.

Mund

Ein weiteres wichtiges Merkmal bietet der Mund. Er kann wie der Blick ein starker Ausdrucksträger sein. Das Kind stellt sich den «lieben Menschen» mit einem einfachen, nach oben gebogenen Mund vor. Nach dieser Vorstellung zeichneten 84 der 85 Kinder, während ein einziges Kind den Mund nach unten krümmte. Acht der nach oben gebogenen Münder zeigen Zähne. Diese Zähne gelten hier aber nicht immer als Aggressionsmerkmal. So sagt ein Kind etwa: «Das ist eine liebe, reiche Frau. Sie trägt immer Schmuck. Zähne sieht man, weil sie lacht.»
 Wenn wir die Münder der negativen Typen studieren, können wir in ihren Ausführungen grosse Nuancen feststellen. Um so mehr verwun-

dert es, dass das Kind bei diesem Typ relativ geringe Varianten an nach oben gebogenen Mundstellungen liefert.

Haare

Auch die Haare beziehen wir in unsere Betrachtung ein, weil sie ebenfalls oft als Ausdrucksmittel verwendet werden. Die Haare stehen wie bei «Simson» stellvertretend für die Sonnenstrahlen. Das wird uns später noch beschäftigen.

Haare, auffällig wild und lang		Leicht gelockt, kurz, unauffällig		Keine Haare	
n	%	n	%	n	%
5	6	66	77,5	14	16,5

Tabelle 4

Wangen

44 von 85 Kindern gaben dem «lieben Menschen» Wangen, das sind rote Tupfen rechts und links der Nase. Bei vielen Kindern scheinen die Wangen allerdings routinemässig zu einem Gesicht zu gehören. Ob es sich um einen eigens gewählten Schmuck des Gesichtes handelt, können wir daher nur im Vergleich mit den anderen Gesichtern abklären. Daher möchte ich hier die Ergebnisse wiedergeben.

Lieber Mensch		Autoritärer Mensch		Affektiver Mensch		Inkonsequenter Mensch	
n 85		n 85		n 85		n 85	
n 44	% 52	n 23	% 27	n 18	% 21	n 23	%27
Misstrauischer Mensch		Aggressiver Mensch		Weicher Mensch		Vernachlässigender Mensch	
n 72		n 72		n 72		n 72	
n 13	% 18	n 10	% 14	n 17	% 23	n 13	% 18

Tabelle 5

Der Vergleich zeigt, dass die Kinder bei der Ausgestaltung des «lieben Menschen» ein grosses Bedürfnis hatten, die schmückenden Wangen hinzunehmen. Sie sind signifikant häufiger beim «lieben Menschen» als bei den anderen aufgeführten Typen zu finden. Der «aggressive Mensch» wird in den wenigsten Fällen mit diesem Schmuck bedacht. Weitere Merkmale sind selten anzutreffen. Es ist vielleicht noch darauf hinzuweisen, dass 43 von 85 Kindern das «liebe Gesicht» mit Augenbrauen kennzeichneten. Runzeln und andere Einzelheiten sind äusserst selten zu entdecken. Nur zwei Kinder markierten das Gesicht mit Runzeln, eines der beiden mit dem Kommentar: «Dieser Mensch ist so lieb, fröhlich und lustig! Wenn Menschen alt sind, haben sie Runzeln, sind aber trotzdem lieb.» (Das Kind wohnt in der Nähe eines Altersheimes.)

Den 85 Bildern entnehme ich dasjenige, das uns am ehesten als sogenanntes Normgesicht dienen kann. Es handelt sich dabei um die Zeichnung der 6;7 Jahre alten DANIELA (Abb. 63).

Das Gesicht des «lieben Menschen» dient uns als Kontroll- und Vergleichsbasis. Kinder, die wie Daniela die Gesichter des Menschen und der Sonne mit Fleiss und Liebe ausmalen, sind seelisch meistens gesund. Sie entsprechen dem 1. Beziehungstyp. Dieses «Kontrollgesicht» treffen wir immer wieder an, und die Erfahrung lehrt, dass es das Kind für Bindungspersonen verwendet, denen es vertraut, die es liebt und bei denen es Schutz und Geborgenheit erlebt. Von ihm aus versuchen wir, die auffälligen Merkmale abzuleiten. Sie signalisieren meist eine emotionelle Spannung, die von Fall zu Fall mit anderen Ergebnissen (Beziehungstyp und Positionstyp) zusammen ermöglichen, die Probleme und psychischen Schwierigkeiten des Kindes zu deuten.

Neben auffälligen Augen, Nasen, Mündern und Haaren spielt auch ihr Fehlen eine grosse Rolle. Verschmierte Gesichter enthalten immer den Hinweis auf Störungen. Auch die Grösse der Sonne, die Länge der Strahlen sind deutungswürdige Einzelmerkmale. Daneben zählen auch Umrandungen und Halbierungen, Wolken, schräge Neigung, Desintegration usw. Ich werde diese Merkmale der Reihe nach aufzeigen und beginne mit den Abweichungen zum Normgesicht. Ich stelle jeweils zuerst die Ergebnisse der genannten Untersuchung dar und behandle parallel dazu Fälle aus dem Sonnenmaterial.

3.2 Das Auge

Die acht Gruppen von «Menschen», die ich von sechs- bis achtjährigen Kindern zeichnen liess, sind: 1. der liebe, 2. der autoritäre, 3. der affektive, 4. der inkonsequente, 5. der misstrauische, 6. der aggressive, 7. der weiche, 8. der vernachlässigende Mensch. Die folgende Tabelle enthält die Ergebnisse in Zahlen.

Merkmale		1	2	3	4	5	6	7	8
	n	*85*	*85*	*85*	*85*	*72*	*72*	*72*	*72*
Starker,	n	14	48	53	57	32	43	17	24
scharfer Blick	%	16,5	56,5	62,4	67,1	44,5	59,7	23,6	33,3

Unauffälliger, normaler Blick	n %	56 65,9	21 24,7	19 22,3	19 22,3	24 33,3	15 20,8	31 43,0	27 37,5
Auge ohne Blick	n %	15 17,6	15 17,6	12 14,1	8 9,4	15 20,8	13 18,1	23 32,0	17 23,6
Auge verschmiert	n %	– –	– –	– –	– –	– –	– –	– –	2 2,8
Kein Gesicht	n %	– –	1 1,2	1 1,2	1 1,2	1 1,4	1 1,4	1 1,4	2 2,8

Tabelle 6

Wir entdecken in dieser Tabelle Werte, die sehr stark von denen des Normgesichts abweichen, vor allem innerhalb der Typen 2, 3, 4, 5 und 6. Es lassen sich sogar Abweichungswerte von weit über 40 % feststellen, was als ausserordentlich hoch zu bezeichnen ist. Diese fünf Gruppen zeichnen sich durch einen scharfen und eindringlichen Blick aus. Eine interessante Spitzenzahl erreicht Gruppe 4. Es ist für unsere Analyse von Sonnengesichtern zweifellos wichtig, die auffallendsten Erscheinungen zu notieren und uns Gedanken darüber zu machen.

3.2.1 Augen mit starkem Blick

Wenn wir die Augenpaare des «autoritären» Menschengesichtes im einzelnen abbilden, ergibt sich das in Tabelle 7 zusammengetragene Bild. Die 48 Augenpaare, die durch einen starken und scharfen Blick imponieren, verteilen sich wie folgt auf die sechs auffälligsten Formen:

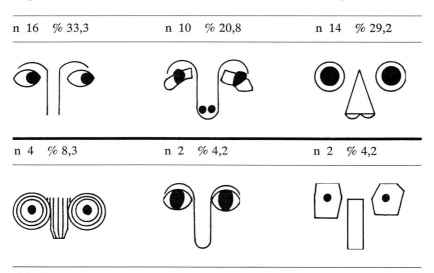

Tabelle 7

Neben den Schielaugen finden wir auch eine grosse Anzahl schräggestellter Augen (10) und solcher mit grossen Pupillen. Wir sind solchen Sonnenaugen bereits begegnet. Ich erinnere an Zeichnungen von Sandra (Abb. 20), Roland (Abb. 22), Peter (Abb. 23), Markus (Abb. 24), René (Abb. 25), Gallus (Abb. 32), Rudolfo (Abb. 37), Eveline (Abb. 45), Viviane (Abb. 47) usw.

URBAN (Abb. 64) hängt überaus stark an seiner Mutter. In allen seinen Zeichnungen nimmt die Sonne einen übermässig grossen Raum ein und zeigt jedesmal ihre Zähne. Ihre Augen sind ausgeprägt und erscheinen oft – wie auch im vorliegenden Bild – in einer Schielstellung. Die starke Mutterbindung führt bis zur Verwöhnung mit allen negativen Folgen. Urban ist das jüngste von drei Kindern. Seine Mutter ist sehr ehrgeizig. Gerne würde sie ihren Sohn schon selbständiger sehen. Dass sie aber selbst das Hindernis zu diesem Ziel darstellt, wird ihr wohl kaum bewusst. Inkonsequenterweise regt sie sich über das abhängige Wesen ihres Sohnes auf. Wenn Urbans Schulgespan fehlt, muss sie ihn zur Schule begleiten. In gleicher Weise verurteilen seine beiden älteren Schwestern das kindliche, ja sogar kindische Verhalten Urbans. Auch sie möchten den Jungen zu einem selbständigeren Wesen erziehen.

Die Mutter ist sehr empfindlich. Wenn sie von der Kindergärtnerin auf einen üblen Umstand aufmerksam gemacht wird, rächt sie sich mit zynischen und scharfen Worten. Zu Hause ist die Atmosphäre jedoch schön, vielleicht zu perfektionistisch.

Urban erfasst seine Situation treffend. Schöner lässt sie sich wohl kaum darstellen. Ahnungsvoll und tief durchschaut der Bub die Verhältnisse. Ein Eselchen schifft gebeugten Hauptes auf einem stürmisch bewegten See dahin, ohne dass es steuern kann. Man sieht ihm die Angst an. Zögernd lässt es sich ins Bedrohliche fahren.

Das Eselchen braucht freilich keine Angst zu haben. Mächtig, gewaltig, übergross wird es beschützt. Die Sonne schaut mit ihren scharfen Augen zu. Ihr Blick ist nicht harmlos. Er zeugt von der Macht des Wesens zu schimpfen, zu befehlen, zu fordern und zu tadeln. Die Sonne zeigt nicht umsonst auch noch Zähne und Stirnfalten. Sie sieht und weiss alles. Man fühlt sich behütet, auch wenn das Schiffchen schwankt und sinken will. Andererseits ist man nie auf sich selbst angewiesen, nie wird man Abenteuer bestehen können.

Urbans Sonne ist emotionell stark besetzt. Viele emotionelle Faktoren wirken in ihr zusammen. Der zweite Beziehungstyp weist auf eine geringe Spannung hin. Die Position 3 kündet von der Fülle der Sonne. Die scharfen Augen, die grosse Nase, die Zähne, die Runzeln, die Grösse der Sonne und die Strahlen ergeben ein eindrückliches Bild von der Gewalt des auf dem Kind lastenden Milieus. Es ist die Last der Verwöhnung, die das Kind nicht in die Freiheit entlässt. Es kann sich nicht nach seinen unbewussten Strebungen verwirklichen. Die Position 3 weist darauf hin.

3.2.2 Ungleiche Augen

Wir haben den autoritären Blick in Urbans Sonne herausgespürt. Die Lebenssituation des Kindergartenschülers bestätigt unsere Annahme.

Die Blickformen des «zornmütigen, des misstrauischen (wie finden hier sehr viele Schielformen) und des aggressiven Typs» weichen nicht erheblich von den bei Typ 2 gefundenen ab. Dagegen ist der «inkonsequente Mensch» von höchstem Interesse. Hier stossen wir auf ganz neue Augenformen, die wir sonst nirgendwo finden. Sie sollen im einzelnen noch abgebildet und kurz besprochen werden. Der «inkonsequente Mensch» schwankt hin und her. Laut Versuchsanordnung ist er einmal lieb und einmal böse. Er wechselt also sein Gesicht. Die Kinder haben viele Wege gefunden, um die Ambivalenz dieses Menschentyps darzustellen. So sagen sie etwa: «Der sieht ein bisschen komisch aus, aber lieb und böse kann ich nicht mit der gleichen Farbe malen», oder «Die Augen und der Mund sind lieb, aber die Nase und die Zähne sind schon ein bisschen böse», oder «Das eine Auge mache ich böse, das andere lieb» oder «Wie soll ich den Mund zeichnen? Halb lieb, halb böse!» oder «So ist unser Fräulein manchmal auch. Ich mache die eine Hälfte lieb, die andere böse.» Diese Kommentare zeigen, dass das Kind die Aufgabe verstanden hat und durchaus in der Lage ist, ein launisches Verhalten, das zwischen zwei Polen hin- und herpendelt, auch bildlich widerzugeben.

lieb	böse	lieb	böse	lieb	böse	Kuriose Einzelform

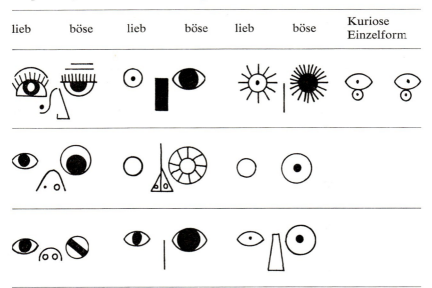

Tabelle 8

28 von 85 Kindern zeichneten das Gesicht des «inkonsequenten Menschen» mit zwei verschiedenartigen Augen. In obenstehender Tabelle sind nur die zehn auffälligsten Formen dargestellt.

Im Fallmaterial kommen solche Blickformen relativ selten vor. Fast alle der aufgetauchten Formen entsprechen demselben Muster. Abbildung 7 bietet dafür ein schönes Beispiel. Das von Max entworfene Augenpaar zeigt eine schwarze Pupille auf rotem und eine braune auf grünem Grund. Dadurch erhält die Sonne eine Hinterhältigkeit, die unheimlich wirkt. Interessant ist auch Abbildung 17. In dieser Zeichnung

Urban (Abb. 64)

teilt Urs das Gesicht seiner Mutter in vier Sektoren und besetzt es mit zwei unterschiedlichen Augen.

Peter (Abb. 23) und Markus (Abb. 24) zeichnen ebenfalls Augen von diesem Muster. Peters unheimliche Situation und Markus Bedrohtheit sind uns bereits bekannt. Laszlo zeichnet eine Sonne mit einem grossen, mächtigen Auge, während das zweite daneben sehr klein erscheint. Der Durchmesser des grossen Auges beträgt fast zwei Zentimeter, der des kleinen ca. fünf Millimeter. Laszlo ist behütet. Es stellte sich aber heraus, dass er einen starken Sehfehler hat.

RONALD (Abb. 65) ist niederländischer Herkunft. Seine Mutter, ein Mischling, verfährt ziemlich streng mit ihren Kindern. Sie ist oft ungeduldig, hie und da richtig gehässig zu ihrem Sohn Ronald. Das eine Auge der Sonne, die wohl seine Mutter darstellt, ist gross und ziemlich rund (Durchmesser 2,5 cm), das andere kleiner (1,5 cm) und abgeflacht, als ob es zusammengedrückt worden wäre. Diese Augenformation kennzeichnet offenbar Ronalds Unsicherheit gegenüber seiner Mutter. Sie kann aber auch lieb sein. So macht sie Ronald alle Kleider selbst und sorgt für ihn.

Obwohl diese «unsteten Augen» bislang noch zu wenig untersucht sind, kann man ihnen die Unsicherheit entnehmen, die das Kind im Umgang mit Erwachsenen entwickelt. Zeichnungen mit diesen «unsteten Augen» ermöglichen mit ziemlicher Sicherheit eine befriedigende Diagnose.

3.2.3 Schielende Augen

Über die nach *innen schielenden Augen* sagt *Elisabeth M. Koppitz,* dass sie selten sind und von Kindern gezeichnet werden, «die gegen andere feindlich eingestellt sind»[69]. «Wenn ein Kind eine Gestalt mit nach innen schielenden Augen zeichnet, deutet es anscheinend darauf hin, dass sich die Dinge für das Kind verschoben haben, dass es die Welt nicht so sieht wie die anderen Menschen. Das Kind ist so gestört, dass es nicht fähig ist, ‹gerade zu sehen›. In diesem Verhalten kann es nicht oder will es nicht die üblichen Wege gehen»[70].

Der *Seitwärtsblick* der Augen deutet auf die Sehrichtung des Gesichtes hin, ohne dass er unbedingt schon emotionelle Anzeichen enthält. «Manchmal scheint der Seitwärtsblick der Augen kaum mehr zu sein als ein Zeichen der Schüchternheit, während er in einigen Fällen tatsächlich Argwohn und Furcht erkennen lässt. Ein Blick auf die Zeichnung als Ganzes und eine Überprüfung der eventuell vorhandenen, gültigen emotionalen Faktoren befähigen den Untersucher für gewöhnlich, die passende Interpretation zu finden»[71]

3.2.4 Augen ohne Blick

Augen ohne Blick kommen relativ häufig vor. Wenn wir die Tabelle (Augen) betrachten, so fallen die Ergebnisse nur beim Typ 7 aus der Reihe. Auch der «vernachlässigende Mensch» verbucht mit fast einem Viertel aller Augen mehr als die übrigen. Es ist äusserst schwierig, eine generelle Behauptung für Augen ohne Blick aufzustellen. *Koppitz* bringt sie mit «verschwommener Wahrnehmung der Welt, mit emotionaler Unreife, Selbstsucht, Abhängigkeit, Mangel an Urteilskraft und mit Depression» in Verbindung. Oft aber, wie wir bereits festgestellt haben, ist der leere Blick in Zeichnungen von Kindern mit einem niedrigen graphischen Ausdrucksniveau zu finden. Ein solcher Fall liegt in Zeichnungen von Viviane (Abb. 46) und Gebhard (Abb. 43) vor. Beide Kinder sind zeichnerisch noch unterentwickelt.

Hypothese: Augen mit einem scharfen und oft stechenden Blick weisen auf Personen hin, die alles sehen, überall in die Verhältnisse hineinblicken, die bewachen, behüten, umsorgen, aber auch überbesorgt, streng und verfügend sind. Augen, die einen ungleichen Ausdruck aufweisen, scheinen die Inkonsequenz, die Ambivalenz, die Unausgeglichenheit zu signalisieren. Ein auffallender, stechender Blick haftet seltener an lieben, weichen und vernachlässigenden Personen als an autoritären, zornmütigen, inkonsequenten, misstrauischen und aggressiven.

3.3 Die Nase

3.3.1 Auffällige Nase

Urbans Sonne, der wir im letzten Abschnitt bereits begegneten, beeindruckt durch ihre gewaltige Nase. Gleiches kann von den Sonnen Rolands (Abb. 22), Claudias (Abb. 29), Gallus' (Abb. 32) und Rudolfos (Abb. 38), um nur einige zu nennen, gesagt werden. Auffallend ist, dass René (Abb. 25) seiner mächtigen Sonne keine Nase gibt. Wir haben bereits festgestellt, dass ihr Fehlen mit Schüchternheit und einem Mangel an offener Aggressivität zusammenhängt. Renés Sonne aber ist bestimmt ausserordentlich aggressiv. Alle anderen Merkmale deuten darauf hin. Ich finde keine Begründung, warum René die Nase weglässt, es sei denn, man beachtet auch die fehlende Nase in den Gestalten, die vor der Sonne flüchten. *E. M. Koppitz* sagt: «Wenn ein Kind in seiner Zeichnung die Nase weglässt, kann es damit ein Gefühl der Unbeweglichkeit und der Hilflosigkeit ausdrücken, gleichzeitig auch die Unfähigkeit, mit Selbstvertrauen vorwärtszustreben. Das Weglassen der Nase weist anscheinend am häufigsten auf Zurückgezogenheit und Schüchternheit, aber manchmal lässt es auch Angst oder Masturbations-Schuldbewusstsein erkennen»[72].

Vielleicht schliesst René von sich auf den Angreifer und gestaltet ihn unbewusst so, wie er sich selbst sieht, gibt ihm aber zum Unterschied die Merkmale der Gewalt.

Wie dem auch sei, eine stark betonte Nase scheint auf die offene Aggressivität und auf die Kraft des Besitzers hinzuweisen. Sie ist eine Art Potenzsymbol.

Es soll zuerst die Tabelle 9 konsultiert werden. Aus ihr ersehen wir, wie die Kinder die Nasen der «vorgestellten Menschen» zeichneten. Und wir können erfahren, welchen Typen das Kind eine mächtige Nase (mehr als 2 cm bei einem Durchmesser des Gesichtsovals von 9 cm) gibt.

Merkmale	1	2	3	4	5	6	7	8
	n 85	85	85	85	72	72	72	72
Auffällig grosse Nase, 2 cm und mehr	n 15	37	39	14	14	32	15	25
	% 17,6	43,5	45,9	16,5	19,5	44,5	20,8	34,7
Mittelgrosse Nase	n 60	44	34	54	50	34	48	40
	% 70,6	51,8	40,0	63,5	69,4	47,2	66,7	55,5
Kleine Nase, kleiner als 5 mm	n 9	4	9	9	5	5	6	4
	% 10,6	4,7	10,6	10,6	6,9	6,9	8,3	5,6
Keine	n 1	–	1	6	3	1	3	3
	% 1,2	–	1,2	7,1	4,2	1,4	4,2	4,2
Zwei Nasen	n –	–	2	2	–	–	–	–
	% –	–	2,3	2,3	–	–	–	–

Tabelle 9

Es ist auffällig, dass der «autoritäre, der zornmütige, der aggressive und der vernachlässigende Mensch» die Spitzenränge einnehmen. Die Typen, die weniger ausgreifend und verfügend sind, fallen deutlich ab. Diese vier Charaktere wissen sich ja, jede auf ihre Art, zur Geltung zu bringen. «Sie gehen der Nase nach», wenn sie etwas unternehmen.

3.3.2 Fehlende Nase

Renzo lebt in einer finanziell minderbemittelten Familie. Der Vater ist invalid, man wird ihm bald die Beine abnehmen müssen. Auch die Mutter ist nicht kerngesund. Der Vater kann von Zeit zu Zeit etwas arbeiten, für den Lebensunterhalt muss aber zum grossen Teil die Mutter aufkommen. Sie ist eine lebhafte Person, die als Putzfrau arbeitet. Wenn sie fort ist, beschäftigt sich der Vater mit den Kindern.

Renzo hat drei Geschwister, zwei Brüder und eine Schwester. Er selbst geht in den Kindergarten. Der Vater bastelt viel mit ihm. Renzo bringt gelegentlich kleine Bastelarbeiten in den Kindergarten.

Tonangebend ist die Mutter. Sie bemerkte einmal: «Mit meinem Mann hinzugerechnet habe ich fünf Kinder.»

Renzo ist ein umsorgtes Kind. Der Vater liebt ihn sehr. Auch der Junge lebt in einer starken Bindung zum Vater. Es macht ihm zu schaffen, dass sein Vater unter der Krankheit leidet. Renzo leidet mit, da er nicht mit ansehen kann, welche Qualen sein kranker Vater zu ertragen hat. Zudem wird der Vater mit seinem Beinleiden selbst nicht fertig.

Von Renzo liegen mir sieben Sonnenzeichnungen vor. Zwei der Sonnengesichter haben eine normale Nase, fünf hingegen fehlt dieses wichtige Attribut ganz. Unter den Sonnen mit fehlenden Nasen – sie symbolisieren offenbar den zur Tatenlosigkeit verurteilten Vater – steht jeweils ein Knabe, der die Hände fallen lässt und weint. Der Mund, der hier die Trauer des Kindes noch verstärkt zum Ausdruck bringt, ist nach unten gekrümmt.

Es ist aufgefallen (siehe Tabelle), dass gerade beim «inkonsequenten Menschen» häufiger die Nase fehlt als beim machtvollen und draufgängerischen. Diese Tatsache weist allerdings nicht unbedingt darauf hin, dass Renzo mit dem Fehlen der Nase im «väterlichen Sonnengesicht» einen inkonsequenten Charakter seines Vaters verbildlichen wollte. Wahrscheinlich ist ihr zu entnehmen, dass Renzo unter den eingeschränkten Lebensmöglichkeiten seines Vaters leidet.

3.3.3 Grosse Nase

HANS (Abb. 66) zeichnet über einem kleinen Häuschen und einigen Blumen eine gewaltige Sonne mit grossen Augen, einem mächtigen Mund und einer stark betonten Nase von fast 3 cm Länge und einer Basis von 2,5 cm. Die Sonnenscheibe selbst hat einen Durchmesser von 7 cm. Hans wird von seiner Mutter stark dominiert. Daher zeigt er in der Schule nicht die geringste Initiative und hält sich überall zurück. Ihm fehlen Möglichkeiten zur freien Entwicklung. Da man Hans noch zusätzlich von anderen Kindern absondert, wagt er sich auch nicht im sozialen Bereich durchzusetzen. Um so mehr imponiert ihm seine Mutter, obwohl er sie hie und da «zum Kuckuck» wünscht.

Hypothese: Die Nase ist ein Zeichen der Macht und der Kraft. Wird sie stark betont, so scheint sie diesem Zeichen Ausdruck zu verleihen. Fehlt sie aber ganz, so wurde vom Kind ein Mangel an Potenz erahnt. Das Fehlen der Nase bezeichnet dann die Hilflosigkeit und Unfähigkeit einzugreifen.

3.4 Der Mund

Der Mund zählt zu den wichtigsten Ausdruckselementen in einem Gesicht. Die Formen sind recht zahlreich. Das Kind erfindet, wenn es seine Erfahrungen mit dem Menschen niederzeichnet, eine grosse Anzahl von Varianten. Ich werde mich vorerst wieder mit den Formen beschäftigen, die ich bei unserem Versuch mit den sechs- bis achtjährigen Kindern gefunden habe. Den Mund des sogenannten Normgesichtes haben wir bereits kennengelernt. Wie aber sind die Mundformen der anderen Typen gestaltet worden?
Das zeigt uns die gegenüberliegende Tabelle 10.

3.4.1 Mund mit Zähnen

Es überrascht nicht, dass die drei Typen (Nr. 2, 3, 6), die Aggressionsformen darstellen, auffallen durch hohe Prozentzahlen beim Mund mit Zähnen und beim nach unten gebogenen Mund. Diese beiden Mundformen haben wir auch in unserem Material immer wieder bei Sonnen entdeckt, die dominieren, aggressiv und zupackend sind. So erreicht der «zornige, wütende Mensch» zu 40% Mundformen mit Zähnen, der «autoritäre» und der «aggressive» kommen ihm am nächsten. Zu mehr

Mundformen	1	2	3	4	5	6	7	8
n	85	85	85	85	72	72	72	72
(Mund mit Zähnen) n	68	18	9	31	18	7	32	26
%	80,0	21,2	10,6	36,5	25,0	9,7	44,5	36,1
(U-Form) n	5	7	4	1	5	6	7	2
%	5,8	8,2	4,7	1,2	7,0	8,4	9,7	2,7
(Mund mit Zähnen oval) n	8	28	34	17	12	20	8	16
%	9,4	32,9	40,0	20,0	16,7	27,8	11,1	22,3
(nach unten gebogen) n	1	18	14	7	3	15	–	4
%	1,2	21,2	16,5	8,2	4,2	20,9	–	5,6
(Strich) n	1	8	15	7	15	10	10	13
%	1,2	9,4	17,6	8,2	20,9	13,9	13,9	18,1
(Kreis/Halbkreis) n	1	4	6	12	17	11	13	10
%	1,2	4,7	7,1	14,2	23,6	15,3	18,1	13,9
(Wellenlinie) n	–	1	2	8	1	2	–	–
%	–	1,2	2,3	9,4	1,3	2,7	–	–
Keine n	1	1	1	2	1	1	2	1
%	1,2	1,2	1,2	2,3	1,3	1,3	2,7	1,3

Tabelle 10

als 50 % werden diese drei Menschentypen entweder durch den Mund mit Zähnen oder mit einer nach unten gebogenen Mundform gekennzeichnet (siehe Tabelle). Der sogenannte «normale Mund» wird dagegen häufiger für den «inkonsequenten», den «misstrauischen» und den «weichen, nachgiebigen» Typ gewählt.

Für die negativen Typen, die nicht zu den Aggressionsformen gezählt werden können, weicht das Kind auf andere Art von der guten

Norm ab. So wählt das Kind für den «misstrauischen» Typ häufig den Balkenmund (20,9 %) und den grossen, offenen Mund (23,6 %). Das Kind sucht hier nach Möglichkeiten, das Fehlverhalten dieser Charaktere darzustellen, ohne dass es auf den «Normmund» zurückgreifen muss.

Zähne sind ein auffallendes Merkmal. *Koppitz* misst ihnen auch einige Bedeutung bei. Sie schreibt: «Da Zähne aber am häufigsten in den Zeichnungen von offen aggressiven Kindern und überhaupt nicht in den Zeichnungen der verschlossenen, in sich gekehrten Kinder vorkamen, muss gefolgert werden, dass Zähne ein Zeichen allgemeiner Aggressivität und nicht nur der Aggression mit Worten allein sind. Zweifellos ist nicht alle Aggressivität ungesund. Eine gewisse Dosis von Aggressivität ist bei Kindern normal und für Führung und Leistung sogar notwendig. Demzufolge kann das Vorkommen von Zähnen in einem ZEM nicht als ein Zeichen emotionaler Störung gewertet werden, solange keine anderen emotionalen Faktoren in der Zeichnung vorhanden sind»[73].

Diese Ansicht kann auch ich bestätigen. Bei einer Analyse von Sonnenzeichnungen geht es nicht um die Diagnose von psychopathologischen Kindern. Uns ist es vielmehr darum zu tun, die Gesamtlage eines Kindes, das vielleicht durch sein Verhalten – ohne dabei grundlegend gestört zu sein – auffällt, erkennen und beurteilen zu lernen. Das Vorkommen von Zähnen weist in den meisten Fällen auf Gefühle der Aggressivität hin. Es gibt aber auch Kinder, die Zähne malen, um damit das lachende Gesicht besonders zu kennzeichnen. Der Analysator findet schnell heraus, wie die Zähne in der Sonnenzeichnung zu werten sind. Es gilt hier, wie bei allen Zeichnungsinterpretationen, dass zwischen einem Merkmal und «einem bestimmten Persönlichkeitsmerkmal oder dem Verhalten» des Kindes kein 1:1-Verhältnis besteht. «Ängstlichkeit, Entmutigung, Sehnsucht nach mehr Freiheit, Überforderung usw. können verschiedene Kinder auf verschiedene Weise oder von einem Kind zu verschiedenen Zeiten unterschiedlich ausgedrückt werden»[74].

Wer aus den Zähnen einer Sonne folgert, die Mutter oder der Vater oder eine andere Bindungsperson sei böse oder böse gewesen, der kann sich unter Umständen sehr täuschen. Ein Merkmal, so könnte man sagen, ist nie ein sicheres Merkmal.

Wie gefährlich eine solche vereinfachende Deutung wäre, kann uns Ronalds Zeichnung (Abb. 65) deutlich machen. Seine Sonne fällt durch ihre Grösse, die Augen und den mit Zähnen bewaffneten Mund auf. Auch die Farbe verleitet sofort dazu, das Schlimmste für Ronald zu befürchten. Wir haben bereits vermerkt, dass Ronalds Mutter mit ihren Kindern nicht allzu zimperlich umgeht, dass gehässige Worte und auch Schläge vorkommen, und dennoch dürfen wir daraus nicht auf ein vollständig gestörtes Milieu schliessen. Die Mutter holt Ronald hie und da vom Kindergarten ab. Es fällt auf, dass ihr der Bub nie entgegeneilt und sie freudig begrüsst. Wenn er dann nicht kommt, dann hagelt es Befehle und Drohungen.

Die Zähne, die Ronalds Sonne zeigt, könnten die auffallenden Merkmale seiner Mutter verbildlichen. Sie ist Mischling und besitzt schöne, weisse Zähne. Vielleicht würde – dies kann entgegengehalten werden –

Ronald diese Zähne nicht so hervorheben, wenn die Mutter ein sanftes und bergendes Wesen hätte. Dass er sie so betont, weist auf die grobe und harte Art der Mutter hin. Und trotzdem ist dieses Milieu nicht zerrüttet und gestört. Störend wirkt nur, dass die Mutter zu wenig Geduld und Liebe für ihren Sohn aufbringt, und das betont Ronald in seiner Zeichnung.

Eine andere Erfahrung belehrt uns des weiteren, vorsichtig zu sein und uns nie auf 1:1-Deutungen einzulassen. Irene M. ist ein Adoptivkind, das davon nichts weiss. Sie ist gut erzogen, lieb und intelligent. Aber immer wieder findet man in ihren Zeichnungen, die einen guten Beziehungstyp erkennen lassen, Sonnengesichter mit Zähnen. Niemand erwartet von diesem Kind solche Äusserungen. Die Eltern sind lieb und gütig. Das Rätsel löst sich, wenn wir wissen, dass Irene einen starken S-Fehler hat und logopädisch behandelt wird. Zudem stehen die Zähne ihres Oberkiefers leicht vor.

Auf einer anderen Zeichnung von Irene erkennt man einen schwarz betonten und mit gleicher Farbe ausgemalten Sonnenmund, diesmal aber ohne Zähne. Daraus wird deutlich, dass sich das Mädchen via Sonnenbildnis mit seinem Zahnproblem beschäftigt.

Klarer sind die Verhältnisse bei Max F. (6;3). In der Serie seiner Zeichnungen befinden sich verschiedene Lösungen. Der Beziehungstyp variiert. Zwei seiner Zeichnungen weisen auf spannungsfreie Verhältnisse hin und positive Beziehungstypen auf, obwohl eigentlich keine auffälligen Merkmale vorhanden sind. Auf zwei anderen Bildern hingegen – dies wird uns besonders interessieren – sind zwei grosse Sonnen im 2. und 3. Beziehungstyp dargestellt. Die eine Sonne zeigt sich feuerrot, die andere mit schwarzen Augen und einem mit Zähnen bewaffneten Mund.

Die Erziehung dieses Kindes ist problematisch und sehr inkonsequent. Einerseits wird Max sehr streng erzogen, andererseits wird er verwöhnt. Obwohl der Junge bei den Kameraden gut ankommt, ist er ernst und redet sehr selten. Seine Zeichnungen entsprechen den Erlebnissen im Elternhaus. Wird Max lieb und freundlich behandelt, zeichnet er positive Stimmungsbilder, wird er aber hart angefasst, entstehen Zeichnungen mit negativer Ausstrahlung und auffälligen Merkmalen.

Nadja lebt in unglücklichen Familienverhältnissen. Sie ist sieben Jahre alt und wird einem kleineren Schwesterchen nachgesetzt. Die Kinder finden keinen Raum für das eigene Leben. Auch werden sie vernachlässigt. Nadja trotzt und nässt ein.

In ihrer Zeichnung steht ein Mädchen mit nur angedeutetem Gesicht unter einer grossen Sonne. Das Merkmalsgefälle ist erheblich. Neben den deutlich gezeichneten Zähnen sind Augen, Wangen und eine spitze Nase zu erkennen. Die Eltern sind geschieden. Weder Vater noch Mutter kümmern sich genügend um das Kind.

<u>Wenn auffallende Einzelmerkmale ohne negative Beziehungen und Positionen vorkommen, werden durch sie entweder momentane Gefühle und Stimmungen zum Ausdruck gebracht oder das Kind wollte auf diese Weise eine Situation aus einem Film oder Märchen darstellen. Diese auffälligen Merkmale sind dann keine emotionellen Faktoren, die für das Lebensverhältnis des Kindes von Bedeutung sind. Sie sind nur situativ bedingt.</u> Man könnte sie als situative Merkmale bezeichnen.

Situative Merkmale verwendet z. B. Christian (Abb. 26). Er zeichnet eine Sonne mit einem nach unten gebogenen Mund und kurzen Strahlen, die von Wolken eingefangen werden. Der Beziehungstyp ist positiv. Kurz bevor diese Zeichnung entstand, hatte Christian mit seiner Mutter eine Auseinandersetzung, die ihn aber nicht allzu stark beschäftigte. Seinen nachfolgenden Zeichnungen war das Erlebnis mit seiner Mutter nicht mehr anzumerken.

3.4.2 Nach unten gebogener Mund

Christians Zeichnung erinnert uns an eine weitere auffällige Mundform: Der nach unten gebogene Mund (vgl. Tabelle 10).

Diese Mundform ist häufig zu finden, meist als Ausdrucksmittel für Trauer. Mit einem solchen Trauermund erscheint CHRISTOPHS Sonne (Abb. 67) über einem Freibad. Dort springt gerade eine Frau vom Sprungbrett und verletzt sich dabei am Kopf. Christoph ist Zeuge dieses Ereignisses wie auch eine Gruppe von Menschen, die alle diesen nach unten gebogenen Mund zeigen. Offenbar kommt damit die durch den Unfall hervorgerufene Verstimmung zum Ausdruck.

Bei Jolanda (Abb. 13) drückt der nach unten gebogene Mund ebenfalls die Trauer des Kindes aus. Jolanda lebt in sehr schlechten Verhältnissen. Von ihrer Mutter wurde sie getrennt. Das Kind ist traurig und verstimmt. Tränen, die das Sonnengesicht weint, berechtigen diese Deutung.

Nach unserer Tabelle 10 kommt diese Mundform häufig bei autoritären und aggressiven Menschen vor. Sie bietet eine Möglichkeit, Erfahrungen mit solchen Menschen zeichnerisch darzustellen. Dieser gekrümmte Mund ist mir häufig begegnet und wies mit anderen Merkmalen zusammen stets auf die hier erwähnten Verhaltensweisen von Erwachsenen oder Kindern hin. Er ist ein Merkmal der Trauer oder der Aggressivität.

3.4.3 Balkenmund

Der *Strich- oder Balkenmund* hat oft eine ähnliche Ausdrucksbedeutung. Das Sonnenbübchen Daniel (Abb. 10) hat sich in seinem Trotz mit verbissenem Mund hinter das festgefügte Gebirge in Schutz begeben, während seine Muttersonne mit Tränen in den Augen den Vorfall der Zerstörung betrachtet.

3.4.4 Grosser, offener Mund

Der *grosse, offene und meist runde Mund* wird häufig verwendet, um die grosse Geschwätzigkeit von Personen zu versinnbildlichen. Schon in der Zeichnung von Gisela (Abb. 5) sind wir ihm begegnet. Giselas Mutter ist eine dorfbekannte Klatschbase. Gleiches darf auch von Margritlis Mutter gesagt werden. Ihr Riesenmund symbolisiert pars pro toto genau die Mutter, die schreiend und dominierend ihr «Nest» beherrscht.

Dieser grosse Mund, zu dem mir ein zahlreiches Fallmaterial vorliegt, gehört Menschen, die sich durchzusetzen wissen, die viel reden und oft auch besorgt viel reden. Evi hat ihrer Sonne (Abb. 36) ein solches Mundwerk hingemalt. Evis Mutter weiss viel zu erzählen, vor allem wird sie nie müde zu sagen, dass sich die Kinder schonen, dass sie wegen ihrer schwächlichen Konstitution aufpassen sollen. Eine Mutter, die so ihren Kindern in den Ohren liegt, wird häufig mit diesem Mund charakterisiert.

Rolf, ein Kindergartenkind aus überbehüteten Verhältnissen, ist ein Grosssprecher. Er hat immer das letzte Wort und ahmt damit offenbar seine Mutter nach. Seine Sonnen haben mit wenigen Ausnahmen grosse Mundformen. Ein Sonnenmund aber fällt durch eine ganz besondere Grösse auf. Die gesamte Sonnengestalt erreicht einen Durchmesser von 10 cm, während der parallel zum Halbkreis der Sonne verlaufende Mund sich über eine Spannweite von 6 cm erstreckt.

3.4.5 Fehlen des Mundes

Das *Weglassen des Mundes* scheint auch sehr bedeutsam zu sein. Im ZEM-Test bedeutet er Unfähigkeit oder Weigerung, mit andern Kindern in Kontakt zu kommen. «Weglassen des Mundes erscheint als klinisch bedeutungsvoll und lässt auf Gefühle von Angst und Sich-Zurückziehen, Unsicherheit, einschliesslich des passiven Widerstandes, folgern ... Im Fallbericht von Kindern, die in ihren Zeichnungen den Mund wegliessen, sind häufig Furcht, Angst, Perfektionismus und Depression zu finden»[75]. Renzo zeichnet auch gelegentlich Sonnengesichter ohne Mund. Ob er damit die Depression seines Vaters darstellen will?

3.4.6 Ambivalenter Mund

Der Originalität halber sollen hier noch einige Mundformen aufgeführt werden, mit denen Kinder den «hin und her schwankenden Menschen», den Menschen, der einmal lieb, dann wieder böse ist, zu kennzeichnen versucht haben. Die Kinder, die das vorgedruckte Oval ausfüllen mussten, sagten selbst: «Ich gebe ihm zwei Münder, einen lieben und einen bösen!» Oder: «Dann brauch ich ja doch zwei Blätter, um einen solchen Menschen zu zeichnen.» Oder: «Darf ich auch mischen?» Oder: «Auf der lieben Seite hat er eine Wange und einen lieben Mund. Auf der bösen Seite Zähne.»

Einige Kinder zeichneten zwei Gesichter auf das kleine Blatt. Das eine hatte die Merkmale des bösen, das andere die des lieben Menschen. Viele Kinder, darauf kommen wir später noch zu sprechen, lösten das Problem, indem sie das Gesicht halbierten und zweifarbig ausmalten.

Hier einige dieser originellen Lösungen. Sie könnten vielleicht auch eine Erklärung geben, warum Kinder hie und da zwei Sonnen mit verschiedenen Mundformen auf ein und dasselbe Blatt zeichnen.

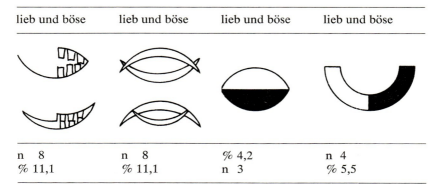

lieb und böse	lieb und böse	lieb und böse	lieb und böse
n 8 % 11,1	n 8 % 11,1	% 4,2 n 3	n 4 % 5,5

Tabelle 11

Diese Formen lassen uns aufmerken. Sie zeigen, dass wir bei der Analyse von Sonnengesichtern auch auf kleine Details achten müssen. *Hypothese:* Zähne sind ein Aggressionsmerkmal. Sie sind Zeichen der Macht, des Durchstehvermögens, der Gewalt. Sie können die Boshaftigkeit, die Strenge, aber auch das verfügende Befehlen, Schimpfen, Drohen, Strafen darstellen. Ihnen am bedeutungsnächsten kommt der nach unten gebogene Mund. Wenn keine weiteren Merkmale vorhanden sind, nimmt er die gleiche Aussagekraft ein. Der grosse und oft auch runde, offene Mund hingegen ist eher ein Zeichen von Geschwätzigkeit. Eine Person mit solchem Mund redet sehr viel, behält sich immer das letzte Wort, ist vorlaut. Als Zwischenform muss man den Strich- oder Balkenmund bezeichnen. Das Kind wendet ihn oft an, um Trotz, Verschlossenheit und das Zweideutige auszudrücken. In Tabelle 10 fällt auf, dass der Strich- und Balkenmund häufiger beim «misstrauischen Menschen» (20,9 %) zu finden ist als beim «zornmütigen» (17,6 %). Das Weglassen des Mundes deutet Angst, Unsicherheit, Entmutigung, soziale Zurücksetzung, passiven Widerstand, Mutismus usw. an. Der «inkonsequente Mensch» wird, falls das Kind dessen Charakter erfassen kann, durch Doppelformen gekennzeichnet.

Neben diesen Gesichtsmerkmalen fallen auch etwa *Runzeln, Bart, Schnauz,* stark betonte Augenbrauen, schwarze Tupfen, herausgestreckte Zungen usw. auf. Diese Merkmale sind seltener, können aber eine Deutung untermauern und ihr ein zusätzliches Gewicht geben. Beim «lieben Menschen» kommen diese Attribute jedenfalls nicht vor, oder so selten, dass sie gar nicht ins Gewicht fallen. Beim «aggressiven Menschen» konnte ich in 11 von 85 Zeichnungen stark betonte Runzeln finden und in 9 Fällen war ein Bart oder Schnauz zu erkennen. Diese Zusatzmerkmale finden wir etwa in der gleichen Verteilung auch beim Typ 3 meiner Untersuchung. Beim «weichen Typ» (Nr. 7) zeichneten nur zwei Kinder einen Bart. Andere auffällige Merkmale waren nicht zu finden.

Wir gehen bei jeder Deutung von Sonnenzeichnungen vom Thema aus. Es ist wichtig, dass wir wissen, was das Kind zeichnen wollte. Wenn es eine Szene aus einer Geschichte darstellt, in der es dramatisch zugeht, dann ist anzunehmen, dass die gezeichnete Sonne die Stimmung widerspiegelt, die die Geschichte auf das Kind ausstrahlt.

Vor mir liegt das Bild von Markus Z. Es stellt einen Räuber dar, der gerade einen Diebstahl begangen hat. Die Sonne mit ihrem fürchterlich drohenden Gesicht steht in Position 6. Mit dieser Ausdrucksgebärde verstärkt sich das Bild, das sich der Zeichner vom Räuber macht. Es ist nicht ganz auszuschliessen, dass die Geschichte den Zeichner beeindruckt, weil er darin sich und seine Situation irgendwie erkennt. Dann wirkt die Sonne wie ein schlechtes Gewissen, das zu bedeuten gibt, dass auch die kleineren Diebereien des Zeichners böse und schlecht sind. Hie und da aber lebt das Kind den Inhalt einer Geschichte so stark nach, dass es sich mit dem Helden identifiziert. Man darf aber doch Zweifel hegen, ob dem Kind wirklich gelingt, eine Geschichte objektiv und unabhängig von sich selbst darzustellen, so dass nicht die geringsten subjektiven Einschübe darin enthalten sind. Das ist wohl eher selten. Und so ist jedes Zeichen, das das Kind verwendet, vom Geiste des Kindes. Es ist subjektiv gefärbt.

3.5 Das Gesicht mit Tränen

Tränen versinnbildlichen auch im Sonnengesicht das, was sie überall in der Welt darstellen: Traurigkeit. Da zeichnet die siebenjährige Esther einen Schäfer, der sich einen Arm gebrochen hat. Die grosse Sonne ist Zeuge dieses Unfalls. Sie weint. Die Frage, wer der Schäfer und wer die überbehütende, grosse Sonne ist, die Tränen vergiesst, wollen wir nicht diskutieren. Die Sonne weint: Sie ist traurig.

Jeanette zeichnet eine weinende Sonne. Sie steht über einer Gruppe von Schülern. Die Lehrerin steht daneben. Allein Jeanette, die Zeichnerin, fliegt in die Luft. Auf die Fragen der Lehrerin antwortet das Mädchen: «Die Sonne weint, weil sie traurig ist. Sie ist traurig, weil sie die Lehrerin nicht sieht.» Wer aber ist ausserhalb? Wen kann die Sonne nicht sehen? Sicherlich nicht die Lehrerin. Jeanette selbst befindet sich ausserhalb der Szene. Identifiziert die Trauer dieser Sonne nicht eher die Traurigkeit der Zeichnerin selbst? Gelten die Sonnentränen nicht vielmehr ihr selbst, da sie sich zu wenig beachtet, sich übergangen fühlt?

Merkwürdig sind auch die gekreuzten Sonnenaugen und der grosse Mund. Interessant ist, dass sich die Sonnenstrahlen von Jeanette weg hinüber zu Fränzi, einer Schulfreundin, konzentrieren. Spricht das nicht für die oben gewagte Deutung?

Ich will mich noch mit einer anderen interessanten Zeichnung befassen. Sie stammt von Regula E. Eine Sonne steht oben im Zenit und weint. Sie blickt herab auf einen Garten voller Menschenblumen. Die Blüten der grossen Blumen sind zu Gesichtern ausgemalt, und eine Blume weint ebenfalls. Ihr Gesicht gleicht farblich genau dem der Sonne. Auch die Tränen sind mit denen der Sonne identisch.

Regula lebt in einem Geschäftshaushalt. Ihre Eltern finden für eine Erziehung kaum Zeit und sähen das Kind schon gerne erwachsen. So kann es natürlich nicht Kind sein. Ein trauriger Tatbestand!

Hypothese: Ein weinendes Sonnengesicht gibt immer eine Situation der Trauer wider. Trauer kann verschiedene Ursachen haben. Es ereig-

123

net sich ein Unfall, ein Kind wird nicht beachtet, es wird, wie Regula, nicht in seinem Kindsein akzeptiert. Situationen für Trauer gibt es unzählige. Sie lassen sich glücklicherweise nicht systematisieren.

3.6 Die Grösse der Sonne

Die Sonne ist ein raumergreifendes Gebilde. Ihre Grösse hat etwas mit ihrer Dominanz zu tun. Ich habe eine grosse Anzahl von Sonnenbildnissen besprochen, die vor allem durch die Grösse des Sonnenballs auffielen. Ich erinnere an die Abbildungen 6, 7, 23, 24, 25, an die Zeichnungen von Claudia (Abb. 29), Rudolfo (Abb. 37), Andreas (Abb. 49) und Urban (Abb. 64).

Bei den genannten Zeichnungen machte sich stets der Einfluss von Macht und Autorität bemerkbar. Je grösser die Sonne, desto stärker die verfügende Macht, die sie verkörpert. Grosse Sonnen sind Zeichen von Expansivität, oft auch Mangel an Vorsicht. «Allem Anschein nach sind grosse Gestalten mit Grossspurigkeit, Unreife und unzureichender Selbstkontrolle verbunden»[76]. Diese Aussage gilt freilich nur für Menschendarstellungen. Für Sonnenzeichnungen können wir sie nicht bestätigen. Kinder, die grosse Sonnen zeichnen, fühlen sich meistens unterdrückt oder überfordert. In diesem Falle symbolisiert die Sonne nicht das Ich des Zeichners, sondern diejenige Person, die für den Zeichner momentan von emotioneller Bedeutung ist. Sie weist meistens auf Überbehütung, Umsorgung, Macht, Gewalt hin. Diese Macht ist bei positivem Beziehungstyp freundlich, hilfreich und gütig, sie ist bei negativem Typ bedrohlich, feindlich, ablehnend.

Im allgemeinen zeichnet das Kind die Sonne grossräumiger als einen Menschenkopf. Zeichnungen, die Sonne und Menschenkopf in etwa gleicher Grösse und mit identischen Merkmalen zeigen, lassen positive Lebensverhältnisse vermuten. Bei Elisabeth (Abb. 49) und Robert (Abb. 16) liegt dieser Fall vor. Eine Sonne fällt auch dann nicht auf, wenn der gesamten Menschengestalt der gleiche Raum eingeräumt ist wie der Sonne. In Christians Zeichnung (Abb. 26) kann man diese Grössenordnung feststellen. Auch in Abbildung 2 von Martina finden wir diese Relation.

Negativen Charakter nimmt auch die verschwindend kleine Sonne an. Entweder bedeutet sie emotionell nichts mehr oder sie weist auf die Bedeutungslosigkeit der mit der Sonne anvisierten Person hin.

3.7 Die verschmierte Sonne

E. M. Koppitz spricht von Schattierung und meint damit den gleichen Tatbestand, den wir mit zugeschmiert bezeichnen. In der Mehrzahl der Fälle ist zu beobachten, dass Sonnen gelb ausgemalt sind. Das Kind verwendet offenbar aus Gewohnheit die gelbe Farbe. Wählt es eine andere Farbe, dann will es damit einem emotionalen Sachverhalt Ausdruck verleihen. Nicht selten kommt es vor, dass das Kind seine Sonne zuschmiert. Das zuerst vorhandene Gelb wird vom Zeichner, einem plötzlichen Einfall folgend, mit einer dunkleren Farbe überstrichen. Daraus entsteht dann der Eindruck des Geschmiers, daher sprechen wir auch nicht von Schattierung.

Verschmierte Sonnen weisen in allen vorliegenden Fällen auf starke Störungen hin. Mit schwarzer Farbe verschmierten Kinder ihre Sonnen bei einem Todesfall in der Familie, Kinder mit geschiedenen Eltern, verwahrloste, uneheliche und seelisch aus dem Gleichgewicht gefallene Kinder. Rot verschmierte Sonnen stammen von trotzigen Kindern mit sehr aggressiven Eltern. Das Kind einer Prostituierten, das einige Beobachtungen aus dem Gewerbe der Mutter sammeln konnte, verschmierte seine Sonne zündrot. Auch Kinder aus soeben getrennten Familien äusserten auf diese Weise ihre Gefühle.

Folgende Beobachtungen von *E. M. Koppitz* stimmen mit den meinen überein. Sie bemerkt: «Schattierung im ZEM ist ein Ausdruck der Angst, und der Grad der Schattierung hängt, so wird weiter angenommen, mit der Intensität der Angst zusammen, die das Kind empfindet. Die vorliegenden Befunde stimmen mit der Beobachtung von Machover überein, wonach Schattierung im ZEM bei kleinen Kindern normal und nicht unbedingt als ein psychopathologisches Zeichen zu werten ist.»[77]

Meine Beobachtungen hingegen zeigen, dass auch bei kleinen Kindern zugeschmierte Sonnen von schlechtem Zeichen sind, meist Zeichen einer Angst des Kindes. So malte der kleine Tomaso (Abb. 68) – wir sind ihm bereits begegnet – eine kleine Sonne in Position 3 und schmierte sie anschliessend zu. Ausserdem fehlt ihr ein Mund. Schon dieses Merkmal deutet auf Angst, Unsicherheit und Entmutigung hin.

Es ist interessant, das Entstehen dieser Zeichnung mitzuverfolgen. Tomaso kam zu früh zu einer Theateraufführung. Während der Wartezeit von mehr als einer Stunde konnte er in Gegenwart einer sehr lieben und gütigen Frau zeichnen. Dabei stellte er sich selbst wieder mit übergrossem Kopf dar. Plötzlich wurden sie gestört, die Frau verliess für ein Gespräch den Raum, die Beziehung brach ab, und Tomaso war wieder allein. Diesen Abbruch des Kontaktes machte er sichtbar, indem er Arme und Beine brechen liess. Darauf entstand die verschmierte Sonne, und schliesslich liess er es über sich selbst regnen.

Auch hier ist die Sonne Zeichen der Angst. Tomaso ist aber erst 6;2 Jahre alt. Schon bei Kindern dieses Alters haben verschmierte Sonnen diagnostische Bedeutung.

«Aber wenn die Kinder älter werden», – so *E. M. Koppitz* – «nimmt auch die diagnostische Bedeutung der Schattierung in den ZEM zu. Die einzige Ausnahme von dieser Regel ist die *Schattierung des Gesichts, die immer von hoher Signifikanz ist.*

Schattierung des Gesichts in den ZEM ist in jeder Altersstufe ungewöhnlich und ist deshalb bei allen Kindern von fünf bis zwölf Jahren ein gültiger emotionaler Faktor. Dieses Merkmal wurde meistens in den Zeichnungen von Klinik-Patienten beobachtet sowie in einigen ZEM von Kindern, die offenkundig aggressiv waren und gestohlen hatten. Wir stellten zwei Arten der Gesichts-Schattierung fest: Die erste Art bestand aus der Schattierung des ganzen Gesichtes. In manchen Fällen war die Schattierung so stark, dass alle Gesichtszüge dadurch verdeckt

wurden. Eine Schattierung des ganzen Gesichts fand sich immer bei ernstlich gestörten Kindern, die – von Angst erfüllt – eine sehr geringe Meinung von sich hatten.
Die zweite Art der Schattierung in den ZEM war nur auf einen Teil des Gesichts beschränkt (z. B. Mund, Nase, Augen). Kinder, in deren Zeichnungen diese Art von Schattierung zu beobachten war, waren für gewöhnlich weniger gestört als die, die das ganze Gesicht schattierten. Eine teilweise Schattierung des Gesichts deutet anscheinend auf spezifische Angstzustände bezüglich jener Merkmale des Gesichtes, die schattiert sind, oder bezüglich ihrer Funktionen ... Max war das einzige Kind einer herrschsüchtigen und ehrgeizigen Mutter, die ihn zwar mit Zeichen der Liebe überhäufte, gleichzeitig aber auch mit ihren Forderungen überwältigte. Max war ein sehr unreifes und abhängiges Kind, das auf infantile Weise lispelte. So oft Max den Mund öffnete, um etwas zu sagen, korrigierte die Mutter sofort seine Aussprache. Infolgedessen war Max sehr befangen beim Sprechen und begann zu stammeln. Die starke Schattierung im untern Teil des Gesichts lässt deutlich Sorge und Kummer des Knaben seiner Aussprache wegen erkennen.
Ähnliche Zeichnungen erhielten wir von anderen, mit Sprachfehlern behafteten Kindern, die sich wegen ihrer Sprechschwierigkeiten ängstigten. Kinder mit Sprachfehlern, die jedoch nicht besonders darunter litten, schattierten in ihrem ZEM die Mundpartie nicht»[78].
Im *Handbuch der Psychotherapie Bd. I* habe ich eine schöne Zeichnung gefunden, die meine Befunde bestätigt. Ein sieben- bis achtjähriger Knabe zeichnet eine grosse Schlacht. In der Mitte des Bildes (Position 2) thront auf einem Berg eine grosse, verschmierte Sonne, deren Gesichtszüge man kaum erkennt. Unten, am Fuss des Gebirges, fährt ein Auto heran, das vom Gebirge aus beschossen wird. Der Knabe erklärt zu seiner Darstellung: «Ich werde bald Hitler töten.» Der Verfasser führt dazu aus: «Er verwendet alle nur erdenklichen Waffen, selbst Steinlawinen wie bei der Schlacht am Morgarten. Oft verlagert sich in Kriegszeiten die Aggressivität auf die feindlichen Staatsoberhäupter. Dieses Kind hat in Wahrheit heftige, negative Gefühlsregungen zum Vater und älteren Bruder. Es ist weniger gefährlich, sie auf jemanden zu projizieren, der weit weg ist, als auf jemanden, der nahe ist. Es ist auch ein Ausgleich für Minderwertigkeitskomplexe, wenn man sich vorstellt, dass man stärker ist als die im Augenblick mächtigsten Menschen. Die Atmosphäre und die Überbetonung von Details zeigen den Erregungszustand des Kindes»[79].
Der Verfasser zieht die Sonne nicht in die Diagnose der Zeichnung ein. Es handelt sich dabei um den 3. Beziehungstyp. Die Beziehung zu den ausgezeichneten Personen scheint gestört zu sein. Die Sonne steht in Position 2. Mächtig entfaltet sie ihre Fülle im Zenit. Als weiteres Merkmal kommt ihre Grösse hinzu. Im Verhältnis zu den gezeichneten Menschen erscheint die Sonne riesengross. Ihr verschmiertes Gesicht wirkt verhüllend und strömt zugleich Angst aus. Es ist eine Sonne, die sich nicht voll dem Kind zeigt. Das Kind leidet, wie wir bereits gehört haben, unter der Übermacht von Vater und Bruder und empfindet heftige negative Gefühle. Es sind die Gefühle der Angst, die sich mit Gefühlen des Trotzes und der Auflehnung verbinden.

Hypothese: Verschmierte Sonnen sind Zeichen von Störungen. Kinder drücken damit ihre starke Angst, aber auch ihre Beziehungs- und Hilflosigkeit aus. Die Beziehungspersonen haben eine finstere, abwehrende Haltung. Eine tragende Bindung lässt sich nicht realisieren. Daraus entsteht die Angst als Grundstimmung. Kinder, die so zeichnen, sind stark verängstigt.

Eine ähnliche Stellung kommt den mit verschiedenfarbigen Kreisen ausgefüllten Sonnengebilden zu. Auch diese unausgezeugten und entstellten Sonnengesichter deuten auf Störungen hin. Sie kommen selten vor, sind aber immer von diagnostischer Relevanz.

Ein Kind, dessen Vater unerwartet gestorben war, zeichnete eine gelbe Sonne mit einem violetten Kern (siehe Analyseschema). Ein anderes mit geschiedenen Elten besetzte seine halbe Sonne mit verschiedenfarbigen, konzentrischen Kreisen und ein drittes flocht in seinen Sonnenkreis noch einen anderen, kleineren Kreis hinein. Dieses Kind wächst in kalter Familienatmosphäre auf, in einem Haus, in dem die Tante alle Verantwortung trägt und seine Eltern nichts zu sagen haben.

Eine weitere Abart der verschmierten Sonne finden wir in der durch Farben halbierten Sonne. Auch diese Sonnen erleben für den Zeichner keine volle Entfaltung. Diesen Sonnenphänomenen begegnete ich in Zeichnungen von einem unbeliebten, sprachgestörten Kind, von einem Kind mit tyrannischem Vater, von einem anderen, dessen Mutter kürzlich ertrank und von einem weiteren, das von seiner Mutter stark vernachlässigt wird.

Ein so zeichnendes Kind weiss offenbar nicht, woran es ist. Seine Ausrichtung auf ein Ziel, auf eine Person, an der es Halt findet, ist verschwommen. Daraus entsteht diese unbestimmte Angst, wie sie soeben schon geschildert wurde.

Es ist interessant, dass in unserem Zeichenversuch der «inkonsequente Mensch» häufig zweifarbig dargestellt wurde. Da die Kinder den Auftrag hatten, zuerst die Merkmale mit Bleistift zu zeichnen, kann nicht festgestellt werden, ob sie das Gesicht bei diesem Typus gerne weggelassen hätten. Weil er ihnen als einmal lieb und einmal böse geschildert wurde, wäre dies nicht zu erwarten. Die Kinder aber mussten erkennen, dass sie bei einem solchen Menschen nicht wissen, woran sie sind, was gilt, was zählt. Daher die Ambivalenz auch in der farblichen Gestaltung.

23 von 85 Kindern teilten das ovale Gesicht in zwei farbliche Hälften ein und unterschieden neben den Augen und dem Mund auch durch die Farbe das wechselnde Wesen.

Diese zusätzlichen Erscheinungen, die im abschliessenden Analyseschema separat aufgezeichnet sind, drücken die gleiche Verlorenheit und Angst des Kindes aus wie die verschmierten Sonnen. Es gilt für sie, was bei der Hypothese der verschmierten Sonnen gesagt wurde.

3.8 Die Doppelsonne

Eine ähnliche Bedeutung wie der halbierten Sonne kommt wahrscheinlich auch der Doppelsonne zu. In Kinderzeichnungen tritt sie recht häufig auf und ist dennoch schwierig zu deuten. Wenn wir von den durch den Versuch erbrachten Befunden ausgehen, so dürften diese Doppelsonnen die Ambivalenz des Zeichners den Bindungspersonen gegenüber ausdrücken. Michaels Zeichnung zeigt eine Sonne in Position 5 mit zwei verschiedenen Gesichtern. Das eine blickt hinab auf ein Schiff, auf dem gerade ein Gefangener fortgeführt wird, das andere Gesicht leuchtet über einem Knaben, der auf einem zu stark beladenen und bald sinkenden Schiff dahinfährt. Beide Sonnengesichter zeigen verschiedene Ausdrucksformen. Die eine Sonne ist mit einem grossen Mund und stechenden Augen markiert, die andere mit einem Strichmund und verschmierten Augen. In beiden Situationen ist das Kind ausgeliefert. Das eine Mal der machtvollen Sonne, die über dem Gefängnisschiff steht, das andere Mal der eher vernachlässigenden Sonne, die zuschaut, wie das Schiff sinkt. Darin kommt die Lebenssituation Michaels treffend zur Darstellung. Er ist der Gefangene einer mächtigen Mutter, die ihm in ihrer Inkonsequenz doch keine definitive Hilfe bietet.

Treffend zeichnet BEAT die Abivalenz seiner Situation. Mit seinen Eltern und Großeltern zusammen wohnt er in einer Stadt. S'Muetti, wie die Grossmutter genannt wird, ist eine gütige Person, die überall hilft, wo sie gebraucht wird, die auch Beat versorgt, wenn ihn seine Mutter vernachlässigt. Sie, die Mutter Beats, konnte als Tochter einer Prostituierten nie erfahren, was Liebe und Geborgenheit ist. Kindheit und Jugend musste sie in Heimen verbringen. Äusserlich gesehen erweckt Frau S. einen guten Eindruck, sie weiss sich geschmackvoll zu kleiden. Hie und da holt sie den kleinen Beat vom Kindergarten ab. Ihr nächster Gang führt allerdings nicht nach Hause, sondern in ihr Stammrestaurant.

Frau S. vernachlässigt nicht nur den Haushalt, sondern auch ihre Kinder. Der viel zu nachsichtige Vater erledigt dann oft ersatzweise das Nötigste. Auch als Köchin versagt Frau S. Häufig müssen ihre Kinder – Beat hat noch eine 3½jährige Schwester – zur Grossmutter gehen, damit sie sich satt essen können. Beat spricht nicht über seine Mutter, seinen Vater sieht er nur selten. Ein richtiges Zuhause erlebt er nur bei seinen Grosseltern. Er erzählt gerne von ihnen, dass sie mit ihm zusammen basteln, werken und zeichnen.

Mit Beats Zeichnung (Abb. 69) wird diese häusliche Situation treffend aufgezeigt. Links oben steht eine Sonne. Ihrem einigermassen ausgefalteten Gesicht fehlt die Nase. Rechts oben ist über einem Kind ohne Nase und Arme eine zweite, verschmierte Sonne postiert, deren Gesicht nur ein Auge und einen grossen, dunklen Mund aufweist. Zudem ist ihre Form desintegriert, denn eigentlich müsste sie rund sein.

Diese beiden Sonnen scheinen die wechselhafte Umgebung des Kindes darzustellen. Sie schildern drastisch die Ambivalenz, das Hin- und Hergerissensein zwischen Eltern und Grosseltern.

Mit dieser Sonnenduplizität scheint dem Kind ein Ausdrucksmittel für etwas schlechthin Unsagbares gegeben zu sein. Mit ihr lässt sich das Hin- und Hergerissensein zwischen zwei Gefühlsebenen deutlich symbolisieren.

3.9 Die Sonnenstrahlen

Die Strahlen der Sonne zeugen vom inneren Leben des Feuergebildes. Sie sind, was wir bereits feststellen konnten, mit Armen und Händen des Menschen vergleichbar. Die schönste Darstellung dieses Sachverhaltes haben wir bei den Sonnen der Ägypter gesehen. Die Strahlen, die in Hände ausmünden, sollen das Leben wecken und begünstigen. Fehlen die Sonnenstrahlen, so kann ein Leben nur mangelhaft gedeihen. In unserem Zeichnungsmaterial finden wir immer wieder Sonnenstrahlen, die wie Hände aussehen. Abbildung 7 zeigt deutlich, dass die Strahlen vom Kind ganz unbewusst als die wirkenden und tätigen Arme und Hände des Sonnenwesens betrachtet werden. Nicht umsonst formt Max die Sonnenstrahlen zu Händen, die nach dem frechen Astronauten greifen müssen, als dieser die Kühnheit besitzt, der Sonne Strahlen abzuzwacken. Ähnliche Sonnenhände zeichnet Gisela (Abb. 5). Sie berührt mit einem Stab die Sonnenstrahlen, die in sanfte Hände ausmünden. Noch deutlicher durchbricht Claudia (Abb. 29) das Schema der gewöhnlichen Sonnenstrahlen und gibt uns klare Hinweise, in welcher Richtung wir die Sonnenstrahlen zu deuten haben. Ihre mächtige Sonne bewacht mit gespreizten Armen und Beinen das unter ihr stehende Kind. Ähnliches finden wir auch in Rudolfos Zeichnung (Abb. 38). Die Strahlen seiner Sonne enden in handähnlichen Formen, die dann freilich etwas abgeschnitten wirken. Diese Strahlen können nicht zugreifen, sie werden durch ein Hindernis gehemmt.

Auf meiner Suche nach originellen und auffälligen Sonnen bin ich immer wieder auf solche Hände gestossen. Rolf z. B. betupft seine Sonnenstrahlen an ihren Enden, so dass sie wie gütig zugreifende und hilfreiche Hände aussehen.

Wir dürfen daher von der These ausgehen, dass die Sonnenstrahlen die Hände dieses verlebendigten Gebildes darstellen. Sie könnten aber auch seine Haare darstellen. Und da erinnern wir uns an den «Simson» von Marino (Abb. 52). Simson ist der Sonnenheld. Aus seinem Haupte strömt die Kraft. Die Kraft ist in seinen Haaren. Sind diese Haare nicht die Sonnenstrahlen des alten Sonnengottes, des von den Ägyptern verehrten Sonnenhelden?

Marinos «Simson» bringt uns auf die Idee, auch einmal die Haare unserer künstlichen Menschentypen, die im Versuch von Kindern gezeichnet wurden, zu untersuchen.

Die Tabelle 12 auf Seite 130 zeigt, dass auch das Haar als Ausdrucksmittel empfunden wird, und zwar schon vom Kindergartenkind. Mit Hilfe von Evelyne möchte ich dies belegen. Die 6½jährige EVELYNE zeichnete die acht Köpfe nach der früher erwähnten Versuchsanordnung mit. Wie stark sie die Unterschiede zwischen dem «autoritären Menschen», einem Menschen, dem man immer zu gehorchen hat, und einem «lieben» empfindet und in Nuancen bemerkbar macht, zeigen ihre beiden Ausführungen (Abb. 70, der «liebe Mensch»; Abb. 71, der «autoritäre Mensch«).

Beim «autoritären Menschenkopf» erscheinen die Haare wild aufgerichtet und dicht, buschig um den Kopf herum angeordnet. Beim «lieben Menschen» fallen sie sanft und zart über den Kopf. Sie sind auch da

Merkmale	1 n 85	2 85	3 85	4 85	5 72	6 72	7 72	8 72
auffällig wild	n 5 % 5,9	33 38,8	26 30,6	13 15,3	14 19,4	22 30,6	9 12,5	6 8,3
unauffällig	n 66 % 77,6	36 42,4	35 41,2	39 45,9	37 51,4	29 40,2	40 55,6	43 59,8
keine	n 14 % 16,5	16 18,8	24 28,2	29 34,1	21 29,2	21 29,2	23 31,9	23 31,9
teils/teils	n – % –	– –	– –	4 4,7	– –	– –	– –	– –

Tabelle 12

vital und kräftig, haben aber das Wilde und Störrische ganz verloren. Die Sonnenstrahlen gleichen, wenn wir Echnaton und Simson als Beweise gelten lassen, den Armen und Händen oder den Haaren des Menschen.
Daraus könnte man eine einfache Typologie ableiten. Kurze oder fehlende Sonnenstrahlen können nicht in das Geschehen eingreifen, von ihnen geht nichts aus. Lange Strahlen hingegen teilen dem Wesen, das sie bescheinen, etwas mit. Dann entsprechen sie Händen.
Wenn wir die Strahlen als Haare interpretieren, dann zieren sie das Haupt, dann verschönern sie den Sonnenkopf oder sie verunstalten ihn, machen aus ihm ein Gorgonenhaupt und lösen Furcht und Schrekken aus. Allen diesen Formen sind wir schon begegnet.

3.9.1 Lange Strahlen

Die langen Strahlen durchströmen die Landschaft und umgreifen manchmal sogar die Menschen, die in der Nähe sind. Viviane (Abb. 47) liefert uns dafür ein gutes Beispiel. Auch die Strahlen von Evis (Abb.

35 und 36) und Christinas (Abb. 27) Sonnen umgreifen die abgebildeten Gegenstände. Es ist sichtbar, dass von ihnen etwas ausgeht. Sie sind wie die Strahlen der Abendsonne, wenn sie Wasser aus dem See «saugen». Alle diese langen Strahlen – lang ist relativ, wir bezeichnen sie als lang, wenn sie nicht isoliert sind, sondern in die Landschaft ausströmen – finden wir bei starken, mächtigen Sonnen. Es sind Sonnen, die den Kontakt suchen, die hin zu den Dingen streben. Lange Strahlen deuten also eher auf Kontaktfreudigkeit hin. «ZEM mit langen Armen fanden sich häufig unter den offen aggressiven Kindern und überhaupt nicht unter schüchternen. Demnach scheinen lange Arme in den Figurenzeichnungen mit einer gewissen Aggressivität im Kontakt mit der Umwelt verbunden zu sein. Diese Befunde stimmen mit jenen von *Hammer* und *Levy* überein. Sie beobachteten, dass lange Arme auf nach aussen gerichtete, aggressive Bedürfnisse schliessen lassen»[80]. Wenn wir unser Material sichten, dann dürfen wir diesen soeben erwähnten Befunden zustimmen. Uns liegt keine einzige Sonne vor, deren lange Strahlen auf Schüchternheit und Zurückgezogenheit schliessen lassen.

Martins Strahlen (Abb. 55) sind merkwürdig. Die kurzen Strahlen verlieren sich im leeren Feld, während die drei langen bis zu der mit Struwwelpeter bezeichneten Person herunterkommen. Ähnlich lange und berührende Sonnenstrahlen finden wir immer wieder. Auch Peters Sonnenstrahl (Abb. 23) geht bis auf die als Hexe benannte Person hinunter. Wir wissen, dass durch diese Berührung eine Kraft übertragen wird, in beiden erwähnten Fällen eine Kraft, die bannt.

Es scheint also, dass diese langen Strahlen die Macht, die die Sonne ausstrahlt, noch besonders unterstreichen wollen.

3.9.2 Kurze Strahlen

Auch die kurzen Strahlen treten häufig auf. Wir können Christians Zeichnungen (Abb. 26 und 27) vergleichen. In der einen Situation ist Christian verstimmt. Die Sonne zieht sich zurück. Sie strahlt nichts mehr aus. In der andern Zeichnung kommt Christians Freude an der Lehrerin zum Ausdruck. Die Strahlen werden länger, sanfter und schmeichelnder.

Daniel (Abb. 10) zieht sich in seinem verschlossenen Trotz hinter die Berge zurück. Die Strahlen des Sonnenbübchens sind ganz kurz. Ein Wesen, das trotzt, verschliesst sich. Es will nichts mehr von sich geben, es wirft die Kontakte von sich. «Dieser emotionale Faktor drückt anscheinend die Schwierigkeiten bei Kindern aus, mit der Welt und mit anderen in Kontakt zu kommen. Er scheint mit der Neigung verbunden zu sein, sich zurückzuziehen, sich seinem Innenleben hinzugeben und zu versuchen, seine Impulse zu hemmen. Kinder, die kurze Arme zeichnen, streben danach, sich gut zu benehmen; manchmal ist ihr Benehmen zu gut, und sie schaden sich selbst ... Kurze Arme können auf Furchtsamkeit und auf mangelnde Aggressivität und vielleicht auf mangelnde Führung deuten, müssen aber nicht einen Mangel an Streben nach Leistung und Erfolg erkennen lassen»[81].

Da sich unsere Betrachtungen auf Sonnen beziehen, müssen wir immer abzuklären versuchen, wer mit der Sonne gemeint ist. Oft ist sie ein Bildnis des Zeichners selbst. Dann gelten die Bemerkungen von *E. M. Koppitz* über das zeichnende Kind. Sie kann aber auch eine Bindungsperson verbildlichen, dann müssen die Beobachtungen auf eine solche Person bezogen werden.

Unser Material umfasst noch mehr Sonnen mit kurzen Strahlen. Ursi z. B. (Abb. 9) bestückt ihre schwarze, an den Himmel geheftete Totensonne mit recht kurzen Strahlen. Nur der schwarze Rauch, der aus dem Kamin aufsteigt, wird beinahe von einem Sonnenstrahl erreicht. Unten stehen isoliert voneinander zwei armlose Zwerge. Ursis Situation ist bekannt. Aber auch die Sonnen von Markus B. (Abb. 34), von Urs (Abb. 51) und von Beat (Abb. 69) zeigen nur kurze Strahlen, sie strahlen nichts aus. Sie sind ein Abbild des Unvermögens, in die jeweilige Situation einzugreifen.

3.9.3 Sonnen ohne Strahlen

In unserem Material befinden sich nur wenige Sonnen ohne Strahlen. Ich bin ihnen aber doch häufig begegnet. Strahlenlose Sonnen fallen auf. Als Beispiel möchte ich das Bild des zehnjährigen THOMAS (Abb. 72) besprechen, dessen Sonne in die Landschaft herunterkommt. Sie hat keine Strahlen, dafür eine grosse Nase, rote Augen und einen grossen Mund. Thomas' Vater besitzt ein gutgehendes Geschäft. Seine Mutter arbeitet kräftig mit, so dass sie für den Sohn nicht viel Zeit erübrigen kann. Der Vater selbst ist ein starker Trinker. So kann er Thomas, der seinen Vater durchaus nicht ablehnt, keine Impulse geben. Die Sonne hat ihren Glanz und ihre Kraft verloren. Ob sich in den fehlenden Strahlen die beginnende unbewusste Kritik des Sohnes an seinem Vater bemerkbar macht?

Strahlenlose Sonnen wirken wie Menschen ohne Arme und Hände. Sie sind ihrer Aktivitätsmöglichkeiten beraubt. «Diese Art der Darstellung wurde häufiger in den Zeichnungen der schüchternen Kinder als in den ZEM der offen aggressiven Kinder gefunden; abgeschnittene Hände wurden jedoch gleich oft von Kindern gezeichnet, die gestohlen hatten und die psychosomatische Beschwerden hatten. Demzufolge drücken anscheinend abgeschnittene Hände in den ZEM das Gefühl der Unzulänglichkeit aus oder der Schuld wegen Untaten oder Unfähigkeit überhaupt zu handeln... Da abgeschnittene Hände anscheinend mit einer Vielfalt von Einstellungen und Ängsten zusammenhängen, ist es nicht möglich, bloss auf diesen emotionalen Faktor in einem ZEM gestützt, zu bestimmen, ob ein Kind unter den Gefühlen einer geistigen oder physischen Unzulänglichkeit oder Hilflosigkeit zu leiden hat, oder unter einem Schuld- und Angstgefühl oder unter all diesen Erscheinungen. Es ist nur möglich festzustellen, dass das Kind gestört ist und sich dementsprechend fühlt. Die Ursache dieser Angst und Störung muss durch zusätzliche Tests, Befragung und Beobachtung bestimmt werden»[82].

Dass die Sonne mit ihren Strahlen die Verhältnisse des Menschen erwärmt, ist ein überindividueller Tatbestand. Die Kinder tragen ihn aber unbewusst auf die Zeichnungen über, mit denen sie ihre Lebensverhältnisse schildern.

NORBERT (Abb. 73) ist ein lebhaftes und gescheites Kind. Er ist unehelich geboren, die Mutter kümmert sich um ihn. Sie arbeitet tagsüber als Verkäuferin. Diese Zeit verbringt Norbert bei seiner Tante mit deren fünf Kindern.

Norbert zeichnete eine Sonne, die mit ihren Strahlen einen Apfel umfasst und rötet. Unten steht eine weibliche Person, die die Hände hochhält, als ob sie das Sonnengestirn verehren oder anbeten würde. Mir scheint, dass Norbert (8;7) in diese Szenerie seine geheimen Wünsche und Träume projiziert. Der von den Strahlen begünstigend umfasste Apfel stellt wohl Norbert selbst dar. Die Strahlen verlieren sich nicht, sie gehen bis zum Apfel und reifen ihn. So geht alle Kraft aus der Sonne in die Frucht über, die dadurch rotbackig und gross wird. Ähnliches erhofft Norbert auch für sich.

3.9.4 Zackige Strahlen

Die Strahlenformen sind äusserst mannigfaltig. Man könnte allein über sie eine umfangreiche Abhandlung schreiben.

René (Abb. 25) und Sandra (Abb. 20) gestalten ihre Sonnen mit zackenförmigen Strahlen. Pfeile, Winkel, Dreiecke, Spitzen usw. sind immer mit Aggressivität, Härte, Abneigung, leidenschaftlichem Angriff, Spannung, Beunruhigung usw. in Verbindung gebracht worden. Im Buch «Die Sprache der Zeichnung» von *Carlos J. Biedma* und *Pedro G. d'Alfonso*[83] werden diese Gebilde mit den erwähnten Begriffen zusammengesehen.

Beide Zeichnungen wollen wohl den Gefühlen Härte, Spannung und Aggressivität Ausdruck verleihen. So können Strahlen dieser Art, wenn sie nicht als Zierde aufgefasst werden müssen, Zeichen von Spannung, Opposition und Angriff sein.

3.9.5 Gestrichelte und getupfte Strahlen

Wir haben die Strahlen als Hände und Arme interpretiert, sie können aber auch als Schmuck auftreten wie die Haare. Viele Strahlen sind schön gepunktet und gestrichelt. Sie sollen damit offenbar das Wesen, dem sie entströmen, zieren und verschönern. Interessanterweise sind Sonnen mit solchen Strahlen häufig in Position 6 zu finden. Auch Karins Sonne (Abb. 33), mit der sie ihre hübsche und gepflegte Mutter darstellt, steht dort postiert und schickt ihre liebevoll gestrichelten Strahlen aus. Schon an anderer Stelle konnten wir diese Zeichnung als Sehnsuchtsbild interpretieren. Die kindlichen Sehnsüchte richten sich nach der Mutter, die Karin vernachlässigt. Auch Abbildung 4 von Cornelia zeigt eine solche Wunschsonne.

Eine Interpretation dieses Merkmals verlangt von uns wieder viel Vorsicht. Um die Bedeutung solcher Strahlen richtig zu erfassen, bedarf es sicherlich einer empirischen Untersuchung. Viele Kinder lieben das Dekorieren. Was sie aber nicht lieben und wünschen, das zeichnen sie wohl kaum zierend und schmückend aus. Nicht zufällig werden viele Wunschbilder durch gestrichelte Strahlen charakterisiert.

3.9.6 Zweifarbige Strahlen

Sehr häufig treten auch zweifarbige Sonnenstrahlen auf. Ihnen kommt eine ähnliche Bedeutung zu wie den gestrichelten. Sichten wir jedoch unser Zeichnungsmaterial unter diesem Aspekt, so ergibt sich für uns eine weitere Deutungsmöglichkeit. Abbildung 32 zeigt uns Gallus' wilde Sonne, die mit zweifarbigen Strahlen auf dem ‹Olymp› thront. Die Sonne ist ein Symbol der Macht. Gallus bewundert sie, fühlt sich aber zugleich durch sie bedrückt. Ähnlich zweideutig ist eine Sonne Sandras (Abb. 21). Sandras Mutter ist eine Frau mit zwei Gesichtern. Sie liebt ihre Kinder und widmet sich ihnen doch nicht. Auch andere Sonnen, die uns vorliegen, deuten auf eine ähnliche Ambivalenz hin.

Dieses Merkmal kann, bevor es nicht gründlicher untersucht ist, nicht mit Sicherheit für unsere Deutungen herangezogen werden. Auch hier ist Vorsicht am Platz.

3.9.7 Rechts- und linksläufige Strahlen

Neben den hier erwähnten häufigsten Strahlen gibt es noch eine reiche Auswahl anderer Formen. So kennen wir die abgesetzten Strahlen, die nicht mit dem Leib der Sonne verbunden sind. Dann finden wir Strahlen, die äusserst dynamisch eine Bewegungsrichtung einschlagen. Hier drängt sich ein Vergleich mit der Rechts- und Linksläufigkeit von Baumkronen im Baum-Test auf. Es sind die vom Wind gepeitschten Bäume, «deren Äste sich nach der Windrichtung legen ... Hier liegt die Bedeutung des Getriebenseins und und Haltschwäche vor, immer vorausgesetzt, dass es dem Zeichner nicht zum voraus um das Thema ‹Sturm› geht, sondern um den Baum»[84].

Der Rechtsläufigkeit gibt *Karl Koch* die Bedeutung von Hingabe, Hinneigen, Anhänglichkeit, Wohlwollen, Güte, Anpassung usw. Die Linksläufigkeit soll nach *Koch* auf die Ichbefangenheit, das Träumen, Meditieren, auf den Vergangenheitsbezug, Narzismus, Abwendung, Sammlung usw. hinweisen. Ob wir diese Deutung übernehmen können, müssen weitere Untersuchungen bestätigen.

Martina (Abb. 2) zeichnet ihre Grossmuttersonne mit rechtsläufigen Strahlen. Sie neigen sich deutlich zum Kind hin. Auch Sonja (Abb. 31) malt über ihrem Haupt eine Sonne mit den gleichen Strahlen. Hier handelt es sich ebenfalls um eine kontaktfreudige, anhängliche Sonne.

Die wilde Sonne von Gallus (Abb. 32) trägt linksläufige Strahlengebilde. Ob sie die Ichbefangenheit und den Narzismus dieser thronenden Sonne unterstreichen wollen? Es ist eine Sonne, die nichts von sich gibt, die um sich selbst kreist und die unnahbare Macht versinnbildet. Auch Markus malt eine Sonne (Abb. 24) mit deutlich linksläufigen Strahlen. Sie ist gross und ichbetont. Zu ihr kann der armlose Knabe nur fragend aufschauen.

Von KÄTHI (Abb. 74) liegen drei Zeichnungen vor, alle mit deutlich linksläufigen Sonnenstrahlen. Nach Karl Kochs Deutungsschema müssten Ichbefangenheit, Vergangenheitsbezug, Empfindlichkeit als negative Charakterzüge vorherrschen.

Bei Käthi machen sich starke Hemmungen bemerkbar. Fordert man sie zur alleinigen Ausführung einer Übung auf, weigert sie sich und bekommt Weinkrämpfe.

Käthis Vater ist relativ alt und sehr knauserig. Seine Frau behandelt er wie ein Dienstmädchen. In seinen Augen ist sie ungebildet und dumm.
Der Familienunterhalt muss aus Kinder- und Familienzulagen bestritten werden, da der Verdienst des Vaters irgendwohin veschwindet. Niemand weiss, was mit dem Geld geschieht.
Käthis Mutter hingegen liebt ihre Kinder sehr und ist ebensosehr um sie besorgt. Stets versucht sie, aus allem das Beste zu machen.
Käthi zeichnet eine zweifarbige Sonne, die ihre Strahlen nach links zurückbiegt. Unten im Bild steht von einem Hag umgeben eine Frau, die hilferufend ihre Hände hochstreckt und ihre Zähne zeigt. Vögel fliegen in grosser Zahl durch das Bild. Sie sind stereotyp und nichtssagend.
Es liegt ein positiver Beziehungstyp vor. Die Sonne blickt, ihrer Augenstellung nach zu schliessen, auf die hilferufende Person hinab.
Wer ist hier die Sonne und wer die weibliche Person, die unten im Hag um Hilfe ruft? Der vorangegangene Situationsbericht lässt in dieser Person Käthis Mutter vermuten. Sie steht hilfesuchend im Leben, ist hilflos der Willkür ihres Mannes ausgesetzt. Da Sozialzulagen allein den Bedarf an Lebensmittel und Kleidung nicht decken können, ist sie auf Geschenke von Verwandten angewiesen. Selbst den Bus darf sie nicht benützen, während König Vater sich hie und da ein Taxi leistet.
Käthi scheint als Sonne von weit weg das Drama zu beobachten. Für sie besteht kein Grund, sich selbst mit negativen Merkmalen darzustellen. Sie wird von der Mutter geliebt und umsorgt. Und dennoch lebt Käthi mit Hemmungen, die nur durch die merkwürdigen Familienverhältnisse motiviert sein können. Denn auch ihre Mutter ist schüchtern und weich.
Von Käthi gehen kaum Impulse aus. Sie ist gefühlserregbar, versucht aber ihre Gefühle nicht nach aussen zu zeigen. Neben starken Ausdruckshemmungen macht sich bei ihr ein Hang zur Introversion bemerkbar, obwohl sie sich durchaus für irgendwelche Werte begeistern kann. Im Kindergarten schliesst sich Käthi denjenigen an, die sie aus ihrem Schneckenhaus herausholen.
Es scheint, dass hier die linksläufigen Strahlen den Hang des Kindes, sich mit sich selbst und seinen Problemen zu befassen, auszudrücken vermögen.
Bei diesem Fall verweise ich auf die Stichworte, die *Karl Koch* für die Bewegungsrichtung der Äste von Baumbezeichnungen aufführt. Sie dienen uns als Hypothesen und werden nur als Merkmale gebraucht, wenn andere Faktoren mitverwertet werden können.
Die Rechts- und Linksläufigkeit der Sonnenstrahlen ist nicht immer gleich zu beurteilen. Bei runden, ganzen Sonnen ist sie ähnlich wie beim Baum. Bei halben Sonnen muss dagegen die Linkstendenz anders abgelesen werden. Die Linksläufigkeit bei ganzen Sonnen entspricht der Rechtsläufigkeit bei halben, die Rechtsläufigkeit bei ganzen Sonnen ist der Linksläufigkeit bei halben adäquat. Massgebend ist dabei aber immer der visuelle Eindruck und die Beurteilung, ob die Sonnenstrahlen mehr nach links oder mehr nach rechts ausgefächert sind.

3.9.8 Dicke und dünne Sonnenstrahlen

Dicken Sonnenstrahlen entströmt mehr Sonnenvitalität als den dünnen, fadenartigen. Es scheint, als ob durch dicke Strahlen die ganze Kraft des Sonneninhaltes ausgeschüttet wird. Einen solchen Eindruck erwekken die Sonnenzeichnungen von Claudia (Abb. 29), Christian (Abb. 27) und Urban (Abb. 64). Die Sonnen von Markus B. und Wolfgang (Abb. 34 und 53) fallen dagegen klein und unscheinbar aus. Beide sind an den Blattrand gedrückt und entlassen fadenartige Strahlen, die zaghaft, schüchtern und mutlos wirken.

Unheimlich anmutende Sonnenstrahlen durchschleichen das «Struwwelpeterbild» (Abb. 75) von CHRISTOPH K. Seine Sonne steht in Position 6 und fällt besonders durch einen grossen Mund, verschmierte Augen, durch ihre Nase und Runzeln auf. Sie entsendet Strahlen, die sich über der rechten unteren Ecke konzentrieren. In der gleichen Ecke breitet sich ein zunächst schwarzer, anschliessend mit der Sonnenfarbe überschmierter Fleck aus. Für seine Bedeutung existieren keinerlei Anhaltspunkte, da vom Zeichner selbst keine Aussagen bekannt sind. Eine andere, gebündelte Strahlengruppe verlässt die Sonne am oberen Rand und verschwindet. Ein einziger Strahl taucht wieder im Bild auf, vermischt sich schlängelnd mit einem wilden Wirbel von Rauch, der über zwei Kaminen steht, dringt durch einen Kamin in das Haus ein und umgarnt den wilden Struwwelpeter, der mit offenem Mund und ausgestreckten Armen offenbar um Hilfe ruft. Ob sich in der schwarzen Ecke etwas ereignet hat?

Christophs Zeichnung zeigt einmal mehr, dass den Strahlen eine zugreifende, zupackende Kraft innewohnt, die zugleich mit dem Charakter der Sonne identisch ist. Es ist daher richtig, wenn wir den Strahlen grosse Aufmerksamkeit schenken. Seltene Phänomene, wie die Strahlen von Christophs Sonne, sind schwer zu deuten. Sie sind letztlich nur verständlich, wenn wir sie als Sonnenhände betrachten, die aus- und eingreifen.

Der Struwwelpeter Christophs scheint zornmütig erregt zu sein. Seine wilden Haare wirken äusserst aggressiv und aufgebracht. Wahrscheinlich ist diese Gefühlserregung in Relation mit der Sonne zu sehen. Christophs Zeichnung ist leider eine der wenigen, zu der ich keinen Bericht aus der aktuellen Situation beibringen konnte. Eine Interpretation dieser Zeichnung allein auf die schwachen Erinnerungen seiner Schwester zu stützen, wäre wohl zu vage.

Christophs «Struwwelpeter»-Bild sollte ebenso wegen seiner Originalität erwähnt werden wie die äpfelreifenden Sonnenstrahlen in den Zeichnungen von Wolfgang und Norbert (Abb. 53 und 73).

3.10 Die umrandete oder eingefangene Sonne

Strahlen sind wie Hände, mit denen die Sonne in das Geschehen eingreift. Wenn sie umrandet oder gar eingefangen werden, dann zeigt sich dadurch ihre Passivität, ihre Unfähigkeit zu wirken und zu gestalten.

Eingefangene Sonnenstrahlen gleichen Bäumen, deren Krone mit einer Haut überzogen ist. Karl Koch hat sie in seinem Material ebenfalls entdeckt. Seinen Erfahrungen nach deutet dieses Merkmal auf Verschlossenheit, Undurchsichtigkeit, auf Befangenheit und Scheu hin. In meinem Material existieren nur wenige Zeichnungen, die dieses auffällige Sonnenmerkmal aufweisen. In allen diesen Fällen werden dadurch Störungen angezeigt. Einige dieser Fälle sind uns bereits bekannt. Cornelia (Abb. 4) umzieht die Sonnenstrahlen mit einem farbigen Bogen. Sie können sich nicht recht entfalten. Christian (Abb. 26) hat seine Sonne hinter Wolken zurückgezogen. Auch Rudolfo (Abb. 38) fängt die kräftigen Strahlen durch einen dicken Rauch ab.

«Henk, ein Achtjähriger mit schweren Angstsymptomen, verursacht durch einen sehr streng strafenden Vater, drückt zuerst das Gefühl, dass sein Heim ein Gefängnis sei, dadurch aus, dass er vergitterte Fenster zeichnet. Dann übermalt er, wahrscheinlich aus Angst, dass jemand sein Gefühl erraten könnte, die Fenster mit Farbe, aber er bringt den Mangel an Freiheit, den er empfindet, dadurch zum Ausdruck, dass er jeden Gegenstand in seiner Welt – die Bäume, die Blumen, ja sogar die Sonne und den Garten – einschliesst. Es gibt nur eine Hoffnung – das Schiff, mit dem er entfliehen kann»[85].

Ich habe in allen diesen Fällen Störungen gefunden. Die im Analyseschema abgebildeten und mit Buchstaben bezeichneten Sonnen weisen auf diese Störungen hin.

Es scheint, dass sich die mit solchen Sonnen symbolisierten Menschen nicht frei entfalten können. Darum überzieht der Zeichner sie mit einer Haut oder umgibt sie mit einem Regenbogen oder rauchähnlichen Gebilden.

3.11 Die Sonne hinter Wolken

Sonnen auf Wolken sind ebenfalls nur selten anzutreffen. In einem Fall deutet sie das Heimweh eines Kindes an, das bei seiner Grossmutter in der Schweiz wohl aufgehoben ist, während seine Eltern in Dänemark wohnen und arbeiten. In der Gestalt der Sonne, die über Wolken steht und zugleich noch linksläufige Strahlen – ein Zeichen von Mutterbindung – ausschickt, offenbart sich des Kindes Sehnsucht nach den Eltern.

Eine andere Zeichnung mit diesem Sonnenmerkmal stammt von einem Spassmacher. Wahrscheinlich zeigt sich darin seine Neigung zu Spielereien und Clownerien.

Häufig begegnet man hingegen randgestellten Sonnen, auf denen schwere Himmel lasten. Und – je massiver ein solcher Himmelsstreifen über der Sonne hängt, um so deutlicher scheint eine Überforderung des Zeichners signalisiert zu sein.

HANS L. (Abb. 76) bietet uns dafür ein treffliches Beispiel. Er ist ein Einzelkind. Seine Eltern arbeiten den ganzen Tag. Schon von früher Kindheit an wurde Hans einfach auf die Strasse gestellt und musste sich selbst irgendwie durchschlagen. Zu Mittag isst er bei einer befreundeten Familie, bei einer Witwe, die selbst noch fünf Kinder zu versorgen hat. Bei dieser Ersatzmutter kann er deshalb weder Liebe noch Geborgenheit finden.

Während des Tages läuft er verwahrlost und schmutzig umher. Meistens muss er sich selbst beschäftigen. Daher kommt er jetzt als Erstklässler immer zur früh zur Schule. Eine halbe Stunde vor Unterrichtsbeginn sitzt er bereits auf der Schulhaustreppe und wartet.

Im Unterricht ist Hans sehr unkonzentriert, passt selten auf und versucht ständig mit seinen Nachbarn zu schwatzen. Überall sucht er Liebe und Selbstbestätigung, häufig versucht er, Gespräche mit seiner Lehrerin aufzunehmen und hofft dabei stets auf ein Lob. Wird er einmal nicht gelobt, so bockt er. Ausserdem ist Hans sehr labil. Sein charmanter und liebenswürdiger Charakter hilft ihm oft über Klippen hinweg, die er sonst nicht schaffen würde.

Der Knabe ist total überfordert, psychisch und schulisch. Seine Leistungen sind schwach. Den notwendigen seelischen Halt findet er nirgendwo.

Im bereits diskutierten Fallmaterial finden wir immer wieder Zeichnungen mit ziemlich breiten Himmelsstreifen und direkt darunterstehenden Sonnen. In einem solchen Fall wird man sehr häufig eine Überforderung des Zeichners feststellen können. Als letztes Beispiel hierfür sei noch Tomaso und Abbildung 60 genannt. Seine Sonne fällt unter der drückenden Last des Himmels sogar herunter, was Tomasos Überforderung eindrücklich belegt.

3.12 Die schräggestellte und desintegrierte Sonne

Neben den bereits besprochenen, auffälligen Merkmalen soll nun noch auf die schräggestellten und desintegrierten Sonnen hingewiesen sein. Eine schräggestellte, eigentlich ganz umgestellte Sonne finden wir in der Zeichnung von Tomaso, von der soeben die Rede war. Diese Sonnenstellung scheint ein Zeichen dafür zu sein, dass die Welt des Zeichners aus dem Lot gefallen ist. Desintegrierte Sonnen sind Gebilde, deren Umrisse lückenhaft, eingeknickt und häufig sehr diffus sind. Eine solche Sonne zeigt den psychischen «Knick» an, unter dem die durch sie symbolisierte Person leidet. Ich erinnere an Beat und Abbildung 69. Seine Mutter ist als Tochter einer Prostituierten schwer geschädigt und befindet sich deshalb in psychiatrischer Behandlung.

Sonnen ohne klare Konturen, in ihren Umrissen diffus und gespalten, bezeugen offenbar, dass der Zeichner nicht in der Lage ist, die durch sie symbolisierten Personen und Charaktere zu erkennen und zu verstehen. Marcos Sonnen (Abb. 61 und 62) sind derart aufgelöst, gleich undeutlichen Sonnenkronen. Damit zeigt sich, dass Marco selbst nicht recht weiss, wen diese Angstgestalt versinnbilden soll. Er befindet sich ihr gegenüber in einem Schwebezustand.

E. M. Koppitz sagt von schräggestellten Gestalten, dass sie auf allgemeine Unbeständigkeit und Unausgeglichenheit schliessen lassen. «Eine schrägstehende Gestalt in den Zeichnungen eines Kindes deutet anscheinend auf ein labiles Nervensystem oder auf eine unstete Persönlichkeit; vor allem lässt dieser Faktor daran denken, dass das Kind keinen sicheren Halt hat»[86].

3.13 Die Farbe der Sonne

Die Farbe ist ein Ausdrucksmittel. Das ist unbestritten. Untersuchungen vieler Forscher bestätigen diese Behauptung. Es ist überflüssig an bekannte Testverfahren zu erinnern, in denen der Farbwahl eine wichtige Bedeutung zukommt.

Unsere Beobachtungen bestätigen, dass die Farbe einen starken Ausdruckswert einnimmt. Allerdings ist es schwieriger, Farben in Relation zu den jeweiligen Problemen der Kinder zu bringen als die einzelnen auffälligen Merkmale. Daher betrachten wir sie nur sekundär, d. h. wir ziehen die Farbe erst dann als zusätzliches Element heran, wenn wir durch andere Merkmale bereits eine gewisse Erkenntnis gewonnen haben.

Gleicht sich die Farbe einem Handlungsmotiv an, dann betrachten wir sie als Bestätigung unserer vorangegangenen Analyse. So hilft uns die Farbe z. B. in der Zeichnung von Martina (Abb. 2), die Deutung noch mit einem zusätzlichen Element zu untermauern.

Rot und Gelb sind warme Farben. Martina zeichnet ihre Zuflucht bei der Grossmutter in diesen warmen, hellen Farbtönen und hebt sogar die Wohnung der Grossmutter mit diesen Farben heraus. Hier bestätigt die Farbwahl deutlich das Motiv der Handlung, das wir auf Grund anderer Analysekriterien erkennen konnten.

Bei der Farbe, so scheint mir, ist noch viel mehr Vorsicht geboten als bei anderen Merkmalen. Die Kinder haben Vorzugsfarben. Mit diesen Farben zeichnen sie, was sie lieben.

Farben		1	2	3	4	5	6	7	8
	n	85	85	85	85	72	72	72	72
rot	n	19	11	19	10	10	10	15	7
	%	22,3	12,9	22,3	11,7	13,8	13,8	20,8	9,7
gelb	n	27	16	10	10	15	10	12	11
	%	31,7	18,8	11,7	11,7	20,8	13,8	16,6	15,2
orange	n	12	8	6	6	3	4	4	4
	%	14,1	9,4	7,0	7,0	4,1	5,5	5,5	5,5
blau	n	7	5	11	8	4	6	4	9
	%	8,2	5,8	12,9	9,4	5,5	8,3	5,5	12,5
violett	n	2	9	8	2	9	11	6	10
	%	2,3	10,5	9,4	2,3	12,5	15,2	8,3	13,8
grün	n	3	5	9	8	10	9	5	13
	%	3,5	5,8	10,5	9,4	13,8	12,5	6,9	18,0
braun	n	8	19	14	4	6	8	9	5
	%	9,4	22,3	16,4	4,7	8,3	11,1	12,5	6,9
grau	n	2	2	5	3	4	3	2	3
	%	2,3	2,3	5,8	3,5	5,5	4,1	2,7	4,1

weiss	n	2	1	1	4	4	4	7	2
	%	2,3	1,1	1,1	4,7	5,5	5,5	9,7	2,7
schwarz	n	2	4	2	2	3	6	6	4
	%	2,3	4,7	2,3	2,3	4,1	8,3	8,3	5,5
mehrfarbig	n	1	5	–	28	4	1	2	4
	%	1,1	5,8	–	32,9	5,5	1,3	2,7	5,5

Tabelle 13

Die Tabelle 13 ist nicht sehr aussagekräftig, zeigt aber doch gewisse Tendenzen: Warme Farben sind zumeist beim sogenannten «lieben Menschen» zu finden. Rot ist die Lieblingsfarbe vieler Kinder, und in 19 Fällen wird der «liebe Mensch» auch durch diese Farbe charakterisiert. Den gleichen Stellenwert erreicht aber auch der «zornmütige». Wählen doch 19 Kinder diese Farbe, um ihn zu charakterisieren.

Auch die Farbe Gelb treffen wir in den meisten Fällen beim «lieben Menschen» an.

Kalte Farben entsprechen hingegen nicht dem Charakter des «lieben Menschen». Die Tatsache, dass jedoch zwei Kinder diesem Menschentyp ein schwarzes Aussehen gaben, stimmt nachdenklich, ist aber keinesfalls signifikant zu bewerten.

Auffallend, aber durchaus erwartungsgemäss ist der Trend, den negativen Menschentyp mit kalten Farben, vor allem Violett und Dunkelgrün, zu gestalten. Braun ist ebenfalls eine Farbe, die sich offenbar gut eignet, um gewisse negative Charakterzüge zu kennzeichnen. Dennoch ist gerade bei dieser Farbe Vorsicht geboten, denn auch dem «lieben Menschen» wird in 8 Fällen ein braunes Gesicht gegeben. Der «Autoritäre» dominiert hier mit seinen 19 Punkten eindeutig, gefolgt vom «Affektiven» mit 14.

Im weiteren fällt noch die Anzahl der mehrfarbigen Ausführungen beim «inkonsequenten Menschen» auf.

Die Sonne wird in mehr als 85 % der Fälle gelb dargestellt. Unter 100 Zeichnungen aus verschiedenen Klassen der Unterstufe befanden sich 14 mit einer orangenen, roten oder zweifarbigen Sonne, während die restlichen 86 Zeichnungen eine gelbe Sonne zeigten.

Diese Tatsache lässt uns vermuten, dass Sonnen, die violett, grün braun, schwarz, blau usw. sind, für eine emotionelle Deutung hochsignifikant sind. Bei allen Kindern, die ihren Sonnen eine von Gelb und Orange abweichende Farbe gaben, konnten gewisse Beziehungsstörungen festgestellt werden. Ich erinnere an die Sonnen von Priska, Tomaso, Beat und Toni. Alle genannten Kinder leiden unter schweren Störungen oder gerieten, wie Priska, vorübergehend völlig aus dem seelischen Gleichgewicht.

Ursi brachte mit ihrer schwarzen Sonne das Leid über die vielen Unglücksfälle in der Familie zum Ausdruck. Die Wahl der Sonnenfarbe kann unter Umständen einen so auffallenden Charakter annehmen, dass man ihr einen hohen Bedeutungswert einräumen muss. Bei Ursi ist sie das einzige Merkmal, das auf den Umstand der kindlichen Problematik hindeutet, wenn wir von der Menschendarstellung absehen.

Wir dürfen also festhalten, dass eine Farbwahl, die von den für die Sonne üblichen Farben (gelb, orange) abweicht, für die Deutung von Zeichnungen brauchbar und aussagekräftig ist. Die Farbe ist dann ihrem Anmutungscharakter entsprechend zu verwerten. Sicherheit gibt uns die Farbdeutung allerdings erst, wenn sie sich den anderen Merkmalen angleicht und diese unterstützt.

4. Die Anwendung des Analyseschemas

Das Analyseschema fasst die Ergebnisse des 4. Kapitels übersichtlich zusammen. Wer beabsichtigt, mit diesem Schema zu arbeiten, sollte zuvor die Ausführungen dieses Kapitels studiert haben. Er weiss dann, dass dieses Schema nicht wie ein Rezeptbuch zu verwenden ist. Kein seriöser Traumpsychologe wagt, einen Traum allein von den gegebenen Symbolen her zu deuten. Im Vordergrund steht für ihn stets die Integration der Symbole, das Verwobensein der Symbole in eine Ganzheit. Ein Traum entfaltet sich auf dem Hintergrund einer ganzen Lebensgeschichte. Er ist in sie hineinverflochten. Gleiches kann auch von Zeichnungen gesagt werden. Es dürfte wohl niemandem einfallen, irgendein Merkmal aus unserem Schema herauszugreifen, um es in einem 1:1-Verhältnis auf das Verhalten des Kindes zu übertragen. Gegen eine derartig simplifizierende Methode müssen wir uns allen Ernstes wenden. Ich könnte es nicht verantworten, eine Schrift über Kinderzeichnungen zu veröffentlichen, die dazu beiträgt, die Analyse von Symbolen so zu vereinfachen, dass sie einer Buchstabiermethode gleichkommt.

Im 4. Kapitel habe ich mich oft so verhalten, dass meine Interpretation eines jeweils zu Demonstrationszwecken hervorgehobenen Merkmals verabsolutiert werden könnte. Wenn dieser Eindruck entstanden ist, so muss darauf verwiesen werden, dass es sich um ein methodisches, analysierendes Vorgehen handelte, das gerade im Sinne der Akzentuierung ein Merkmal besonders hervorstrich. Es konnte nicht jedesmal jede Zeichnung ganz und umfassend gewürdigt werden.

Eine Zeichnung ist nur der Ausdruck eines erlebten Verhältnisses. In ihr kommt der momentane, emotionale Bezug zur Wirklichkeit ausdrucksmässig zum Vorschein. Aber gerade dies ist für das Verhältnis zum Kind unter Umständen von grosser Bedeutung. Darum ist die Zeichnung für die diagnostische Arbeit immer von erheblicher Relevanz. Dies wird wohl niemand in Zweifel ziehen.

Das Analyseschema soll uns helfen, die im Buch zerstreuten Einsichten leicht zu überblicken. Wir können es daher bei der Analyse von Zeichnungen anwenden, wenn wir die soeben gemachte Relativierung ernst nehmen. Eine Analyse sollte in drei Schritten vorgenommen werden.

Erster Schritt: In einem ersten Schritt stellen wir die Beziehung zwischen den Gesichtsmerkmalen der Sonne und jenen des Menschen fest. Wir analysieren die Adäquanz oder Inadäquanz der Merkmale zwischen beiden Gesichtern. Daraus ergeben sich erste Einsichten.

Zweiter Schritt: Jetzt wenden wir uns der Positionsanalyse zu. Es handelt sich dabei um die Ergründung der raumsymbolischen Werte, die eine Sonne darstellt. Die Raumsymbolik kann uns spezifizierende Hinweise liefern, die allerdings nur dann relevant sind, wenn wir eine emotionale Betroffenheit bereits im ersten Schritt feststellen konnten. Gerade bei der Positionsanalyse ist Vorsicht am Platz, da viele Kinder die Sonne gar nicht mehr als Chiffre für die Darstellung einer psychischen Schwierigkeit verwenden und sie aus blosser Gewohnheit und Routine in irgendeine Ecke plazieren. Deshalb ist auch ein dritter Schritt notwendig.

Dritter Schritt: Nun geht es darum, die Sonnengestalt in ihren einzelnen Merkmalen gründlich zu studieren. Nur Merkmale mit tatsächlich auffallendem Charakter erlauben eine spezifizierende Deutung der Sonne. Diese Merkmale weisen – immer in Relation zu denen des Menschen gesehen – auf die hintergründigen Probleme hin, mit denen sich das Kind im Moment des Zeichnens beschäftigte.

Je mehr Motive, je mehr Merkmale einer Zeichnung zu entnehmen sind, desto mehr gewinnt eine Deutung an Sicherheit. Es gibt Merkmale von erheblicher und solche von geringerer Aussagekraft. Dies wird sich dem Praktiker schnell zeigen. Wenn das vorliegende Buch gründlich studiert wurde, dürfte nunmehr deutlich zu erkennen sein, welche Merkmale von grösserer Relevanz und Bedeutung sind. Eine fehlende Nase z. B. ist aussagekräftiger als eine sogenannte grosse Nase. Aber auch hier lässt sich ein Sachverhalt nicht absolut formulieren. Ein anderes Mal ist die grosse Nase vielleicht bedeutsamer als die fehlende. Die tatsächliche Bedeutung lässt sich also erst nach der Sichtung sämtlicher Merkmale und Analysepunkte erkennen.

Weist eine Sonne mehr als drei auffällige Merkmale auf, so darf mit einiger Sicherheit angenommen werden, dass sie emotionell besetzt ist. Sodann kann sie zur Untersuchung ihrer psychologischen Bedeutung herangezogen und durch sie ein wesentlicher Beitrag zur Diagnose erwartet werden.

Wer Kinderzeichnungen zum Sprechen bringen will, muss dem schöpferischen Schaffen des Kindes Respekt entgegenbringen. Kinder zeichnen, vor allem wenn sie mit Fleiss und Eifer am Werk sind, nichts Zufälliges. Sie schöpfen aus ihren Erlebnistiefen. Wer diese Voraussetzung nicht akzeptiert, wird sich nie in die Zeichensprache des Kindes einfühlen können. Da nützen Schemata und Eselsleitern nichts.

Es sei auch nochmals auf die Ambivalenz der Symbole hingewiesen. Ein Symbol kann die Wirklichkeit abbilden und ahnungsvoll umschreiben, es kann aber auch einen Mangel an Realität ausdrücken und somit Zeichen eines kindlichen Wunsches sein. Es kann also beispielsweise vorkommen, dass das Kind eine machtvolle Sonne aufgehen lässt und damit den Vater in dessen Autorität meint oder aber damit andeutet, dass es sich einen machtvollen Vater, der die Autorität verkörpert, wünscht. Wie das Symbol gemeint ist, geht nur aus der Verifikation hervor. Es kann erst mit Sicherheit gewertet werden, wenn die Familienverhältnisse und die Situation des Kindes durch Befragung des Milieus klar geworden sind.

Analyseschema

Beziehungstypen	Hypothesen
	Adäquanz der Gesichtsmerkmale – Sonne und Mensch mit gleichen Gesichtern: Normale, meist bindungsstarke Kinder, keine psychischen Spannungen; Kinder meist fröhlich, gemütvoll, sicher und frei; Bindung an Erziehungspersonen gelingt; kontaktfreudig, offen; für Werte ansprechbar, erlebnisfähig.
1. Beziehungstyp	
 	Merkmalsgefälle von Sonne zu Mensch – Sonne mit mehr Merkmalen als Menschengesicht: Spannungen im Beziehungsgefüge, seelische Probleme, Sorgen, Kontaktschwierigkeiten mit Eltern, Mitschülern, Lehrern; bedrückt, gehemmt, unnatürlich.
2. Beziehungstyp	
 	Starkes Merkmalsgefälle von Sonne zu Mensch – Sonne mit Gesicht, Mensch ohne Gesicht: Starke Spannungen im Beziehungsgefüge; Belastendes Milieu: Scheidung der Eltern, Brutalität, Autorität, Vernachlässigung, Verwahrlosung, Ablehnung; Kinder passiv, depressiv, ängstlich, bedrückt, unsicher, sorgenvoll, unfrei, sozial nicht anpassungsfähig; frech, aggressiv, ablehnend.
3. Beziehungstyp	

Beziehungstypen	Hypothesen
 4. Beziehungstyp	Sonne mit Gesicht – keine Menschen: Häufig normale Verhältnisse wie bei den anderen positiven Beziehungstypen; hie und da Hinweis auf Spannungen: Kind kann sich nicht entfalten, wagt sich nicht zur Geltung zu bringen, schweigt lieber und zeichnet daher keine Menschen, auch sich selbst nicht; Blume symbolisiert den Menschen; Weinende Blume: Kind fühlt sich in seiner Selbstverwirklichung gehindert.
 5. Beziehungstyp	Merkmalsgefälle von Mensch zu Sonne – Sonne ohne Gesicht, Mensch mit Gesicht: normale zwischenmenschliche Beziehungen, gleiche Verhältnisse wie bei Typus 1; Entwicklung verläuft normal, frei von Spannungen und schwereren Belastungen; Kinder psychisch gesund, konfliktfähig, oft ichbezogen.
 6. Beziehungstyp	Kein Merkmalsgefälle – Sonne und Mensch ohne Gesicht: Häufig starke Spannungen: Angst, Unsicherheit, seelische Probleme; Vereinzelt vorübergehende Störungen, zeitweiliger Verlust des seelischen Gleichgewichts; Resignation, Verzweiflung, Mutlosigkeit.

Positionstypen	Hypothesen
 *1. Positionstyp*	Sonne deutlich links – Sonne im Aufgang: Macht, Autorität, Kraft, Gewalt, Wirkung, Stärke, Strenge; Wunschbild für Bewunderung, Verehrung, Liebe durch Mitmenschen; Kleine Sonne in Position 1: Fehlen der Autorität, der Stütze; Bei negativen Beziehungstypen: Gewalt, Unterdrückung, Vernichtung, falsche Verehrung, bedingungslose Bewunderung.
 *2. Positionstyp*	Sonne in der Mitte oben – Sonne im Zenit: Ausfaltung von Macht und Fülle, starke Sonnenbestrahlung, Hitze; Macht, Autorität, Gewalt; Umsorgung, Behütung, Bewachung, Bindung; Bei negativen Beziehungstypen: Überbehütung, Verwöhnung, zu starke Umsorgung; Kinder ohne Selbständigkeit und unfrei.
 *3. Positionstyp*	Sonne deutlich rechts – Sonne im Untergang: Volle Verklärung, Auszeugung, Abendfülle; Sehnsucht, Wehmut, Wunsch nach Persönlichkeitsentfaltung, nach eigener Auszeugung, Freude über eigene Leistungen; Bei negativen Beziehungstypen: Innewerden eines Mangels, Probleme der Selbstverwirklichung; Träumereien.

Positionstypen	Hypothesen
   4. Positionstyp	**Randposition 1 – Sonne neben dem Aufgang:** Steigerung von Position 1: Starker Einfluss von Macht, Autorität, Gewalt, starke Belastung durch das vorhandene Milieu; Bei negativen Beziehungstypen: Tyrannei, Brutalität, Zwang, Einschränkung natürlicher Lebenstriebe; Wunschbild: gesteigerte Kraft und Macht, Initiative, Selbstverwirklichung usw.
 *5. Positionstyp*	**Randposition 2 – Sonne über dem Zenit:** Steigerung von Position 2: Gesteigerte Behütung, Umsorgung, aber auch erhöhte Forderung, Gefahr der Überforderung; Bei negativen Beziehungstypen: Starke Überforderung, Verwöhnung, Belastung durch Umklammerung und Zuneigung von seiten der Eltern, durch starke Anteilnahme an Krankheit und Leid.
 *6. Positionstyp*	**Randposition 3 – Sonne neben dem Untergang:** Steigerung von Position 3: Sehnsucht nach Erfüllung, Ausfaltung, Auszeugung, unbestimmte Wünsche nach Selbstverwirklichung; Leiden an physischen Mängeln; Bei negativen Beziehungstypen: Vernachlässigung, Verwahrlosung, unbefriedigte Lebenstriebe; Angst vor dem Verlassenwerden und Alleinsein.

Positionstypen	Hypothesen
 7. *Positionstyp*	Sonne in der Landschaft – Heruntergekommene Sonne: Gestalt der Bedrohung, Gesicht der bodenlosen Existenz, der Angst; Angstbilder, verursacht durch radikale Ablehnung, durch Sorgen um Verlust von Liebe und Geborgenheit, bei Vergewaltigung des Wesens; Bei negativen Beziehungstypen: Verzweiflungsnähe.

Auffällige Merkmale	Hypothesen
1. *Normgesicht*  Augen, Nase und Mund nicht auffallend betont, Wangen und Augenbrauen häufig vorhanden	Zeichen seelischer Gesundheit; Liebe- und mühevolle Darstellung des Menschengesichts: Zeichen von Menschenliebe; Sehr sorgfältig gezeichnetes Gesicht: Hinweis auf Narzismus.
2. *Das Auge* Scharfer, stechender Blick	Sieht alles: behütet, bewacht, sorgt, verfügt, spioniert, tadelt; Aggression, Zorn, Zugriff, Umklammerung.

Auffällige Merkmale	Hypothesen
	Labilität, Inkonsequenz (teils lieb, teils böse), Unsicherheit (weiss nicht, woran man ist); Furcht, Unheimlichkeit, Bedrohung.

Ungleiche Augen

	Feindliche Einstellung, Auflehnung, Angst, seelische Störungen; Welt des Kindes aus den Fugen.

Nach innen schielende Augen

3. *Die Nase*

	Zeichen von Autorität, Macht, Potenz, Aggression.

Grosse Nase

Auffällige Merkmale	Hypothesen
	Unselbständigkeit, Hilflosigkeit, Unsicherheit; Mangel an Durchstehvermögen, beschränkte Entfaltungsmöglichkeiten.

Fehlende Nase

4. Der Mund

Keine besondere diagnostische Bedeutung;
häufigste Form;
auch beim weichen, zaghaften Menschentyp anzutreffen.

Normalmund

Zähne sind Aggressionsmerkmale;
Zugriff, Wut, Zorn;
Macht, Bosheit, Autorität, Strenge, Tyrannei, Unterdrückung usw.

Mund mit Zähnen

Auffällige Merkmale	Hypothesen
	Trauer, Verstimmtheit; Aggression, Bosheit, Wut, Zorn, Tyrannei, Brutalität; Befremden, Missbilligung. |//

Nach unten gebogener Mund

   Verschlossenheit, Trotz; Verklemmung, Abwarten, Misstrauen, Unentschlossenheit.

Balkenmund

   Schwatzhaftigkeit, loses Mundwerk, Klatsch; Wichtigtuerei, beherrschende und übertrumpfende Gesprächsführung.

Grosser, offener Mund

Auffällige Merkmale	Hypothesen
	Angst, Unsicherheit, Entmutigung, Furcht, Depression; Soziale Selbstdistanzierung, Angst vor Gemeinschaft und Kommunikation, passiver Widerstand.

Fehlender Mund

  Ambivalenter Charakter: gut und schlecht.

Doppelform

5. Das Gesicht mit den Tränen

  Zeichen von Trauer, Angst, Verzagen.

Auffällige Merkmale	Hypothesen
6. *Die Grösse der Sonne* 	Grosse Sonne: Macht, Dominanz, Imponiergehabe, Expansionskraft, Grossspurigkeit, Wichtigkeit; Winzige Sonne: Beziehungs- und Bedeutungslosigkeit.
7. *Verschmierte Sonne* 	Seelische Störungen: Starke Angst, Beziehungs- und Hilflosigkeit, Bedrohung, Bodenlosigkeit; Mangel an Bindungsmöglichkeiten, seelische Armut.
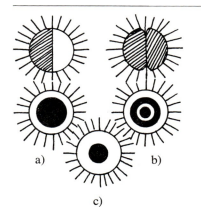 a) b) c) Abarten der verschmierten Sonne	Seelische Störungen (s. 7. Verschmierte Sonne); Fälle: Sprachgestörtes und deshalb unbeliebtes Kind, Kind mit tyrannischem Vater, Mutter ertrunken, vernachlässigende Mutter. a) Vater unerwartet gestorben b) Eltern geschieden c) Kalte Familienatmosphäre, Tante führt Regiment, keine Geborgenheit, keine Bindung

Auffällige Merkmale	Hypothesen
8. *Die Doppelsonne* 	Ambivalenz von Beziehungen und Gefühlen; Hin- und Herpendeln zwischen Beziehungspersonen; Inkonsequenz (teils lieb, teils böse).
9. *Sonnenstrahlen* 	Durchströmen, umfassen, strömen Leben aus; durchdringen, umgreifen, packen zu; Kontaktfreudigkeit, Bindungskraft, Aggressivität; Überforderung, Überbehütung.
Lange Strahlen	Kontaktschwierigkeiten, Rückzug, Isolation, Abgeschlossenheit; Furchtsamkeit, mangelnde Aggressivität, gehemmte Impulse, eingeschlossenes Innenleben; Korrektheit, Distanz, Kühle; Handlungsunfähigkeit.
Kurze Strahlen	

Auffällige Merkmale	Hypothesen
	Steigerung der Befunde von S. 154 unten; Schüchternheit, Gefühle der Unzulänglichkeit, der Minderwertigkeit; Handlungsunfähigkeit, totaler Rückzug, Schulangst; Beziehungskälte.
Sonne ohne Strahlen	
	Aggressivität, Härte, Angriff, Spannung, Beunruhigung, Opposition; Angst, Vorsicht, Verteidigung, Einigelung; konfliktreiche Beziehungen zu Mitmenschen.
Zackige Strahlen	
	Schmuck, Dekoration, Zierde; Bewunderung, Verherrlichung, Vergötterung, Verehrung, Liebe; Sehnsucht, Wunsch.
Gestrichelte und getupfte Strahlen	

Auffällige Merkmale	Hypothesen
	Ambivalenz von Beziehungen und Gefühlen; Undurchsichtigkeit, Fremdheit; Zierde, Dekoration.

Zweifarbige Strahlen

Rechtsläufigkeit:
Hingabe, Hinneigung, Anhänglichkeit, Anpassungsfähigkeit, Sinn für Gemeinschaft;
Wohlwollen, Güte;
Unternehmungslust, positive Lebenseinstellung.

Linksläufigkeit:
Ichbezogenheit, Egoismus, Narzismus;
Vergangenheitsbezug, Abwendung;
Empfindlichkeit.

Rechtsläufige/linksläufige Strahlen

Dicke Strahlen:
Aktivität, Lebensintensität;
Draufgängertum.

Dünne Strahlen:
Zaghaftigkeit, Unsicherheit, Mutlosigkeit;
Schüchternheit, Takt, Sensibilität.

Dicke/dünne Strahlen

Auffällige Merkmale	Hypothesen
10. Umrandete oder eingefangene Sonne	Handlungsunfähigkeit, Hemmungen, Scheu; Undurchsichtigkeit, Zurückgezogenheit, Verschlossenheit.

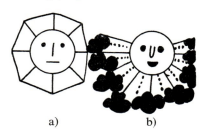

Fälle:
a) Mutter plötzlich ins Spital
b) ledige Mutter, streng, wenig zu Hause, überfordernd

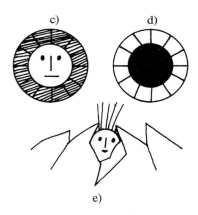

c) Scheidung (kommt häufig vor)
d) Henk: Angst vor Vater, unfrei
e) Silvan: Stark gehemmt

11. Sonne hinter Wolken	Sehnsucht, Fernweh, Heimweh; Phantasterei, Spielerei, Clownerie.

Sonne unter Wolken oder Himmel: Überforderung.

Literaturnachweis

[1] Heinrich Roth, *Pädagogische Psychologie des Lehrens und Lernens*, Berlin 1961.
[2] Jean Piaget, *Die Bildung des Zeitbegriffs beim Kinde*, Zürich 1955 – *Das moralische Urteil beim Kinde*, Zürich 1954.
[3] Lotte Schenk-Danzinger, *Entwicklungspsychologie*, Wien 1972, S. 69.
[4] ebd., S. 71 f.
[5] ebd., S. 72.
[6] Selma Fraiberg, *Die magischen Jahre in der Persönlichkeitsentwicklung des Vorschulkindes*, Hamburg 1972, S. 139.
[7] Elisabeth M. Koppitz, *Die Menschendarstellung in Kinderzeichnungen und ihre psychologische Auswertung*, Stuttgart 1972, S. 167.
[8] David Kadinsky, *Die Entwicklung des Ich beim Kinde*, Bern/Stuttgart 1964, S. 36 f.
[9] ebd., S. 241.
[10] Wilhelm Hansen, *Die Entwicklung des kindlichen Weltbildes*, München 1949, S. 241.
[11] ebd., S. 244.
[12] ebd., S. 286.
[13] ebd., S. 281.
[14] Lotte Schenk-Danzinger, 1972, a.a.O., S. 169.
[15] ebd., S. 198 f.
[16] Jean Piaget, *Nachahmung, Spiel und Traum*, Stuttgart 1969. S. 323 f.
[17] David Kadinsky, 1964 a.a.O., S. 46.
[18] Victor W. von Hagen, *Sonnenkönigreiche*, München/Zürich 1968, S. 56.
[19] ebd., S. 248 ff.
[20] J. J. Bachofen, *Versuch über die Gräbersymbolik der Alten*, in: *Gesammelte Werke Band 4*, Basel 1954, S. 48.
[21] Johannes Flügge, *Die Entfaltung der Anschauungskraft*, Heidelberg 1963, S. 144.
[22] ebd., S. 149.
[23] ebd., S. 149.
[24] Jean Piaget, 1969, a.a.O., S. 235.
[25] ebd., S. 226.
[26] Armin Kesser, in: *Le soleil dans l'art*, Hrsg. Walter Herdeg, Zürich 1968, S. 10.
[27] Irene Rigassi, in: *Le soleil dans l'art*, 1968, a.a.O., S. 146.
[28] Carl G. Jung, *Symbole der Wandlung*, Olten 1971, S. 167.
[29] Erich Neumann, *Ursprungsgeschichte des Bewusstseins*, Olten 1949, S. 7.
[30] Carl G. Jung, 1971, a.a.O., S. 200 f.
[31] ebd., S. 201.
[32] ebd., S. 146 f.
[33] Erich Neumann, 1949, a.a.O., S. 7.
[34] Carl G. Jung, 1971, a.a.O., S. 178.
[35] ebd., S. 179.
[36] ebd., S. 179.
[37] Irene Rigassi, 1968, a.a.O., S. 146.
[38] Elisabeth M. Koppitz, 1972, a.a.O., S. 104.
[39] ebd., S. 104.
[40] Carl G. Jung, 1971, a.a.O., S. 201.

[41] ebd., S. 385.
[42] Elisabeth M. Koppitz, 1972, a.a.O., S. 108.
[43] ebd., S. 108.
[44] ebd., S. 108.
[45] Johannes Flügge, 1963, a.a.O., S. 195 ff.
[46] ebd., S. 197 f.
[47] *Apok. 12,1.*
[48] Johannes Flügge, 1963, a.a.O., S. 203.
[49] ebd., S. 203.
[50] Elisabeth M. Koppitz, 1972, a.a.O., S. 81.
[51] ebd., S. 81.
[52] Hermann Ziler, *Der Mann-Zeichen-Test in detail-statistischer Auswertung,* Münster 1970.
[53] Günther Mühle, *Entwicklungspsychologie des zeichnerischen Gestaltens,* München 1967, S. 140.
[54] ebd., S. 141.
[55] Erich Neumann, 1949, a.a.O., S. 112.
[56] Carl G. Jung, 1971, a.a.O., S. 284 f.
[57] Walter Herdeg, *Le soleil dans l'art,* Zürich 1968, S. 12.
[58] Felix Mattmüller-Frick, *Der Baumtest als Erziehungshilfe,* Bern 1973, S. 46.
[59] Karl Koch, *Der Baumtest,* Bern 1972, S. 28.
[60] L. M. Loske, *Sonnenuhren,* Berlin/Heidelberg 1970, S. 9 f.
[61] ebd., S. 11.
[62] Elisabeth M. Koppitz, 1972, a.a.O., S. 107.
[63] Lotte Schenk-Danzinger, 1972, a.a.O., S. 232.
[64] Johannes Flügge, 1963, a.a.O., S. 199.
[65] ebd., S. 198 f.
[66] ebd., S. 201 f.
[67] Elisabeth M. Koppitz, 1972, a.a.O., S. 89.
[68] ebd., S. 88.
[69] ebd., S. 88.
[70] ebd., S. 88.
[71] ebd., S. 99.
[72] ebd., S. 94.
[73] ebd., S. 88 f.
[74] ebd., S. 81.
[75] ebd., S. 95.
[76] ebd., S. 86.
[77] ebd., S. 83.
[78] ebd., S. 83 f.
[79] Madeleine Lambert, *Das Zeichnen als therapeutisches Hilfsmittel in der Kinderanalyse,* in: Handbuch der Kinderpsychotherapie I, Hrsg. Gerd Biermann, München/Basel 1969, S. 467.
[80] Elisabeth M. Koppitz, 1972, a.a.O., S. 89.
[81] ebd., S. 89.
[82] ebd., S. 91.
[83] Carlos J. Biedma / Pedro G. D'Alfonso, *Die Sprache der Zeichnung,* Bern 1959.
[84] Karl Koch, 1972, a.a.O., S. 166.
[85] Charlotte Bühler / L. Schenk-Danzinger / F. Smitter, *Kindheitsprobleme und der Lehrer,* Wien 1958, S. 295.
[86] Elisabeth M. Koppitz, 1972, a.a.O., S. 86.

Andreas Iten

Die Sonne
in der
Kinderzeichnung

und ihre
psychologische
Bedeutung

Bildbeispiele

Maria (Abb. 1 / S. 9)

Maja (Abb. 3 / S. 16)

Martina (Abb. 2 / S. 16)

Cornelia
(Abb. 4 / S. 23)

Gisela
(Abb. 5 / S. 27)

Edith
(Abb. 6 / S. 28)

Max
(Abb. 7 / S. 28)

Azteken
(Abb. 8 / S. 29)

Ursi
(Abb. 9 / S. 29)

Daniel
(Abb. 10 / S. 30)

Rolf (Abb. 11 und 12 / S. 31 und 32)

Jolanda (Abb. 13 / S. 32)

Jolanda (Abb. 14 / S. 33)

Jolanda (Abb. 15 / S. 33)

Links: Robert (Abb. 16 / S. 34)
Rechts: Urs (Abb. 17 / S. 35)

Barbara (Abb. 18 und 19 / S. 37)

Sandra (Abb. 20 / S. 39)

Sandra (Abb. 21 / S. 40)

Roland
(Abb. 22 / S. 41)

Peter
(Abb. 23 / S. 42)

Markus
(Abb. 24 / S. 44)

René (Abb. 25 / S. 45)

Christian (Abb. 26 / S. 47)

Christian (Abb. 27 / S. 48)

Silvan (Abb. 28 / S. 52)

Claudia (Abb. 29 / S. 55)

Sonnengott, Cozumalhuapa (Abb. 30 / S. 56)

Sonja
(Abb. 31 / S. 67)

Gallus
(Abb. 32 / S. 69)

Karin
(Abb. 33 / S. 69)

Markus B. (Abb. 34 / S. 71)

Evi (Abb. 35 / S. 72)

Evi (Abb. 36 / S. 73)

Rudolfo (Abb. 37 / S. 75)

Priska
(Abb. 41 / S. 78)

Rudolfo (Abb. 38 / S. 75)

Verena (Abb. 39 / S. 75)

Toni (Abb. 40 / S. 78)

Sarkophag
(Abb. 42 / S. 79)

Gebhard
(Abb. 43 / S. 84)

Eveline
(Abb. 44 / S. 85)

Eveline (Abb. 45 / S. 85)

Viviane (Abb. 46 / S. 87)

Viviane (Abb. 47 / S. 87)

Elisabeth (Abb. 48 / S. 88)

Andreas
(Abb. 49 / S. 89)

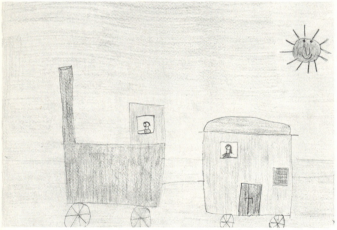
Beatrice
(Abb. 50 / S. 90)

Urs
(Abb. 51 / S. 90)

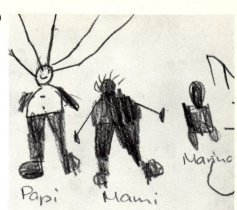

Marino (Abb. 52 / S. 92)

Wolfgang (Abb. 53 / S. 93)

Hanspeter (Abb. 54 / S. 95)

Martin (Abb. 55 / S. 98)   Martin (Abb. 56 / S. 99)

Felix (Abb. 57 / S. 100)

Priska (Abb. 58 / S. 101)

Priska (Abb. 59 / S. 101)

Tomaso (Abb. 60 / S. 102)

Marco (Abb. 61 / S. 103)

Marco (Abb. 62 / S. 103)

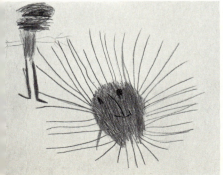
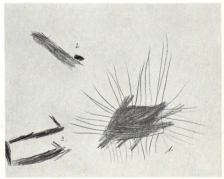

Daniela (Abb. 63 / S. 109)

Urban (Abb. 64 / S. 111)

Ronald (Abb. 65 / S. 113)

Hans (Abb. 66 / S. 116)

Christoph (Abb. 67 / S. 120)

Beat (Abb. 69 / S. 128)

Tomaso (Abb. 68 / S. 125)

Evelyne (Abb. 70 / S. 129) Evelyne (Abb. 71 / S. 129)
Der liebe Mensch Der autoritäre Mensch

Thomas
(Abb. 72 / S. 132)

Norbert
(Abb. 73 / S. 132)

Käthi
(Abb. 74 / S. 134)

Christoph K.
(Abb. 75 / S. 136)

Hans L.
(Abb. 76 / S. 137)

Urban (Abb. 64 / S. 111)

Titelbild:
Christian (Abb. 26 / S. 47)

Verlag H.R. Balmer Zug